印度史话

印度为什么这么特别

尚劝余 = 著

中国书籍出版社
China Book Press

图书在版编目（CIP）数据

印度史话/尚劝余著. —北京：中国书籍出版社，2019.7
ISBN 978-7-5068-7369-7

Ⅰ.①印… Ⅱ.①尚… Ⅲ.①印度-历史 Ⅳ.①K351.0

中国版本图书馆 CIP 数据核字（2019）第 133950 号

印度史话
尚劝余　著

责任编辑	王志刚
责任印制	孙马飞　马　芝
封面设计	谢定莹
出版发行	中国书籍出版社
地　　址	北京市丰台区三路居路 97 号（邮编：100073）
电　　话	（010）52257143（总编室）　（010）52257153（发行部）
电子邮箱	chinabp@vip.sina.com
经　　销	全国新华书店
印　　刷	北京温林源印刷有限公司
开　　本	710 毫米×1000 毫米　1/16
字　　数	350 千字
印　　张	21
版　　次	2019 年 7 月第 1 版　2019 年 8 月第 1 次印刷
书　　号	ISBN 978-7-5068-7369-7
定　　价	58.00 元

版权所有　翻印必究

前言

印度与中国相邻而居，同属文明古国，同属世界大国。印中两国创造了灿烂辉煌的古代文明，不仅对世界文明做出了巨大贡献，而且互学互鉴，彼此影响，携手并进，共同进步。古代印度佛教传入中国后，逐渐本土化，成为中国传统文化不可分割的重要组成部分；而中国高僧法显和玄奘等西游印度取经，撰写的《法显传》和《大唐西域记》等成为研究古代印度的重要史料。中印两国在近代相继沦为西方列强的殖民地和半殖民地，同病相怜，唇齿相依，在反殖反帝和争取民族独立的斗争中谱写了一曲可歌可泣的友好佳话。印度独立和新中国成立后，两国关系进入蜜月期，相互支持，友好合作，然而中印边界战争后，两国由兄弟变成仇敌。进入21世纪，中印两国双双崛起，世界瞩目，双边关系也进入快车道，高层互访和民间交往持续不断。近年来，神秘而多彩的印度吸引了越来越多国人的目光，越来越多的国人前往印度旅游观光、留学深造、投资经商。在此背景下，需要一本全方位多视角客观详细介绍印度的书籍，向国人揭示多彩而神秘的印度。

笔者从20世纪80年代初大学本科时代起，就与印度结缘，曾三度投师我国著名世界史学家彭树智先生，从事印度研究。在本科、硕士和博士就读期间，受到彭树智先生的悉心指导，系统学习了印度历史特别是印度近现代史，撰写了印度研究领域的学士、硕士和博士学位论文，并在相关期刊发表十多篇印度研究领域的学术论文，走上了印度研究之路。之后，先后赴美国和印度从事博士后项目和福特基金项目研究，进一步拓展印度研究。受彭树智先生、齐世荣先生、谭中先生、张敏秋女士等以及出版社之邀，撰写出版十余部印度研究领域的专著和译著。2013年和2018年，分别受印度政府外交部和印度政府总理邀请，赴印度做巡回系列讲座和参加会议。三十余年的印度研究经历，使我对印度产生了深厚的感情，与印度结下了不解之缘，在我的心灵深处，印度成为我的第二故乡。撰写一本全方位介绍印度的书籍，向国人揭示多彩而神秘的印度，是我义不容辞的使命。于是，就有了这本《多彩而神秘的印度》的问世。

  本书的特色和价值体现在如下几个方面。一、客观真实。本书力求客观真实，不带偏见，不带有色眼镜，从印度国情出发，尊重印度独特的历史和现状，客观描述，向读者展示一个真实的印度。二、切身感受。笔者多次亲历印度，结交了许多印度朋友，切身感受了印度的风情，力求结合自己的所见所闻所思所想，向读者展示一个有血有肉的活生生的印度。三、博采众长。本书参考了三十多本我国南亚学界专家学者的成果，精研细读，博采众长，汲取精华，受益良多。四、雅俗共赏。本书力求学术性与趣味性相结合，深入浅出，雅俗共赏，既有深入的理论分析探讨，又有浅出的通俗趣味描述，既别于纯粹的权威学术著作和游记轶事著作，又兼备二者的风采；既适合于从事印度问题研究的学者，也适合于想了解印度文明的一般读者。五、全面细致。本书从历史地理、政治经济、文教科技、宗教信仰、民族语言、衣食住行、人文习俗七个方面，全面细致地揭示了多彩而神秘的印度风姿，向读者展示了一个全方位多角度立体型的印度，能够满足不同需求和兴趣爱好的读者。

  印度是一个地大物博、幅员辽阔、历史悠久、文明灿烂的东方大国。印度既有壮丽的河山、富庶的物产，又有复杂的地势、多变的气候；既有光耀人寰、彪炳史册的灿烂文明，又有几经沧桑、屡遭外侮的苦难历史。独特的地理环境与沧桑的历史变迁密切联系在一起，在印度人的心灵和记忆中刻下了永不磨灭的印记，构成印度人一脉相承的永恒遗产和殷红鲜活的生命血液，在印度人的生活中时时刻刻显现，在印度人的血管中世世代代流淌。

印度自独立之日起，便踏上了国家建设的新征程，开始了政治经济生活领域的持续探索和不懈追求。半个多世纪的风风雨雨，使印度人在政治生活方面感受了西方议会民主的得与失，体验了一党统治和多党联合的酸与甜，经历了稳定和动荡的苦与辣；在经济生活方面见证了公私混合的兴与衰，领略了计划和市场的荣与辱，经受了"绿色革命"浪潮、"白色革命"洪流、"蓝色革命"波涛、"彩色革命"雨露的沐浴。在动荡多变的征程中奋进前行的印度人，执着地继续着他们的不懈探索与追求。

印度人的文化艺术与教育科技可谓多姿多彩，举世闻名。流传千古的文献史诗，丰富神奇的故事传说，构思巧妙的古老寓言，独具韵味的舞蹈，魅力无穷的音乐，繁荣发达的电影，构成印度多姿多彩的文化艺术百花园中的一朵朵艳丽的奇葩。举世瞩目的高等教育，实力雄厚的科技人才，堪称一流的软件开发，处于前沿的原子能和空间技术，使印度成为科技大国中的一员，在世界高科技领域中占有重要的一席之地，誉满全球。

印度人的宗教信仰包罗万象，素有"宗教博物馆"之称。世界各大宗教都可以在印度找到立脚点，许多独特的宗教都可以在印度找到家园：一应俱全的印度教（婆罗门教）、崇尚五K的锡克教、普渡众生的佛教、绝不杀生的耆那教，均发源于印度；真主至上的伊斯兰教、上帝万能的基督教、崇拜焰火的祆教、上帝选民的犹太教、天老地荒的萨满教、各异其趣的民间信仰，都在印度拥有大批信徒。在世界各民族国家中，很难找到一个国家像印度这样笼罩在浓郁纷杂的宗教气氛中：人人是信徒，处处有庙宇，村村有神池，户户有神龛。宗教从古及今顽强地支配着印度人的生活，大到国家的政治经济和文化思想，小到人们日常的衣食住行和婚丧嫁娶，无不与宗教密切相连，息息相关。

印度素有"人种博物馆"之称，是一个人种、民族、语言的大拼盘，人种繁多，民族混杂，语言纷乱，人口庞大，盘根错节，蔚为奇观。在印度，可以找到世界上各种肤色、发色、长相、身材、体型的人种，有的酷似欧洲白人，有的宛如非洲黑人，有的仿若亚洲黄人，有的头发金黄；有的头发乌黑；有的身材高大，有的个子矮小；有的高鼻梁，有的塌鼻子。在印度，可以看到世界上罕见的众多民族，有十几个大民族，一百多个小民族，四百多个部族。在印度，可以领略世界上最复杂的语言，有四种语系，十五种官方语言，一千六百多种母语。盘根错节的人种、民族和语言，使印度人的社会文化生活变得多姿多彩，色彩斑斓，独具韵味，但同时也使印度人陷入了斩不断理还乱的民族和语言纠纷之中。

印度人的衣食住行妙趣横生，别具风姿。五彩缤纷的服装，飘逸俊俏的纱丽，宽松惬意的陶迪，五光十色的首饰，幸运吉祥的额痣等，无不展现出印度人衣着打扮的特色；香气扑鼻的食品，风格各异的佳肴，无时不有的热茶，无处不在的冷水，无日不食的米饭和烤饼，独特的用手抓食和树叶盛饭等，无不显示出印度人饮食用餐的特点；豪华典雅的洋房别墅，摩登入时的高楼大厦，破旧矮小的窝棚，阴暗潮湿的茅屋，独特的居住方式等，无不透射出印度人住宅家居的特点；纵横交错的铁路，星罗棋布的公路，四通八达的航运，便捷顺畅的海运等，给印度人出行带来方便。

印度人的社会人文景观和民风民俗可谓五花八门，异彩纷呈。洒红节、胜利节、灯节、保护节、杜尔迦节等各种宗教性节日、历史性节日、政治性节日、季节性节日有上百个之多，五彩缤纷，绚丽多彩，使印度成为节日的海洋。视牛如神，待象似宾，奉猴若圣，孔雀、狮子、老虎等飞禽走兽，无不受到崇拜和喜爱，使印度成为动物的天国。神圣之河恒河每天吸引无数善男信女，前来洗罪超度，人山人海，熙熙攘攘，成为世界上最大的聚会，场面之壮观，令人叹为观止。印度人的人生礼仪、生活习俗、行为方式、思维方式、价值观念等，更是多姿多彩，独具特色。

　　本书从以上历史地理、政治经济、文教科技、宗教信仰、民族语言、衣食住行、婚丧嫁娶、人文习俗八个方面，全方位展示了印度的风姿。

　　本书如能对读者了解印度有所帮助，笔者将如愿以偿，不胜欣慰。

目录

前言 / 1

目录 / 1

第一章 历史地理：独具沧桑

一、源远流长：国名、国旗、国徽、国歌 / 3

二、雄伟壮观：地势、地形、河流、面积 / 8

三、酷热湿润：经纬、气候、气温、季节 / 11

四、丰裕富饶：土地、动物、植物、矿藏 / 14

五、一方水土：地理条件对印度社会历史发展和民族特性的影响 / 17

六、灿烂文明：人类最早的五大文明之一 / 23

七、屡遭外侮：一部不断为异族征服的历史 / 27

八、分多合少：一部长期分裂战乱的历史 / 33

第二章 政治经济：动荡多变

一、开国奠基：尼赫鲁总理在政治、经济、社会、外交领域的开拓 / 43

二、议会民主：政治体制的确立和初步实践 / 46

三、走向多元：从一党主导到多党联合 / 50

四、公私混合：从如日中天到日落西山 / 68

五、**绿色浪潮**：粮食产量大幅提高 / 75

　　六、**白色洪流**：牛奶生产自给自足 / 81

　　七、**蓝色波涛**：发展水产养殖业 / 85

　　八、**彩色雨露**：发展创汇农业 / 89

第三章 文教科技：多姿多彩

　　一、**千古流传**：文献史诗、神话传说、民间故事、古代寓言 / 95

　　二、**独具韵味**：古典舞和民间舞 / 100

　　三、**魅力无穷**：音乐和乐器 / 106

　　四、**电影王国**：电影发展概况和作品影星 / 110

　　五、**举世瞩目**：教育传统和教育体系 / 116

　　六、**软硬兼备**：科技成就和信息技术 / 123

　　七、**令人震惊**：核能开发和利用 / 129

　　八、**走向外空**：发展航天技术 / 133

第四章 宗教信仰：包罗万象

　　一、**无所不包**：印度教 / 139

　　二、**真主至上**：伊斯兰教 / 146

　　三、**上帝万能**：基督教 / 153

　　四、**崇尚五K**：锡克教 / 156

　　五、**普渡众生**：佛教 / 160

　　六、**绝不杀生**：耆那教 / 166

　　七、**崇拜焰火**：琐罗亚斯德教 / 172

　　八、**各异其趣**：民间宗教 / 178

第五章 民族语言：盘根错节

一、人种混杂：五大主要人种 / 185

二、民族繁多：不下数百个 / 189

三、特殊群体：土著部落民 / 199

四、千差万别：生活方式丰富多样 / 207

五、世界之最：四种语系 / 212

六、国语纷争：印地语 / 215

七、自主潮流：地方民族主义 / 220

八、众生芸芸：人口众多 / 223

第六章 衣食住行：妙趣横生

一、缠头披纱：衣着打扮极具民族特色 / 229

二、穿金戴银：装饰打扮珠光宝气 / 232

三、美味佳肴：食物多种多样 / 236

四、热茶冷水：饮品各取所需 / 240

五、豪宅窝棚：居住方式千差万别 / 242

六、纵横交错：铁路网分布均匀 / 246

七、星罗棋布：公路网密布全国 / 251

八、四通八达：航空和海运迅捷便利 / 255

第七章 人文习俗：五花八门

一、绚丽多彩：五彩缤纷的节日 / 265

二、动物天国：飞禽走兽皆是宝 / 271

三、圣河洗罪：印度的母亲河恒河 / 277

四、礼仪禁忌：无处不在的习俗 / 285

五、称谓待物：姓名称呼和接人待物的特点 / 288

六、付出获得：施舍与乞讨 / 290

七、精神肉体：重灵魂解脱轻肉体享受 / 293

八、两极并存：集对立反差于一身 / 295

参考书目举要 / 300

后记 / 303

| 第一章 |

历史地理：独具沧桑

第一章　历史地理：独具沧桑

印度是一个地大物博、幅员辽阔、历史悠久、文明灿烂的东方大国。印度既有壮丽的河山、富庶的物产，又有复杂的地势、多变的气候；既有光耀人寰、彪炳史册的灿烂文明，又有几经沧桑、屡遭外侮的苦难历史。独特的地理环境与沧桑的历史变迁密切联系在一起，在印度人的心灵和记忆中刻下了永不磨灭的印记，构成印度人一脉相承的永恒遗产和殷红鲜活的生命血液，在印度人的生命中时时刻刻显现，在印度人的血管中世世代代流淌。

一、源远流长：国名、国旗、国徽、国歌

印度国名可谓源远流长，几经变迁。

在古代，"印度"一词是对南亚次大陆的统称，包括今日的印度、巴基斯坦、孟加拉、尼泊尔、不丹、缅甸等南亚六国的领土。这块430万平方公里的土地，是古代印度人民劳作耕耘、繁衍生息的舞台。这里产生的独特文明即印度文明，不仅是古代世界五大文明之一，而且在五大古老文明中，只有它与中国文明未曾中断，延续至今。

在历史上，印度的国名很多，叫法不一，对同一名称的来历，也众说纷纭，莫衷一是。

印度史书中将印度叫作"婆罗多的土地"。"婆罗多"（Bharat）是梵文的音译。根据耆那教传说，教祖里施波德沃的长子叫"婆罗多"，是一位德高望重的国王，因此他的国家便以"婆罗多"命名。而据《往事书》记载，包勒沃王朝著名国王杜施因德的儿子叫"婆罗多"，擅长武功，在继任国王期间，打败了许多雅利安人小王国，由于婆罗多国王的缘故，这个国家便以"婆罗多"命名。另据《往事书》记载，在大海以北和喜马拉雅山以南，有个国家，名叫"婆罗多之地"，其名的由来是由

于婆罗多的后裔居住的原因。有些学者认为婆罗多人是指雅利安人进入印度以前的当地土著，有些学者则不同意这种说法，认为婆罗多人是指婆罗多国王的子孙。如此种种，不一而足。

印度也叫"很毒""信度"（India），由印度河而得名。印度河古代梵文名叫"信度"，古波斯语将信度转变为"很毒"，古希腊人又将很毒转变为"印度伊"。有西方史学之父称誉的古希腊历史学家希罗多德在《历史》一书中将印度称为"印度斯坦"，指印度河流域及其以东广大地域，后来西方人沿用了这一名称。原指印度河流域的地理名称，后来扩大为指整个南亚次大陆。

今日印度宪法就使用以上两个词来定义其国名，一个是"India"，一个是"Bharat"，这在世界历史上是独一无二的。其实，在印度，许多地名都代表一个占多数的民族群体、一种语言与一种宗教信仰。这是印度人缺乏和不具备超越宗教、超越地域和种族的统一的"国家""民族"意识的反映。

中国历史上对印度的称呼也是几经变迁。西汉时的《史记》和《汉书》称之为"身毒"，东汉时的《后汉书》称之为"天竺"。到了唐代，玄奘在《大唐西域记》中开始改其译名为印度，并阐述了印度国名的由来：

仔细探讨天竺的名称，很多不同的说法，弄得一团混乱。旧时叫作身毒，或者叫贤豆。现在根据正确发音，应该叫作印度。印度人民，随着居住地方之不同而自名其国，远方外国，异俗之人，从远处看，采用了一个总名，对自己所喜欢的地方，称之为印度。印度者，唐朝的话就是月亮。月亮有很多名称，印度是其中之一。意思是说，所有生物生生死死，轮回不息，好像一个没有光明的长夜，没有一个清晨的掌管者，就好像白日既已落山，晚上就点上蜡烛，虽然有星光来照明，哪能如同朗月般明亮？由于这种情况，才把印度比成一轮明月。实在是因为在这个国家，圣贤相继出世，遗法相传，教导群生，条理万物，好像月亮照临一般。由于这个原因，所以把本国称为印度。

作为一个历史地理名称的印度，与今天的印度即印度共和国，其地域范围具有不同的含义。古代印度，即今日之南亚次大陆，曾经过历史上多次变动和分离，分成了几个国家：1937年，缅甸与英属印度分离，成为英属缅甸，第二次世界大战后独立；1947年，英国实行印、巴分治，巴基斯坦从印度分离出去，分别成立印度共和国和巴基斯坦两个独立国家；1971年，东巴基斯坦从巴基斯坦分离出去，成为一个新的独立国家孟加拉国。处于不断变动中的南亚次大陆的政治疆域，至此终于告一段落，形成了今日南亚次大陆的格局。

今天的印度，专指印度共和国一国而言。本书所说的"印度人"，就是指生活在今日印度共和国版图之内的印度居民。今天的印度西北与巴基斯坦接壤，东北与中国、尼泊尔和不丹为邻，东与缅甸和孟加拉国毗连，南与斯里兰卡、马尔代夫隔海相望。

印度的国旗由橙、白、绿三色的横带组成。这三种颜色的横带，分上、中、下三行平行排列，宽度相同，长度一样。最上面一条是橙色，最下面一条是绿色，中间一条是白色。在白色带子中央有个蓝色的法轮，法轮上共有24根蓝色辐条。此图案源于北方邦鹿野苑狮柱顶上的底座，为阿育王于公前3世纪所建。国旗上三种不同颜色，各代表着不同意思。橙色表示克己和献身精神；白色表示纯洁和真理；绿色表示信心和勇敢。白色带子上的法轮，象征着前进——"平和变革的推动力"。

图1-1　印度国旗

印度的国旗，最初并非是这样的，期间经过好几次改革。最初在1906年设计过一面国旗，是由长方形三种不同颜色带子平列而成，即橙、白、绿三色，在橙色一行排开八朵白莲花，白色上写有"温德·马德勒姆"字样。1907年，在国外的印度进步侨民设计了第二面国旗，也是由三色组成，但在橙色长带中的图案改成了一朵白莲花和七颗星，并在绿色长带内加进了白色的太阳、月亮和一颗星，后来此旗被否定。随后，提拉克等著名民族运动领导人又设计了第三面国旗，但由于图案中带有英国国旗的图样，故未被人们接受。到1921年，印度国大党在维贾伊拉举行年会，会上安得拉邦一名青年把一面红绿两色相间的旗子献给圣雄甘地，红绿两色象征印度教和伊斯兰教两大宗教的结合。甘地对此旗基本满意，并建议在旗子上加上白色和一架手摇纺车的图案，以代表其他宗教和进步。甘地的建议得到大多数人的欢迎和支持，于是将旗子定为由白、红、绿三色组成。但也有人对红色提出争议，认为这种颜色意味着宗派。1931年，全印国大党委员会在卡拉奇召开会议，任命了七人委员专门负责国旗图案的起草工作，经过他们的共同努力，最后确定将原国旗中的红色改为橙色，并对三种不同颜色重新作了解释。1947年7月22日，印度独立前夕，制宪会议批准了上述三色旗为印度国旗，但以法轮取代了手摇纺车，以象征着国家在不断前进。

　　印度的国徽很别致，结构复杂。所采用的图案也取自在北方邦鹿野苑发掘的雄狮柱顶图。图案由几部分组成：四只雄狮，头分别向东、南、西、北，昂然站立在一个圆形底座下。雄狮象征着力量、勇气和信心。雄狮脚上圆形底座周围刻有四个动物，东面是头大象，南面是匹骏马，西面是头奶牛，北面是只狮子，有四个法轮，以象征前进。底座下方是盛开的荷花，用以表示生命的源泉和创造的灵感。国徽下方用梵文刻写着"真理必胜"。印度政府于1950年1月26日，把上述图案定为国徽，用以表达印度人民对真理和正义的追求，对和平与自由的向往。

图 1-2　印度国徽

　　印度的国歌是《人民的意志》，雄壮有力，悦耳动听。它的形成，经历了一个曲折的过程。印度独立前，尼赫鲁于 1941 年曾请泰戈尔为未来的国家创作国歌，然而不久泰戈尔便不幸逝世。1947 年印度独立前夕，国歌问题再次提到议事日程。当时印度歌曲协会建议把作家邦金姆·金德拉·杰德吉的爱国歌曲《温德马德拉姆》作为国歌，这一建议得到许多人的拥护，但因遭到圣雄甘地的反对而被否决。后来又有人建议采用乌尔都语著名诗人伊克巴尔的歌曲《萨莱·杰航·赛·阿恰》（即"我们的印度斯坦比任何地方都好"）作为国歌，此歌在群众中有一定影响，后亦被否决。同年，尼赫鲁的妹妹率印度非官方代表团访问美国，在当时举行的招待会上，美方交响乐队提出要演奏印度国歌。印方代表团身边正好有一张《人民的意志》曲谱，出乎意料，这曲子一经演奏，便受到热烈的欢迎。于是歌曲《人民的意志》很快就传播开来，1950 年 1 月 24 日，制宪会议正式通过，把该曲子定为印度国歌。《人民的意志》歌词是印度著名作家泰戈尔用孟加拉文写的一首诗，1911 年创作，1912 年公开发表，后由作者谱曲，它是一篇向印度命运的主宰者祈求赐福的祷文。这首诗与印度争取自由斗争有关，圣雄甘地曾给予它很高的评价。其诗内容如下：你是万民心灵的主宰，印度命运的施主。你的英名传遍旁遮普、信德、古吉拉特和马拉提，以至达罗毗荼、奥里萨和孟加拉。到处激发着人们的心声，在温迪亚和喜马拉雅山脉，你的名字回响于万山丛壑之间，同朱穆拿河和恒河奏出的乐声交织在一起。印度洋的波涛为你唱起赞歌，为你的德泽而祈祷，为颂扬你的英名而欢唱。你拯救了人民，你是印度命运的施主。胜利、胜利、胜利永远属于你。

二、雄伟壮观：地势、地形、河流、面积

　　印度人祖祖辈辈劳作耕耘、世世代代繁衍生息的故土独具特色。它三面环海，一面靠山，轮廓鲜明，在自然地理上自成体系，形成一个相对孤立的地理单元，素称"南亚次大陆"或"印度次大陆"。

　　打开印度地图，它那雄伟壮观的地势便跃入眼帘，一目了然。整个印度看起来仿佛一颗硕大壮丽的菱形钻石，北广南窄，由北向南插入印度洋，这颗菱形钻石的上端是克什米尔，下端为科摩林角。印度又如一只悬挂在欧亚大陆上的肥硕饱满的牛乳，其上纵横交错的河流像乳汁奔腾的乳管，下方的斯里兰卡岛宛若一滴溢出的乳汁。若把帕米尔高原看成世界屋脊，印度就如屋檐下一座面南的厅堂。它坐落于亚洲之南，北枕巍峨雄壮的喜马拉雅山，东濒秀丽的孟加拉湾，西傍辽阔的阿拉伯海，南依浩瀚的印度洋，成为连接亚洲、欧洲、非洲和大洋洲的东西方海上交通枢纽和要冲，地理位置自古以来十分重要。

　　印度国土总面积为297.47万平方公里，居世界第七位，南北长3119公里，东西宽2933公里。就地形而言，印度全境分北、中、南三个部分，南北高原高山挟持着中间低凹的平原。其中，平原约占43%，高原约占28%，山地占11%，这样的地形结构对于土地资源的利用颇为有利。

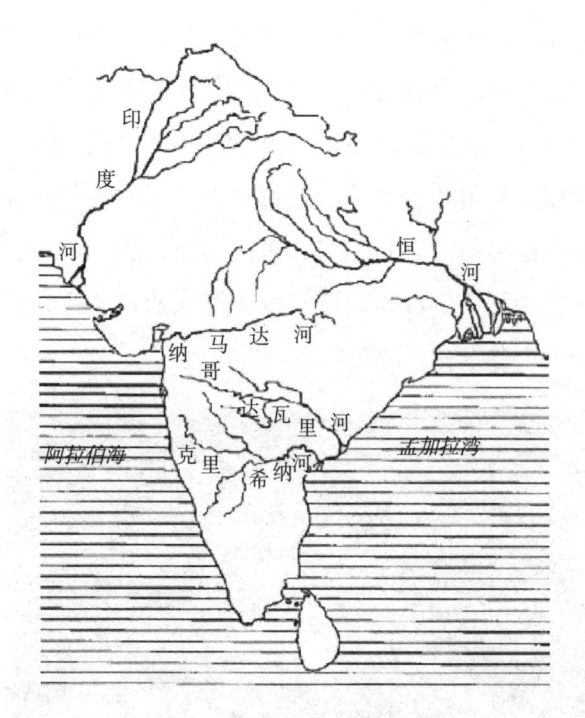

图1-3　印度次大陆示意图

　　印度北部为高山区，位于"世界屋脊"喜马拉雅山南麓，有一系列与喜马拉雅山平行的山脉，从北至南，逐渐下降，平均海拔为4000米，有的冰峰在7000米以上。这里山峦重叠，山势陡峭，斜坡险峻，峰峦尖峭，崇山峻岭，东西横列，深谷幽邃，丛林密布，时有冰河蜿蜒其间，山上积雪终年不化，仅有少数山口可以通行，但在封山季节，交通完全中断。这一地区，人烟稀少，交通不便。

　　印度中部为平原区，位于喜马拉雅山和温迪亚山之间。平原区由恒河、朱穆拿河、布拉马普特拉河冲积而成，面积约70万平方公里，占印度总面积的1/4。这里除西部为干旱沙漠外，其他地区河流纵横，土地肥沃，农业发达，交通便利，是印度经济最发达、人口最稠密的地区，是主要农耕区和产粮区，是印度政治、经济、文化中心分布的地区，也是印度重大历史事件的主要舞台。

　　印度南部为半岛高原区，位于温迪亚山以南，以德干高原为主体。

德干高原西高东低，平均海拔600米，两侧分别为东、西高止山，各沿东西海岸走向。印度海岸线长约7520公里，分为东、西两部分，西侧沿阿拉伯海是一条狭长的滨海低地，东侧濒孟加拉湾也是一条滨海低地，海岸曲折。印度的岛屿也分为东、西两个部分，西侧的拉克代夫、米尼科伊、阿明迪维群岛位于阿拉伯海，东侧的安达曼、尼科巴群岛位于孟加拉湾。安达曼和尼科巴群岛扼守马六甲海峡西口，并俯瞰印度洋东部海域，战略地位十分重要。

图1-4 印度南部高原

印度水源充沛，河流众多，总长达2.9万公里，全年水流总量约16830亿立方米。恒河是印度的第一大河，有圣河之称，全长2700公里，流域总面积达106平方公里，是南亚最大的河流。恒河源出于喜马拉雅山南麓的冈戈里冰川，与我国雅鲁藏布江仅一山之隔，山水南注，形成无数河流，皆为恒河支流，有哥格拉河、朱穆河等。恒河流域分为三部分：西部是恒河与其支流朱穆拿河之间形成的"河间地带"，中部是阿拉哈巴德以东的恒河中游地区，东部是恒河下游与布拉马普特拉河所形成的三角洲辽阔平原。恒河水量丰富，便于灌溉和航运，但其上游山崩频繁，常堵塞河道，中下游雨季易泛滥。

布拉马普特拉河流经印度，在中国境内的上游称雅鲁藏布江，在孟加拉境内的下游称杰木纳河，在印度境内河道长720公里，河道开阔，平均宽度1400米，灌溉价值仅次于恒河，但水势汹涌，航行不便。南印度河流大多数都发源于西高止山麓，自西向东，流入孟加拉湾，由北而南，依次为哥达瓦里河、克里希纳河和科佛里河等。这些河流在印度通航、灌溉发电等方面都起到一定的作用，但这些河流多属自然河流，雨水为其天然水源，一旦雨季来临，下雨较多，河流易泛滥成灾；干旱季节，河水干涸，缺乏灌溉和航运之便。

三、酷热湿润：经纬、气候、气温、季节

印度位于北纬8度4分至37度6分，东经68度7分至97度25分之间，居南亚次大陆的中心。印度绝大部分地区处于热带和亚热带，小部分属温带，气候大体属于热带季风型气候。季风盛行，随季节变化，每年4至11月盛行西南季风，11月至翌年3月盛行东北季风。

印度是世界上最热的国家之一，气候的最大特点是酷热湿润。造成这一气候特征的主要因素在于：印度纬度较低，处于热带地区，接受太阳光线照射时间长；印度北部的高山峻岭，特别是巍峨的喜马拉雅山，像一道坚固的屏障，阻挡了经中亚和西藏高原南下的来自西伯利亚的狂风和冷气流；印度三面临海，被夹在亚洲大陆与印度洋之间，大部分地区都处在热带季风的活动范围之内。

印度全年共分6季，即春、夏、雨、秋、冬、凉，但主要是夏、雨、凉3个季节。夏季从3月至6月，也叫热季，大部分地区温度可达摄氏40度，恒河流域中部气温经常达到摄氏43度，德干高原的一些地区有时会连续几天出现摄氏49度以上的高温。其间天气酷热而干旱，往往无滴水下降，并刮起当地称为"鲁"的热风。热风过后，土地龟裂，草木枯萎，树叶凋零，人畜俱疲，蚊蝇因酷热而少见，全被晒死。人们为躲避

热风和高温，往往门窗紧闭，足不出户。每到夏季，都有许多人因酷热而死，这方面的新闻报道比比皆是。

图1-5 巍峨的喜马拉雅山

仅以处在温带的印度首府新德里为例，其酷热程度也让人不堪忍受。有时气温达到摄氏49度，头顶骄阳似火，脚底热气熏蒸，热风刮脸，如刀割削。且不说初来乍到的外域人，即使印度本地人也"谈热色变"，难以忍受。从上午10点到下午4点，若无要事，人们很少出门。即使待在室内，也难逃脱酷热的煎熬。虽然紧闭门窗，以防热浪袭入，但门窗墙壁依然炽热烫手，热气盈屋。虽然室内风扇不停地旋转，但桌椅照旧发烫，伏案就座，顷刻便汗水如注，每隔几分钟就要换一次背心。许多人嫌麻烦，索性上身一丝不挂，只穿裤头，许多男大学生就是这样。要不停地喝水，以补充流失的汗水，一天之内至少要三壶凉水才能扛得过去。夜里，大多数人在12点或下1点以后才上床就寝，但床和枕头都散发着热气。夜间，常被热醒，不得不爬起来喝水，用毛巾浑身上下擦洗一遍。一天24小时，汗水流淌不止。笔者在印度求学研究期间，每天都要在寝室地板上泼好几次水，睡觉前床头旁放超大瓶凉水，不时热醒饮用。

雨季从6月至9月，其间阴雾沉沉，苍穹蒙蒙，大雨不断，草木茂盛，河水暴涨，泛滥成灾。印度各地的降水量从几百毫米到1000~2000或3000~4000毫米不等。喜马拉雅山麓南部的乞拉朋齐年降水量达

11418毫米，是世界上绝对降雨量最大的地区。由于暴雨肆虐，降水集中，往往造成恒河中下游及其他河流下游洪水泛滥，水灾成患。印度是世界上洪水之患最多的地区，全国有2.5～2.7亿人口生活在每年都可能遭受洪水危害的地区，全球统计资料表明，70％以上的洪水受害者居住在印度和孟加拉。有一次，笔者去果阿玩，返程正好赶上雨季，火车停开，于是马上退票，改乘飞机回新德里，第二天果阿到新德里的航班也停飞。虽然如此，雨季仍然是最受印度人民欢迎的季节，农业收成的好坏完全取决于雨季到来的早晚及雨量的大小。

这个季节，苍蝇、蚊子纷纷出动。特别是蚊子成群成队，十分猖獗，往往隔衣吮血，常常挥之不去，直至打死。但不少印度人因诺守不杀生的宗教信条，只是把蚊子轰走了事，决不打死。因此，印度的苍蝇蚊子显得特别多，食品饭菜上到处都落有蚊蝇。由于蚊蝇猖獗，印度传染病很多，尤其在这个季节里，疟疾的发病率很高，有些地区家家户户都有疟疾患者。印度报纸对此几乎天天都有报道。此外，有些地区霍乱也很流行，有时电台提醒人们注意。笔者在印度期间，经常去新德里INA大市场买肉买菜，苍蝇成群结队，密密麻麻布满肉摊，照样买回来吃。吃饭时，苍蝇也来凑热闹，爬在菜上吃，说不上是人陪苍蝇吃饭，还是苍蝇陪人吃饭。

凉季从9月至末年2月，包括春秋冬。其间气候干燥凉爽，不冷不热，风和日丽，天高云淡，为印度最佳季节。在最冷的1月份，北部平均气温为摄氏15度，南部平均气温为摄氏27度。只有向着湿润东北风的沿海一带有较多降水，有时喜马拉雅山麓有少量降水，其他大部分地区天气晴朗。有时北方的冷空气偶尔也会入侵恒河平原，伤害农作物。

季风对印度的气候影响很大，系东北风和西南风。印度南临大洋，背负大陆，当夏季来临，太阳光线从南方向北方移动，陆地上的温度比海上增高快，形成低气压中心，海上的气压比陆地上高，这一高低之差产生气流，于是夏季多西南风。西南季风带有大量潮湿空气，因此雨季时雨量特别巨大。冬季与上述情形正好相反，太阳光线从北向南移动，陆地上的温度比海上容易散发，因此陆地上的温度比海上低，而它的气压却比海上高，所以冬季多东北风。在该季节风期间，气候干燥凉爽。

印度的地理位置和气候地带处在信风带上，即南北纬10度和20度之间。北半球的信风带多为东北风，从高纬度吹向低纬度，即从低湿度的地区吹向高湿度的地区。印度虽然处在信风带上，但由于受西南季风的影响，加上印度山脉的走向，都同西南季风相交，西南季风所带来的水蒸气被迫上升，遂凝结为雨。因此印度成为世界上的多雨地区，气候酷热湿润。

四、丰裕富饶：土地、动物、植物、矿藏

印度幅员辽阔、资源丰裕、美丽富饶、景色宜人，几乎无所不有。有人称印度为美丽的大花园，也有人称印度为天然的植物园。凡去过印度的人，都有一种奇异的感受：沃野千里的土地，赤红似火的太阳，五颜六色的花卉，枝叶茂密的植物，种类繁多的禽兽。

印度土地资源优良，可耕地很多，土壤肥沃。平原和河谷盆地辽阔，占全境总面积的43%。陆地面积的半数以上宜于耕作，耕地约为34亿8千万亩。

印度水资源充足，年降雨量1100毫米，总降水量大约为4亿公顷米，其中约7000万公顷米立即蒸发掉，2.15亿公顷米渗入并湿润土壤和再形成地下水，1.15亿公顷米流入河湖塘溪。印度地下水资源约有37亿公顷米，9倍于每年的降雨量，每年可开发利用的潜力为4500万公顷米。

印度畜牧资源丰富，牲畜存栏数居世界第一位，占世界牲畜总头数的1/6，其中牛占近1/5，水牛占一半，山羊和绵羊都超过1/5。由于印度人绝大多数信奉印度教，反对杀牛，禁食牛肉，甚至不用牛皮箱，不穿牛皮鞋，牛被奉为神牛，所以尽管牛很多，牛肉产量却不大。印度的

肉产品中大约3/4来自山羊和绵羊，牛肉只占6%，但牛是最大的奶源，印度的牛奶产量仅次于美国，居世界第二位。

印度有丰富的渔业资源，拥有200万平方公里的深海渔业专属经济区，7520公里的海岸线，2.9万公里总长的河流，170万公顷面积的水库，近100万公顷的咸水域和80万公顷的池塘。虽然印度有丰富的渔业资源，但产量不高。

印度的动物约有8万种，其中昆虫约6万种，软体动物5000多种，哺乳类372种，鸟类2000种，爬行动物446种，两栖动物204种，鱼类2546种。印度的动物不仅品种多，而且分布广，数量大。保护区内古木参天，灌木丛生，池塘、沼泽、草地纵横交错，是动物们的乐园。全国有84个国家公园和447个野生鸟兽禁猎区，占地15万平方米，约占国土面积的4.5%。

老虎和狮子是印度的国兽，备受人们尊崇。不少地区只准用一些尊敬的称谓来称呼老虎，严禁直呼其名。狮子被视为王权的象征，用来形容帝王。很多人把狮子（辛格）当作自己的名字。象、牛、猴是印度动物的代表，在印度教中占有较高的地位。在印度教的神话中，象不但充作一些神祇的坐骑，甚至还是一些神祇的化身。在印度教的祭神游行中，常有装饰华丽的大象作前导。猴子也是备受保护的圣兽。在印度著名史诗《罗摩衍那》中，神猴哈奴曼曾帮助罗摩战胜魔王，救出罗摩的妻子悉达，至今印度许多地方都有哈奴曼庙。

图1-6 印度雄狮

印度鸟类有2000多种，占世界鸟类的14%，比较典型的有孔雀、鹦鹉、兀鹫。孔雀是印度的国鸟，严禁捕杀。在印度，无论是在城市还是在乡村，经常可以看到五彩斑斓的孔雀翩翩起舞。鹦鹉种类很多，婉转林间，别有情趣。兀鹫是印度的特产，常栖于城市近郊的大树上，喜食腐肉。

印度爬行动物中最重要的是蛇，其次是各类蜥蜴和鳄等。印度的蛇有400多种，其中不少是毒蛇，如蛇中之王眼镜蛇等。蛇也是印度教的崇拜对象之一。

印度矿藏丰富，已开采的矿产有84种，其中以云母、重晶石、煤、铁储藏量最大，铝矿、钨矿、镍矿的储藏量也不少。印度云母产量居世界第一位，占世界云母出口的60%。重晶石产量和可采藏量也占世界第一位。煤探明藏量居世界第三位，仅次于中国和美国。铁矿可采藏量占世界第四位。但最重要的石油和天然气的蕴藏量不足。

印度有丰富的植物资源。印度的植物品种约有4.9万种，是世界上植物品种最丰富的国家之一。其植物品种的多样性占世界的1/10，亚洲的1/4，其中有35%的植物属于珍稀品种。这些植物既有属于热带的植物，也有属于寒带的植物；既有耐旱耐碱的沙漠灌木，也有高大挺拔的热带长绿乔木。印度北部为高山草甸密林区，植被类型分别为热带长绿林和落叶林、亚热带长绿林和松林、温带栎林和针叶林、高山森林等。中部为农业区，西北部雨量少，植被多为热带灌木林区，南部雨量充沛，多为长绿林区。主要经济树种有棕榈、红树、白蜡、丁龙脑香、柚树、黄檀等。印度每年向国外出口大量原木。

印度富饶美丽，景色宜人。除北部山区外，印度没有霜期，就是在北方的德里地区，冬天仍林木葱郁，公园内各种奇花异卉，色彩绚丽，芬芳扑鼻。王树英先生曾对印度美丽富饶的景色做过生动的描述：

"既有一望无际的绿色稻田，又有一片片甘蔗园地，北方有挺拔的松树，南方有高大的棕榈，结着黄色果实的芒果园遍布各地，参天的椰子林在南方多得让你目不暇接。近一尺长的菠萝蜜，是那样惹人馋涎欲滴。

金黄色的大香蕉一串串高高地挂在香蕉树上，甘甜可口的各种柑橘，让你简直吃个没够，更有那无核的粉红色的苹果，甜中带香，芬芳扑鼻……"

五、一方水土：地理条件对印度社会历史发展和民族特性的影响

中国有句俗话："一方水土养一方人"。这句俗语看似平淡，但却蕴涵着丰富的哲理，实际上是对地理条件与人类生活两者关系的高度概括和凝练表述。不同民族的社会历史文化性格无一例外地都受到其所处的地理环境和自然条件的影响与制约。正如马克思和恩格斯所言，"人创造环境，同样环境也创造人"。人们在创造历史、改变环境的同时，首先要受包括地理环境在内的前提条件的制约，人们不可能逾越这些既定的前提，随心所欲地创造历史。

图1-7 入乡随俗的印度人

印度社会历史发展特点和民族性格与上述印度地理环境及自然条件有着千丝万缕的联系。地理条件对印度社会历史发展的影响，主要表现

在如下几个方面：

第一，富庶性与文明的较早崛起。印度地大物博，资源丰富，广阔无垠的肥沃耕地、为数众多的滔滔江河与取之不尽的丰厚物产，为印度文明的产生创造了得天独厚的物质基础和有利条件，促使印度次大陆较早地由石器时代过渡到铜器和铁器时代，并进入阶级社会的文明时代，成为人类文明最早的发祥地和摇篮之一。

第二，闭塞性与发展的不平衡。蜿蜒的群山与深邃的海洋把印度次大陆与外界隔绝开来，使印度在地理上自成一体；印度半岛内部地形复杂，高原与低地、河流与湖泊、沙漠与沼泽、丛林与草原交错，交通不便，将印度分割成许多"一统天下"的地域小单元；印度气候温和，雨量充沛，物产丰富，人民尽管维持着低下的生活水平，但由于一般需求不大，又容易得到满足，从而不思改进生产工具、提高生产技术，导致社会生产力发展缓慢，这更加深了社会的闭塞与停滞。

各地区自然条件的差异、地理上的相互隔绝，必然造成各地区社会经济发展的严重不平衡性。平原河谷地区，由于土质肥沃，雨水充足，适于农耕，兴起了发达的农业经济；高原、山地或者沙漠地区，由于土质贫瘠，干旱缺水，不宜耕作，经济十分落后，社会处于更为原始的状态。近代以后，沿海港口或通商都会，发展了繁荣的工商业经济，过着豪华的都市生活，而深山幽谷或密林深处，依然从事落后的畜牧业或农业耕作，过着原始而简陋的生活。

第三，分散性与政治上的不统一。一方面，地理条件的差异所形成的各个地域单元，有其各自不同的经济利益、文化习俗和政治意识，因此形成大大小小长期独立的政治单元和实体。在历史上他们争战不休，互相吞并，各自为政，独霸一隅。人们只有王国、地区甚至更小行政单元的概念，根本没有"印度"这个国家概念。在这些政治实体内，不管是百姓还是统治者，对印度国家的兴衰漠不关心，置身事外。而一些王公贵族则始终保持离心的割据倾向，一遇机会，便脱离有名无实的中央帝国，分裂自主，独立称王。

另一方面，幅员辽阔，山川阻隔，交通困难，使中央政权实现政治统一成为遥远的梦。权力重心偏于北方的王朝中央政权，为谋求统一，往往劳师动众，长途跋涉，不堪劳顿。即使武力暂时奏效，勉强统一，一旦撤军，叛乱又起，中央政权鞭长莫及，待中央平叛大军赶到，地方势力已经坐大，反为所败。因此，印度在古代和中世纪，政治上一直长期陷于分裂状态，如马克思所说，"印度斯坦是亚洲规模的意大利。在政治结构方面是同样地四分五裂"。

第四，重要性与外族的不断入侵。印度次大陆处于东西方交通要冲，地理位置十分重要。在古代，印度位于几个世界文明中心的中间，扼东西方丝绸之路及海上交通枢纽。在近代，印度是西方探查新航路的重要一站。同时，印度的地理位置和地形为外族打开印度大门准备了陆路和海路的便利条件：位于西北部的兴都库什山的几个山隘，如开伯尔山口、博朗山口和穆拉山口，为陆路入侵提供了孔道和门户。而辽阔浩瀚的海洋，则为海上入侵者的舟楫炮舰提供了航行之便，布满富庶港口的漫长海岸，为来自远方的勇猛海盗和冒险家的帆船敞开了大门。

资源富饶，经济繁荣，"黄金遍地，香料盈野"，为垂涎三尺的外族入侵者提供了诱因，内部的四分五裂和动乱纷争则为外族入侵提供了良机。于是，在历史上，一批批的外族便蜂拥而至，都想品尝和吞食这块具有取之不尽的财富的"肥肉"。从陆路入侵印度的外族有：雅利安人、波斯人、希腊人、大夏人、安息人、塞种人、阿拉伯人、匈奴人、突厥人、蒙古人、莫卧儿人等。从海路入侵印度的外族有：葡萄牙人、荷兰人、法国人、英国人等。

西北陆路交通要道不仅是外族入侵的主要通道，自古以来也是商业贸易和文化交流的重要渠道。虔诚的香客与勤奋的商人通过这些山口往来穿梭于印度和其他国家，不仅带来了异域文化习俗，也把印度的东方文化传播到其他地区。

第五，神秘性与宗教的盛行。印度宗教盛行与印度"北背雪山、三垂大海"的地理环境有很大关系。

北部雄伟壮观、峰峦叠嶂、白雪皑皑的喜马拉雅山，东北部瘴气缭绕、毒蛇猛兽出没的阿萨姆原始森林，西北部既无鸟兽又无水草的塔尔沙漠和高山插云、雪岭延绵的苏来曼山和兴都库什山，在令人神秘敬畏之余又常常引发无穷的遐想。特别是喜马拉雅山被印度人视为神居仙游之乡，是无数圣徒香客朝觐巡游的圣地，围绕它产生了无数美丽动人的神话、故事和诗歌。

这些令人望而却步、仰之弥高的北部崇山峻岭，再加上东西南三面浩瀚无垠、神秘莫测的汪洋巨泽，给人们带来灌溉和舟楫之利而又常常肆虐成灾的江河，终年给人带来滂沱暴雨和酷热难耐的变化莫测的热带亚热带气候等，使处于远古时代生产力水平低下的人们深感恐惧和神秘。

图 1-8　西部大沙漠

在这种封闭而险恶的地理环境和无法驾驭的自然力量面前，人们感到宇宙的广阔和个人的渺小，需要寻求一种足以安身立命的依托，于是幻想着用祈祷、膜拜、献祭等方式来讨好主宰自然界的神灵，以获得恩惠与庇佑。因此，印度便成了孕育和滋生宗教的温床。

世界各大宗教都可以在印度找到立脚点，许多独特的宗教都可以在印度找到家园。婆罗门教、印度教、佛教、耆那教、锡克教发源于印度，基督教、犹太教、伊斯兰教、祆教、萨满教等在印度也拥有大批信徒。在世界历史上，很难找到一个国家像印度这样长期地笼罩在浓重的宗教气氛中。

第六，多样性与传统的持续。印度是一个具有浓郁而强烈的传统色彩的多民族、多种姓、多宗教、多语种的多元国度。印度古老的宗教信仰、婚姻制度、丧葬习俗、种姓制度等基本上都保留了下来。印度传统社会结构，特别是农村公社，在世界各民族中是持续最久的，一直延续到近代。这一特点与其地理环境也有一定关系。

北部高耸的喜马拉雅山区有2414公里长，如同印度北部的一道天然高墙和屏障，对印度起着一种保护作用。印度本身的地理构成十分复杂，高山、河流、湖泊、沙漠、沼泽、丛林、草原，给交通工具落后的古代人造成了交流的障碍，这些障碍把印度分割成不同的生态系统和地理单元，这些障碍构成了印度多种族、多语言、多宗教的地理基础。

地形的复杂，山川的阻隔，道路的缺少，行旅的艰险，无疑是造成农村公社封闭孤立的原因，农村商品交换困难，严重阻碍了商品经济的发展，农村公社内农业与手工业相结合的自给自足的自然经济长期稳固地支配着整个农村社会，这又使农村公社得以长期存在和延续。

地理条件对印度民族性格也产生了重大的影响。尚会鹏先生对生态环境与印度民族性格做了深刻的分析，认为不同生态环境下的人，有不同的生活方式，从而形成不同的性格。一般来说，大陆型气候形成的民族性格，往往具有坚韧、忍耐、阴郁、难以捉摸、感情含蓄等特点。而岛国型气候下形成的性格，则具有积极、活泼、灵活、性急、毛躁等特点。当然，即便是同属于大陆型气候，各个国家乃至各个地区的人的性格也是有差异的。印度次大陆生态环境的特殊性，对印度人性格的影响主要表现在以下几个方面：

首先，印度人所处的自然环境较为严峻。印度次大陆属于大陆性气候，温差变化大，雨量不均，居民既苦于干旱，不断祈求天降喜雨，又苦于恒河泛滥，房屋倒塌，饿殍遍野。恶劣的环境磨炼了印度人，培养了印度人极大的忍耐力。

其次，印度的气候非常炎热。炎热的天气常常使人处于"半昏迷状态"，不想外出，不想活动，劳动欲望低下，只想躺下睡觉。在印度农村，到处可以看到躺在树荫下睡觉的人，外国人普遍感到印度人睡觉时间长。正是在这种气候条件下，产生了印度教徒的沐浴、斋戒、禁欲、瑜伽、冥想、林栖，以及耆那教的以天为衣等习惯。

最后，印度的夏季与雨季交错。在印度北部地区，夏季干旱，通常赤地千里，土地开裂。而雨季一到，又常常暴雨连连，江河横溢，泛滥成灾。年复一年，如此循环往复。面对这反复出现的自然现象，人们感到无奈、无力与无助，唯有敬畏和消极接受而已。恒河被印度教徒尊为圣河，至今仍是印度教徒向往的圣地。恒河中下游和北孟加拉地区也是佛教、耆那教产生之地。佛教和耆那教的轮回、解脱思想的形成不能说与这样的气候特点没有联系。

此外，印度的物产丰富。印度植物茂盛，物产丰富，充饥果实较多，人们无须太多努力即可饱腹。温暖的气候也可免除许多衣物，一些人一年到头腰间仅缠一块旧布。在生存问题上，对大部分印度人来说，"温饱"问题不难解决。相对而言，基本不存在"温"的问题，只存在"饱"的问题。

六、灿烂文明：人类最早的五大文明之一

印度是历史最为悠久的文明古国之一，迄今已有4500多年的可考历史。印度的历史发展经历了四个时期：

古代印度（公元前2500年—公元3世纪），包括印度河流域文明时代（公元前2500–1750年）、吠陀时代（公元前1500–600年）、列国时代（公元前600–324年）、孔雀帝国时代（公元前324–187年）、贵霜王朝与萨塔瓦哈纳王朝南北对峙时代（公元前2世纪–公元3世纪）。

中世纪印度（公元3世纪–1757年），包括笈多王朝时代（公元320–540年）、戒日帝国时代（公元606–647年）、拉其普特地方王国争霸时代（公元8–12世纪）、德里苏丹国时代（公元1206–1526年）、莫卧儿帝国时代（公元1526–1761年）。

殖民地印度（1757–1947年），包括英国征服印度（1757–1858年）、印度进一步殖民地化（19世纪后半叶–20世纪初）、第一次世界大战（1914–1918年）、非暴力抵抗运动（1919–1939年）、第二次世界大战及其后（1939–1947年）。

独立后的印度（1947年至今），包括尼赫鲁时代（1947–1964年）、英·甘地时代（1964–1984年）、拉·甘地时代（1984–1991年）、尼赫鲁家族后时代（1991年至今）。

以上文字看起来枯燥无味，像一个迂腐的老学究用秃了头的笔划拉出来的流水账，然而，这些流水账在本节开头出现是必要的，它有助于我们简明扼要地了解印度历史的概貌和线索。

本书无意于叙述印度编年史，而是旨在通过追溯印度历史发展的主要特征，揭示印度人世世代代承传不息的历史传统。因为要了解一个民

族，不能不了解它的历史，特别是不能不了解其有别于其他民族的独特历史传统。

马克思曾说过："印度人没有历史"。这是对印度历史特征的精辟概括，它的含义是指印度人没有其他民族那样的通常意义上的历史，印度的历史呈现出自身独具的特征：第一，印度缺乏有正式文字记载的可信历史，它的历史与神话搅和在一起；第二，印度历史上屡遭外族入侵，它的历史是一部不断为外族征服的历史；第三，印度在历史的大部分时间里，处于四分五裂的状态。

"没有历史"的历史是印度历史的最大特征，这便是本书下面所要着力描述的内容。但在此之前，首先应从印度历史的另一个特征，即印度河文明入手，因为它是印度没有历史的历史的源头。如果马克思生活在20世纪，他也会从印度河文明入手考察印度历史的。

印度次大陆西北部的古代印度河文明是印度文明史的开端，是印度后来各个文化时期的先驱，也是古代印度第一次城市化时期。20世纪初期以前，印度的旧传统史学都认为印度文明史开端于公元前15世纪雅利安人进入七河地区的"梨俱吠陀时代"，从而断言印度文化纯系外来文化。

但自1922年以来，考古学家通过对以哈拉帕和摩亨佐·达罗为中心的印度河文明遗址的长期发掘，发现了印度次大陆最早的青铜文化时代的城市文明。于是，学者们开始改变了对印度古代历史和文化的传统观点，将印度文明史的开端提早了一千余年。印度河文明遗址的发现被认为是20世纪最重要的考古发现之一。

印度河文明遗址包括城市和村镇遗址共有250余处，分布范围很广，东至西1920公里，南至北1120公里，总面积不少于50万平方英里，其中哈拉帕和摩亨佐·达罗是两个城市文明中心，称为印度河文明的"双都"。由于印度河文明最初发现于哈拉帕，所以也称哈拉帕文明。

图 1-9　摩亨佐·达罗遗址

谁是这个辉煌文明的创造者？有学者认为，是印度次大陆的原始居民达罗毗荼人。达罗毗荼人身材中等，皮肤黑褐色，眼睛深褐色，长头窄鼻大眼，下巴发达，头发乌黑，四肢匀称。当今印度文化和宗教的许多内容都源于达罗毗荼人。在雅利安人到来前，他们已有了发达的文化，掌握了铜、青铜、铁、金、银、锡、铅等金属的冶炼技术，棉纺织、印染和雕刻技术已经出现，农业技术也达到相当水平，并建造了城市。雅利安人入侵后，将达罗毗荼人变为了奴隶，将他们赶到南方，并毁坏了他们的城市，但印度河文明的许多内容对后来雅利安人文化产生了影响。

印度河文明是印度次大陆最早产生的城市文明，是印度文明发展的先驱。它的发现不仅使印度的文明史向前推进了一千多年，而且使以往在印度历史和文化研究中一直占统治地位的"雅利安中心论"的传统观点彻底破产。它是古代印度的第一次城市化，其发达的对内、对外贸易和城市商品经济，推翻了某些学者利用"亚细亚生产方式"的模式鼓吹"印度社会停滞论"的观点。

印度河文明在世界古代史上具有重要意义，它对人类文明作了许多贡献。印度河流域是世界上最早种植棉花和利用棉花作为纺织原料的地区，并且很早发明了纺织技术，使南亚成为生产棉织品的故乡，对南亚次大陆的经济发展产生了积极影响。印度河流域统一的城市建筑规划，特别是完善的浴池和排水设备,在古代世界上也是最出色的。

印度河文明与雅利安吠陀文化代表两种不同类型的文化。但印度河文明对吠陀文化有深刻影响,两者有继承性的有机联系,特别是在宗教方面。哈拉帕印章上作瑜伽坐式的三面男神有三张面孔,裸体,头有牛角,周围有万兽环绕,他是印度教主神湿婆神的原型和前身。由虎伴随的女神则是湿婆的配偶女神杜尔迦的原型。石雕阳具是湿婆神的象征和林加崇拜的最早表现。

摩亨佐·达罗的大浴池是后来印度教圣地的原型。对吉祥符号"⇔""+"、车轮、太阳、火、菩提树、牛、虎、蛇的崇拜也为吠陀文化所吸收。蓄须男祭祀石雕像的瑜伽坐式及沉思的眼神和表情是后来吠陀文化的宗教艺术典型。罗塔尔墓葬中发现的男女成对排列的尸骨是后来印度教"萨蒂"即寡妇随夫殉葬习俗的开端。可见,后来印度文化的许多特征是从印度河文明承袭而来的。

图 1-10 摩亨佐·达罗浴池

第二次世界大战期间,希特勒把"⇔"作为纳粹德国的象征,许多人认为这个符号是雅利安人创造的,是雅利安人至上的象征。其实,这个符号最早出现于印度河文字中,是印度次大陆土著人达罗毗荼人的创造。

总之,印度河文明不仅对印度文明史具有重大的影响,是印度文明的源头,而且对世界文明史做出了重要贡献,是人类最早的五大文明之一。

七、屡遭外侮：一部不断为异族征服的历史

印度的历史是一部"不断为异族征服的历史"。外族的入侵征服与印度内部政治上的分裂互为因果，两者都对印度社会历史的发展发生过重大影响。印度政治上长期分裂，区域性小国林立，国家政权组织松散，从而削弱了国力，招致外族不断入侵和征服，而外族的征服又往往引起政治上的分合变化。

雅利安人、波斯人、希腊人、塞种人、贵霜人、匈奴人、突厥－阿富汗人、莫卧儿人以及英国殖民者都曾征服过印度，并且充当过印度政治舞台上的重要角色。这些外族入侵固然曾经产生过破坏印度社会经济发展和政治统一的消极作用，但也为印度注入了外来文化的新鲜血液和积极因素。

雅利安人的入侵和征服，是印度有文字可查的最早的外来民族征服。操印欧语系语言的雅利安人最早分布在亚欧草原，后来乘世界人种移动的风潮，由中亚出发，分东西两支迁移。向西去的一支雅利安人到了欧洲，成为今天大部分欧洲人的祖先；向东去的一支雅利安人分为两部分，一部分在波斯定居，成为今天的波斯人，另一部分则继续向东南移动，越过兴都库什山，于公元前1500年前后来到印度的西北部，成为今天的印度人。

雅利安人首先占领了印度西北部的"五河流域"（旁遮普），即今巴基斯坦和印度旁遮普地区，同当地土著民族达罗毗荼人发生了激烈的冲突。结果，雅利安人凭借战马、轻便战车和铁制兵器等军事优势，征服了比他们发展水平要高的达罗毗荼人，并逐渐向东扩张，侵入到富饶的

恒河平原地区。雅利安人在征服印度次大陆的过程中，逐渐放弃游牧方式，从事农业定居生活。他们把被征服的土著人或杀害，或赶到恒河流域森林地带及南印度，或当作奴隶，让他们从事低贱的职业。

雅利安人在这块新征服的土地上定居下来，成为这里的主人，并创造了自己的文明，开创了一个新时代，即印度历史上的吠陀时代。这次征服是一次时间最早、影响最大的游牧民族的征服。印度社会种姓制度即瓦尔那的起源、婆罗门教的产生、农村公社的形成、印度大史诗的出现、原始社会向奴隶制阶级社会的过渡等，均源于这次征服。

吠陀时代所形成的社会制度和文化具有典型的印度民族特征，对印度历史和文化产生了极为深远的影响。吠陀文化是一套庞杂而无所不包的文化体系，是印度民族文化的源泉。它奠定了印度传统文化的基础，并在许多方面影响着现代印度。

雅利安人之后，征服印度的外族是波斯人。公元前6世纪，波斯帝国皇帝居鲁士和大流士相继征服印度河流域，将其划为波斯帝国的第二十个州。波斯对西北印度的统治虽于公元前330年结束，但对印度文化带来了影响，例如传入了阿拉米字母的书写方式，后来发展成为伽罗斯底字母，阿育王在孔雀帝国各地颁布岩刻石柱铭文的做法也是效法大流士的。

希腊马其顿王亚历山大灭亡波斯帝国后，于公元前327年侵入印度河上游。他利用西北印度小国林立、互相敌对的时机，一路进军，所向披靡，攻克奢羯罗城后，屠杀17000居民，并将城池夷为平地。亚历山大还妄图东侵占领恒河流域，但风闻强大的难陀王朝严阵以待，加上印度气候酷热，军中疫病蔓延，劳师远征，兵疲厌战，正酝酿哗变，遂分海陆两路撤离印度。

亚历山大对印度的远征虽然没有取得成功，但却奠定了印度与希腊之间文化交流的基础。亚历山大曾在印度河中下游建立了两座亚历山大里亚城，并在印度河三角洲建立了海港。希腊人偶像崇拜的宗教思想进入佛教仪式，尤其是希腊人的艺术思想和风格传入印度，促成希腊化佛教艺术犍陀罗艺术流派的形成。此外，希腊人对西北印度的征服，消除了那里小国林立的分裂局面，为后来孔雀王朝统一这一地区铺平了道路。

图 1-11　亚历山大大帝

大夏人于公元前2世纪中叶，入侵并占据印度河流域和恒河流域。大夏人在西北印度和中亚统治时期，进一步推行希腊化政策，推动了希腊文化与印度文化的交流与融合，促进了东西方交通大动脉丝绸之路的开辟，有利于印度扩大东西方各国的贸易和文化交流。

塞种人原是住在中国西域地区伊犁河流域的游牧民族，又称西叙亚人，属突厥人的一支。公元前160年前后，塞种人受大月氏人的驱赶，向西南迁徙，先进入大夏，后侵入印度，在西北印度和西印度建立了统治。塞种人的入侵为印度次大陆带来了新的中亚外族因素，他们后来与匈奴人一起融合到印度教种姓社会中，形成中世纪的拉其普特人。印度现在沿用的传统历法塞历，就是起于此时。

贵霜人原是居住在中国西部敦煌和祁连山一带的游牧民族，我国古籍称为"大月氏"。公元前176年前后被匈奴乌孙人击败，向南迁移到阿富汗境内，征服大夏国后进而向南、向东挺进，建立了囊括整个北印度的贵霜帝国。

贵霜帝国是印度、波斯、中国、希腊四大文化的汇合点，古代四大文化都在这里碰头，对四大文化尤其是印度文化与希腊文化的交流和融合起过积极的桥梁作用。贵霜时代也是印度古代文化的繁荣时期，"希腊化佛教艺术"犍陀罗艺术达到了全盛。其特点是将希腊造型艺术的美学观点及新颖风格与大乘佛教主题结合，形成典型的犍陀罗佛像特点：身穿希腊式的肥大袈裟，长耳下垂，头顶有光环，头发呈波纹状，眉毛线与鼻相连，眉间有智能标志，面容柔和安详。

印度人和波斯人误称为匈奴的游牧民族，实际上是嚈哒人，是大月氏和匈奴人的混血族，西方称之为"白匈奴"。他们最早分布在中国西域的准噶尔盆地东南，后来迁徙到中亚"河中地区"，约于公元455年越过兴都库什山，南侵印度次大陆，后来建立了包括中亚和西北印度及中印度在内的强大帝国。嚈哒人逐渐为印度社会所同化，接受了印度的种姓制度及文化。

以上几次入侵促进了印度民族血统的混杂，在印度民族的血液中增添了新的成分，特别是形成了在北印度政治史上扮演过重要角色的拉其普特人。这一批又一批的入侵者虽称雄一时，但最终都被同化，融合到印度民族的主体之中了。

在这之后，从陆路入侵和征服印度次大陆的外族，都是信奉伊斯兰教的穆斯林，有阿拉伯人、阿富汗人、突厥人、蒙古人、突厥化的蒙古人即莫卧儿人。由于他们先后在印度建立了较为强盛的王朝，各王朝的王族常与当地的统治家族联姻，皈依伊斯兰教的人也不在少数，因而更加深了印度民族血统的混杂，在印度民族的血液中增添了更多新的成分。

与此前侵入印度次大陆的民族相比较，穆斯林入侵者有一个很大的不同，即他们始终保持了自己的宗教信仰，以及与之相关的道德规范、社会习俗、礼仪节庆和文化风貌等，从而在印度次大陆形成一个与固有的已经植根甚深的原有社会所不同的社团。在几个世纪的斗争相处之中，外来文化与固有文化之间必然会产生互相影响，或互相渗透，甚至在一定程度上的融合，但无可辩驳的事实是，这是两种实质上完全不同的文明。这也是后来印度和巴基斯坦分治的根本原因。

在穆斯林入侵者建立的政权中，最主要的有德里苏丹国和莫卧儿帝国。13世纪至16世纪初，穆斯林突厥－阿富汗军事贵族征服印度次大陆，建立了以德里为首都的德里苏丹国。穆斯林统治者从中亚带来的伊斯兰教文化艺术丰富了印度的传统文化，并奠定了伊斯兰教在印度次大陆的地位，这对印度后来的政治关系、社会生活、思想文化的发展产生了重大影响。

莫卧儿帝国是中亚穆斯林外族征服者——突厥化的蒙古人在印度建立的庞大帝国，是印度所有外来征服者中建立的最伟大的一个帝国，它的行政统治较完备，各宗教的关系以及中央与地方政权的关系较融洽，经济和文化也出现了空前的繁荣。它开创了印度次大陆政治统一和封建社会经济文化发展的新时代，是印度封建社会由发展中期向晚期转变的阶段，也是衔接中世纪印度与近代印度的重要历史时期。

到了近代，西方殖民者开始入侵印度。经过长期角逐，英国在印度确立了霸权，将印度沦为它的殖民地。先前所有游牧民族征服者在军事上征服了印度，但他们在社会经济和政治文化上最终被印度所征服，也就是说征服者最终被被征服者所征服，这是由农业文明对游牧文明的优势所决定的。然而，与古代游牧民族征服者不同，英国殖民者代表的是对农业文明具有绝对优势的西方现代工业文明，英国的殖民统治彻底摧毁了印度的传统社会结构。

英国的殖民统治给印度带来了双重后果。马克思曾指出："英国在印度要完成双重使命：一个是破坏性的使命，即消灭旧的亚洲式的社会；另一个是建设性的使命，即在亚洲为西方式的社会奠定物质基础。"这个著名的"双重使命"已为历史的发展所证实。

英国的殖民统治给印度带来了深重的灾难，不仅破坏了农业、手工业和商业的正常发展，而且将印度由一个独立的国家变成了英国无休止榨取财富的农业附属国，这就是它的破坏性使命。然而，历史的辩证法决定了：在这样做的时候，它自觉不自觉地便担负起了建设性的使命。因为英国征服印度的目的是把印度变成它的资本主义剥削的对象，因此它必然要用资本主义的手段来改造印度的封建经济政治结构，这在客观上为印度社会的发展创造了条件。

英国的殖民统治在客观上为印度的统一和发展奠定了基础。为掠夺印度而修建的铁路、公路以及邮电通讯等设施，第一次把印度次大陆各个孤立闭塞的地区联系了起来。将英语作为官方语言，使多民族多语言的印度人第一次有了交流沟通的共同工具。西方式现代军队的建立使不同宗教信仰、不同民族、不同种姓的人结合到了一起，这实际上是在印度第一次建立了超越种族、种姓集团和宗教信仰的社会组织。

如果说，英国人的征服与统治也像古代异族对印度的征服与统治一样起到了抑制和系结各种分裂势力的作用，那么这根系结的绳索比以往任何一次都更粗壮更有力。正是在这一背景下，印度人才第一次有了"统一印度""印度民族"这样的概念。可以说，后来的民族主义以及民族民主运动的出现和发展，都是以英国人的征服所带来的统一结果为前提的。

现代印度人从英国那里继承了一套弹性较大的西方式民主政治制度，这种政治制度从整体上看符合印度社会复合、多元和分散的性质："权力分散"原则适应了印度历史上长期地方分权、中央对地方控制不力的传统；"权力平衡""利益分享"原则与印度种姓制度形成的权力模式相似；多元价值观、言论信仰自由原则符合印度社会宗教信仰多样性的特点。

独立后，印度语言、教派、种姓、民族等各种分裂因素，始终对印度的统一构成了严重的威胁和挑战，但印度始终没有分裂，而是保持着统一，这在很大程度上是由于有了这根富有弹性的绳子。这种政治体制为印度这个多元社会提供了一种"黏合剂"，从而保证了国家的统一。

总之，一部印度历史就是一部外族不断入侵、征服和统治的历史。正因为印度累遭外族入侵、征服和统治，从而使印度的种族、民族、宗教、语言、文化、习俗复杂而多样，形成了一个世界上少见的多元化的"复合性"社会。

八、分多合少：一部长期分裂战乱的历史

中国有句古话："分久必合，合久必分"，这是对人类历史上统一与分裂这一孪生现象的形象概括。其实，这句话还可以再做补充，即"分多合少，合多分少"。中国历史属于合多分少，而印度的历史则属于分多合少。

印度自古以来虽是亚洲大国，但历史上长期处于分裂割据状态，王朝更替频繁，大小王国互相争战，中央集权的统一帝国存在时间短暂，这是印度历史的一个重要特点。

印度有文献记载的历史，如果以公元前 1700 年雅利安人入主印度次大陆为其开端，迄今已近 3700 年了。如果将印度历史上统一与分裂的时间做一量化，比例大体是三比七。

古代印度大约有 2000 年的历史，其间只有孔雀帝国建立了 100 多年的相对统一的状态，其余时间都处于战乱之中。

吠陀时代是雅利安人由氏族部落制向阶级社会过渡的时代，即恩格

斯所说的"英雄时代"。这一时代的特征就是互相争斗，战乱频仍。既有雅利安人与土著达罗毗荼人之间的征服与反征服的战争，也有雅利安人各部落之间的争霸称雄的战争。雅利安人的圣典《吠陀》和印度的两大史诗《摩诃婆罗多》《罗摩衍那》生动而形象地记载和描述了这些血与火交织而成的战争场面。

雅利安人各部落经过上千年的龙争虎斗和融合，到公元前6世纪形成了十六国争雄的政治局面，即"列国时代"。早期佛教文献《长阿含经》和《增一阿含经》记载了列国时代16个重要的城邦国家的名称和分布地区。十六国经过无休止的争斗，形成了摩揭陀与居萨罗二雄并立，最后摩揭陀吞并了居萨罗，这一时期的争霸才暂告结束。

然而，就在此时，外族的入侵接踵而至。波斯人和希腊人相继大举入侵印度次大陆，将印度再次投入战乱的深渊。在抗击外族侵略的斗争中，恒河流域兴起了一个强大的王朝，最后经过一系列征战统一了北印度，建立了强大的孔雀帝国。

孔雀帝国是印度第一个，也是古代唯一的统一强盛的国家。特别是在阿育王统治时期，印度次大陆达到空前统一，帝国版图几乎包括整个印度次大陆：西北部包括阿富汗、俾路支、信德，与波斯接壤；东部到达布拉马普特拉河流域，包括阿萨姆及孟加拉；北方包括克什米尔、尼泊尔低地；南部达到迈索尔。

阿育王统治的40余年是孔雀帝国鼎盛时期，他死后不久帝国就盛极而衰。北印度东西两部分被他的两个王子分割统治，南印度宣布独立，孔雀帝国趋于瓦解。孔雀帝国的最后一位君主被他的将军所杀，帝国便寿终正寝。

孔雀王朝的统一帝国衰亡后，印度再次出现政治分裂局面，招致更多的外族入侵，扰攘不宁的印度次大陆西北部，再次陷入战乱之中。大夏希腊人、塞种人、大月氏贵霜人相继对北印度入侵和征服，形成南北对峙局面。

图 1-12　阿育王头像

中世纪印度有 1400 多年的历史，其间有过断断续续 500 余年的政治统一，其余时间都是战乱与纷争。

公元 320 年创立的笈多王朝，是中世纪印度最先取得政治统一的王朝。笈多王朝在印度历史上占有重要地位，它是印度由古代奴隶制社会向中世纪封建社会的过渡阶段，是中世纪史的开端，史称印度的古典时代。

笈多王朝在超日王统治时代，统一了北印度，国势达到鼎盛。笈多王朝经历了 100 余年的政治统一局面和社会安定时期，中国东晋高僧法显当时赴印求法，归国后撰写的《佛国记》即《法显传》，记述了笈多王朝鼎盛时期"人民殷乐"的盛况，以及封建生产关系普遍产生的经济发展趋势。

超日王的逝世后，笈多王朝开始走向分裂和崩溃。其后嚈哒人数次入侵北印度，最后乘笈多帝国分裂之机，占领了北印度。中国高僧宋云曾赴印度求法，他在《宋云行记》中描述道："嚈哒国王不信佛法，专事征战。"

图1-13 玄奘像

之后建立的戒日帝国结束了笈多王朝衰亡后出现的小邦林立的政治分裂局面,建立了中世纪前期第二个统一北印度的封建王朝。戒日帝国是印度封建社会正式形成和封建制度确立的重要阶段。中国唐代高僧玄奘访印求法期间,正值戒日帝国隆盛之时,他在《大唐西域记》中详细记载了戒日帝国的社会制度与文化习俗。

然而,戒日帝国时日不长,只存在了短短的几十年。在它灭亡之后的长达500余年中,印度次大陆再也未能形成哪怕只是相对的政治统一。在此期间,印度兴起了一系列拉其普特王族新兴封建主所建立的地方王国,互相争雄,形成拉其普特争霸时代。在此期间,还伴随着穆斯林的不断入侵。阿拉伯帝国穆斯林曾两度入侵印度,阿富汗的穆斯林突厥军事贵族曾对西北印度进行了17次入侵,旁遮普、古吉拉特、拉其普特纳、恒河上游一带的繁荣城市和农村遭受侵略军烧杀劫掠,成为废墟。

13世纪初，德里苏丹国的建立使印度再次获得统一。德里苏丹国虽有五个王朝继起，历时300多年，但到第三个王朝统治结束时，即已开始解体，它的兴盛期也不过两个世纪。其后便是战乱、屠杀与劫掠，大小王朝林立，纷争不已。

在此期间，蒙古草原英雄成吉思汗的孙子跛脚帖木儿曾大举入侵印度，他大肆杀戮，一天之内杀死10万人，将人头堆积成山付之一炬，在其足迹所及之处，留下的是荒凉、饥馑和瘟疫。

16世纪初莫卧儿帝国的创立结束了当时的混乱局面。莫卧儿帝国经历了17代君主的统治，共计331年的历史。在前6位君主统治的181年间，莫卧儿帝国由创始进入极盛。享有猛虎之誉的巴布尔和有幸无运的胡马雍，为莫卧儿帝国的创业和建立开拓进取，戎马一生，辛劳一世。怀有帝王雄心的阿克巴大帝，文韬武略，四处征战，开疆拓土，励精图治，锐意革新，奠定了莫卧儿帝国繁荣强盛的基石。在善变君主贾汉吉尔、多情君主沙贾汉和懊悔君主奥朗则布统治时期，莫卧儿帝国达到了鼎盛的巅峰，疆土空前辽阔，政治、经济、军事、文化、艺术、建筑等强大繁荣。

在后11位君主统治的150年间，莫卧儿帝国由极盛转入衰落，最终走向灭亡。这一时期，朝臣专权，左右朝政，驾驭国君，任意废立，王室更迭频繁；外敌入侵不断，阿富汗人三番五次恣意蹂躏、掠夺印度；离心倾向滋生蔓延，省督纷纷脱离有名无实的德里皇帝，拥疆自立；各种印度教和半印度教势力，同室操戈，鹬蚌相争，以图在莫卧儿帝国的废墟上建立自己的霸权。

莫卧儿帝国的兴盛与德里苏丹国一样，也是大约两个世纪，但此时的争斗与以往不同，因为在这一派群龙无首、干戈不息的混战中，西方殖民者乘虚而入，插足印度次大陆，参与角逐，成为次大陆一种新的危险的侵略者。

近代印度共约200年的历史，统一史不到100年。

1757年英国殖民者击败孟加拉的纳瓦布，从此走上攫夺印度政权的道路。英国人花了近100年时间，凭借自己的军事优势，利用莫卧儿帝国衰落时期的印度分裂状态，巧施政治手腕，利用内讧，收买内奸，挑拨离间，兼以武装干涉，联此伐彼，分化瓦解，各个击破，先后赶走其他西方列强，打败印度各个封建统治者，镇压人民的反抗与起义，最终确立了英国对印度的统治。

印度再度统一，沦为英国殖民地，被一个远离次大陆本土且与印度历史文化传统毫不相干的外族所奴役。英国的殖民统治政权，从1859年英王治理印度起始，到1947年终，不到100年便寿终正寝了。

从上面简要勾勒的印度政治史的轮廓，足以看出印度的政治统一是暂时而相对的。甚至可以说，印度从来也没有完全统一过。古代印度仅有孔雀王朝百年的统一史，中世纪印度统一的时间加在一起才五百余年，近代印度也仅仅统一了上百年。而且无论历史上哪种统一，都是建立在武力征服的基础之上的。一个新建的统治王朝，或挟其军事优势，或由于统治者的"雄才大略"，大军所到之处，地方封建主被迫表示臣服，从而形成暂时的统一。而只要中央集权削弱，各地便纷纷拥疆自主，建立起独立或半独立的王朝，一边与有名无实的中央政权相抗衡，另一边彼此之间互相争斗，干戈不息。

与此相反，印度的战乱与分裂则是长期而绝对的。孔雀帝国创立前2000余年、崩溃之后百余年，笈多帝国覆亡后的500年，印度分裂如此之久，令人触目惊心。德里苏丹国和莫卧儿帝国的后期，统一帝国早已分崩离析，名存实亡。英国殖民者的统治号称统一，但印度人民的反抗从未停息，而且享有对内主权的500多个大小土邦，星罗棋布，遍及全国，构成一幅奇特的印度政治地图。

总之，印度历史就是一部分多合少、战乱频仍的历史。正因如此，印度人的历史是一本糊涂账，很不系统，文字记载少，时间概念不强。印度人喜欢讲故事，历史与神话很难分清。即使有历史记载，也没有统一的纪年，不同时代、不同地区采用不同的纪年，搞不清楚每个纪年的准确年代和各纪年的前后联系。也正因如此，印度人的"国家""民族"意识薄弱，印度在历史上只是一个地理上的概念而不是政治实体。千百年来，印度人只知道效忠于其所隶属的王国、种族、种姓、村落和宗教，几乎没有国家的概念。印度人不在乎谁做他们的统治者，只要他们的村社、宗教继续存在就行。千百年积淀形成的这一历史传统，直到今天仍然潜移默化地影响着印度的政治文化和民族意识。

| 第二章 |

政治经济：动荡多变

印度自独立之日起，便踏上了国家建设的新征程，开始了政治经济生活领域的持续探索和不懈追求。七十多年的风风雨雨，使印度人在政治生活方面感受了西方议会民主的得与失，体验了一党统治和多党联合的酸与甜，经历了稳定和动荡的苦与辣；在经济生活方面见证了公私混合的兴与衰，领略了计划和市场的荣与辱，经受了"绿色革命"浪潮、"白色革命"洪流、"蓝色革命"波涛、"彩色革命"雨露的沐浴。在动荡多变的征程中奋进前行的印度人，执着地继续着他们的不懈探索与追求。

一、开国奠基：尼赫鲁总理在政治、经济、社会、外交领域的开拓

1947年，印度人民在甘地和尼赫鲁等民族主义领袖的带领下，前赴后继、浴血奋斗，终于迎来了印度的独立和新生。印度共和国的建立揭开了印度历史光辉的一页，印度人开始了崭新的生活。

图2-1　甘地和尼赫鲁

作为新印度的最高决策者，尼赫鲁总理在政治、经济、社会、外交等方面，采取了一系列维护民族独立、寻求民族发展的政策措施，为建立一个独立自主、繁荣富强的现代印度奠定了基础。

政治上，废除土邦王公的封建特权，确立议会民主制，建立统一的世俗民主共和国；经济上，废除柴明达尔制，接管英国殖民政府主管的企事业，实行计划经济、混合经济、工业化等政策，使印度初步改变了独立初期的殖民地经济结构，走上了经济独立发展的道路；社会生活方面，废除不可接触制，提高妇女地位，实行农村建设，向"社会主义类型的社会"迈进；外交上，奉行和平独立的"不结盟"外交政策，提高印度的国际地位，促进世界和平。

这些措施既维护了印度的民族独立，也奠定了现代印度内政外交的基础。而这一基础则根植于博大精深的尼赫鲁思想。尼赫鲁思想是当代印度民族主义理论体系，其基本内容由哲学思想、政治思想、经济思想、社会思想和外交思想五部分组成。

尼赫鲁的哲学思想是一种综合型的整体人生哲学，是一种实用主义哲学。这种哲学的特征和基调在于：不恪守某种一成不变的学说或主义，而是在过去与现在、东方与西方各种思想学说中进行综合与摘取，吸收有助于解决人生问题和社会问题的思想资料，甚至将相互冲突或歧异的价值和目标协调起来，使之结合成某种有机的整体，达成某种和谐，寻求外在物质生活与内在精神生活相协调，科学与伦理相结合，变革与延续相统一，新与旧相一致。

尼赫鲁政治思想的核心内容是建立世俗民主共和国。尼赫鲁的世俗观与西方意义上的不同，它是典型的印度意义上的世俗观，它不仅主张政治非宗教化，更多的是强调印度民族大家庭中各教派之间的平等共处。尼赫鲁的民主观根植于西方自由主义和人道主义传统，同时也受到甘地主义的影响，其中心内容就是主张议会民主制。世俗与民主观念构成尼赫鲁政治立国的两大基本原则，也是尼赫鲁对印度政治生活的重大贡献。

尼赫鲁的经济思想是融合社会主义和资本主义某些基本要素而成，以混合原则为核心，以计划原则为途径，以工业化和工农业协调发展原则为步骤，旨在争取印度社会经济现代化的国家资本主义模式的经济思想。尼赫鲁经济思想及其实践不仅奠定了当代印度经济生活的基础，而且为新生的民族国家在探索其发展道路的征程中树起了楷模，即既不全盘接受社会主义，也不全盘接受资本主义，而是在本民族传统基础上对二者进行融合，走所谓"第三条道路"或"中间道路"。

尼赫鲁的社会思想集中体现为"社会主义类型的福利国家"，尼赫鲁将其称为"民主社会主义""社会主义类型的社会""福利国家""共产主义国家和资本主义国家正统实践之间的中间道路""一切人都享受平等的经济权利和机会的无阶级社会"。实际上，它是费边主义、马克思主义、甘地主义和福利国家论的混合物，其基本要素有四：最大多数人的最大幸福；社会正义与平等；精神和道德的提高；和平与民主的社会变革方法。

尼赫鲁外交思想是反对殖民主义和帝国主义统治，争取世界和平与合做斗争历程的产物，维护印度民族独立，促进世界和平构成尼赫鲁外交思想和外交政策的主要动机。尼赫鲁外交思想基于两个相互联系的基本信念：一是民族利益与国际利益的辩证统一；一是现实主义与理想主义的和谐结合。和平独立的不结盟主义是尼赫鲁这一信念的集中体现，是尼赫鲁外交思想的典型特征。其要点为：不参加任何军事集团或任何国家间军事同盟，特别是不介入以美国为首的资本主义阵营和以苏联为首的社会主义阵营；与一切国家，不论是结盟还是不结盟国家保持友好关系，和平共处；支持被压迫民族反对帝国主义与殖民主义的斗争；反对战争，调解冲突，扩大不结盟区，维护世界和平。

尼赫鲁思想具有强烈的反对殖民统治、维护民族独立的民族主义色彩和反对封建残余、争取民族自由的民主主义气息。此外，甘地主义和社会主义特征在尼赫鲁思想中也表现得非常突出。尼赫鲁思想是现代印度在争取民族独立和进行民族建设的斗争历程中不断探索和形成的，它反过来又给民族独立运动和国家建设以影响和指导。

尼赫鲁思想是印度人的一笔珍贵遗产，尼赫鲁所采取的一系列内政外交政策是印度人的一笔无价财富,是现代印度的立国之本,它至今仍对印度人的社会经济生活的方方面面产生着影响。

二、议会民主：政治体制的确立和初步实践

印度在政治上奉行西方模式的议会民主政治体制。在东方殖民国家中,印度是出现议会民主制度最早的国家,老奸巨猾的英国殖民者为了阻挠和分化印度民族民主运动,加强英国殖民统治,将议会民主制度移植到印度这块东方国土上。独立前,议会民主制度是英国殖民统治的工具;独立后,以尼赫鲁为代表的印度新政府将现存的国家机器议会民主制度继承下来,并在此基础上不断加以修订完善,形成印度稳固的政治体制。

1950年正式实施的印度宪法规定了印度议会民主政治制度的基本内容。该宪法的起草用了3年时间,由于印度社会的复杂性和多元化,方方面面的规定使宪法的篇幅洋洋大观,全文共395条,8个附表,200多页,可谓世界上最长的宪法之一。

宪法规定,印度的国体为独立自主的共和国,实行联邦制,中央集权,财政、国防、外交和国内治安等,均由中央政府直接管辖,邦政府体制与中央政府体制大体相同。

宪法规定,印度的政体为议会民主的内阁制,印度共和国联邦的最高立法机构是国会即中央立法议会,由上院联邦院和下院人民院两院组成。

宪法规定,总统是印度的"国家元首",享有非常广泛的行政权。但实际上,印度最高行政机关是以总理为首的部长会议。虽然宪法明文规定总理由总统任命,但总理是议会多数党领袖,是部长会议的首领,宪

法授予总统的权力都是由总理通过其内阁行使的。所以，总理不仅领导着部长会议，而且也领导着议会和整个国家。

部长会议集体向人民院负责，部长会议的核心是由总理和内阁部长组成的内阁。内阁是政府的实际决策机构，是实际上的最高行政机关，下设各种常设或临时委员会。议会的立法权实际也掌握在内阁手中，每届议会通过的大部分法案都是内阁提出的，而议会只是为这些法案制造法律根据。

联邦最高法院是国家最高司法机关，有权解释宪法，审定中央政府与邦政府之间的争执等问题。

宪法规定，印度实行公民普选权基础上的选举制，每5年进行一次大选。从1952年第一次大选以来，选举制从未中断，议会民主制度也未发生动摇。

在尼赫鲁总理执政时期（1947－1964年），印度被普遍认为是非西方世界中少数几个政治稳定的民主国家。这一稳定首先与尼赫鲁本人一贯崇尚世俗主义、议会民主的政治信念和政治风格有很大的关系。

印度历来是一个多宗教的国度，几乎人人都是宗教徒。在众多的宗教中，印度教居绝对优势。在制宪会议辩论会上，有不少人要求宪法体现印度教政体特征，尼赫鲁顶住了巨大的压力，极力主张建立世俗政体，保护所有宗教，给每个宗教以自由，反对设立国教。印度共和国宪法充分体现了尼赫鲁政治思想的基本原则，确立了印度共和国的世俗民主性质。

尼赫鲁政府执政后，在各个方面努力履行世俗国家的目标，制定一系列旨在为世俗民主原则奠定坚实基础的法案，通过了"印度教法典"，废除了不可接触制，禁止任何形式的不可接触制习俗，规定印度教男女在婚姻和财产继承问题上享有平等权利。在一个有着多种宗教信仰，宗教影响根深蒂固，且印度教徒占人口80％的国度里，确立了世俗政体，这是一件了不起的事情，是尼赫鲁对印度政治的一大贡献，是印度人政治生活的一大特色。

图 2-2　尼赫鲁

尼赫鲁具有强烈的民主作风，他将内阁成员看成是平等的同僚而不是下属，并将反对派纳入内阁。如他所说："我不想让印度成为这样一个国家，千百万人对一个人唯命是从，我想要一个强有力的反对派。"在内阁讨论中，尼赫鲁从不压服，而是用说服的办法使持反对意见的内阁成员接受自己的观点。

在议会讨论中，尼赫鲁总是充分说明法案中的主要问题，并给议会反对党充分阐述观点和发表意见的机会。反对派议员人数虽少，但能量很大，他们提出一连串令人难堪的问题，发出极大的喧嚣声。在这种情况下，尼赫鲁总是弯着腰坐在椅子上，脸上露出一种沉思的神情，有时因听到反对党刺耳的攻击而紧皱眉头，但他对反对党议员的态度是忍耐和礼貌的。

他在议席上经常用肘部推一下激动不已的同僚让他安静，有时突然起来，帮助一个被一连串质问搞得狼狈不堪的部长解围。他有时一连几个小时地回答议员提出的问题，并指示他的政府官员把议员的要求放到议事日程的最优先地位。

尼赫鲁的民主作风不仅体现在议会里，就是对待记者也是这样。在记者招待会上，记者们毫无拘束，他们质问尼赫鲁，同他大声辩论，有时对他规劝训导。尼赫鲁对这种无礼举动总是采取容忍克制态度。而夏斯特里继任尼赫鲁之后，在一次记者招待会上受到十分无礼的对待，就再也没有举行过记者招待会。

尼赫鲁时期，印度全国举行了三次公民普选，这是世界上最大的民主选举活动，是东方国家实行西方议会民主制的初次尝试。破天荒的大选是印度人政治生活中的一件大事，是人类政治生活中的一个伟大壮举，将成人普选权引入一个人口众多、经济文化落后、文盲占人口75%、社会上宗教保守势力十分猖獗、没有任何政治参与经历的国度，并付诸实施，不仅唤起了印度人民的民主参与意识，而且是对民主程序只适用于高度文化的社会的西方传统观念的严峻挑战。这无疑是尼赫鲁对印度政治生活的重大贡献。

尼赫鲁时代印度能够保持政治稳定的另一个重要原因，是因为它有一个强大的政党。印度是一个政党众多的国家，其数量可谓世界之冠，从1947年至1977年间，印度存在的政党数在200个以上。然而，主宰印度政治和左右政局发展的核心力量乃是国大党，没有任何一个政党能够与之匹敌、能够向国大党一党执政的地位挑战。

国大党之所以几乎一直保持优胜者的记录，其深刻的原因在于：该党是亚洲最古老的资产阶级政党之一，在印度自始至终领导了半个多世纪的民族民主运动，动员和组织印度人民进行过声势浩大的反英斗争，并取得了独立；它有提拉克、圣雄甘地和尼赫鲁等著名领袖，他们在印度人民和各政党中享有很高的威望和声誉；独立后国大党制订了一套有利于印度发展的政治和经济纲领与政策，得到了印度社会各个阶层的广泛支持；国大党具有丰富的政治斗争经验，能够一次又一次地度过党内外的政治危机，使印度政治的发展具有连贯性和相对稳定性。

三、走向多元：从一党主导到多党联合

20世纪60年代以后，特别是近几十年中，印度社会正在经历着史无前例的深刻变革，有的学者将之形容为"一个剧烈搅动翻腾中的印度"。伴随着社会的变革，政治力量对比也发生了重大的变化，导致印度政坛动荡不宁，政府更迭频繁，政治力量趋向多元化。

在世界各国政党制度中，印度政党制度颇具特色，它不是一党制，也不是两党制，而是典型的多党制。印度政党数量之多、规模之异、构成之杂，举世罕见，素有三"像"之称：种类齐全，像"博物馆"；错综复杂，像"千藤树"；变幻无常，像"万花筒"。从印度独立至今，印度政党制度经历了由"一党主导"到"一党主导与多党联合交替"，再到"多党联合"的发展演变过程。

从1947年到1977年的30年里，印度政党制度的主要特征是"一党主导制"，也叫"一党主导下的多党制"或"国大党体制"。这种"一党主导制"不同于通常所说的"一党制"，因为它是一种多党自由竞争的体制，不过各竞争党所发挥的作用很不相同。这种"一党主导制"由"一个合意党"和"多个压力党"组成，国大党不管在全国议会和邦议会的席位，还是在议会外的组织力量方面都处于主导地位，是合意党，其他政党属于压力党。这种"一党主导制"经历了变化，可分为两个阶段。

从1947年到1967年的20年间，印度政党制度以国大党一党独大为特征。国大党不管在中央还是大多数邦，都处于执政党的主导地位，其他各竞争党对国大党构不成任何挑战。因此，有人将这个时期称为"国大党霸权"。

在1952年、1957年和1962年的印度前三次人民院和邦立法院选举

中，约有200多个政党参加了竞选。国大党在大选中连续取胜，分别获得人民院议席总数的74.5%、74.5%和72.9%，邦立法会议议席总数的68.2%、65.7%和58.37%。根据印度议会有关规定，大选中获得超过法定半数议席的政党是多数党，有资格单独组建政府成为执政党，而在人民院和邦立法院中拥有50名以上议员的政党有资格成为反对党。由于国大党赢得了2/3以上议席的绝对优势，成为人民院议会多数党，独家在中央组阁，形成国大党在中央一党统治的局面。此外，国大党在各邦也基本取得了多数席位并处于执政地位。相对作为"合意党"的国大党而言，其他反对党的力量非常弱小，尚构不成真正的反对党，充其量只是"压力党"。

国大党之所以能够以巨大的优势在中央和邦处于绝对主导地位，保持一党统治，主要有以下几个方面的原因：

其一，作为印度民族运动的领导力量，国大党在印度民族独立运动中发挥了重要作用，做出了巨大贡献。这不仅使国大党在广大民众中赢得了很高的声誉和雄厚的政治资本，而且为其独立后掌握国家政权奠定了广泛的社会基础，这是其他政党无法企及的。

其二，作为印度历史最悠久的政党，国大党建立了完善的组织机构。国大党不仅建立了从村、区、县、邦直至中央的各级党组织机构，而且建立了工人、妇女、青年、学生等外围群众组织。这些组织机构遍及全国各地，在政权和民众之间起到了重要的桥梁和纽带作用。

其三，作为印度现代意义上的政党先驱，国大党形成了多元化的民族主义、民主主义、社会主义和世俗主义的政治纲领和意识形态，吸引和吸收了不同阶级、不同民族、不同种姓、不同教派、不同政见的人，成为一个具有广泛代表性的统一战线性质的政党。

其四，现代印度的国父与奠基者甘地及尼赫鲁的个人魅力与国大党紧密联系在一起，在印度民众心目中形成了一种"甘地-尼赫鲁情结"。支持国大党就是支持"甘地-尼赫鲁情结"所体现的和平、正义、自由、平等、世俗、民主价值。

由反映不同意识形态倾向如马克思主义、社会主义、甘地主义、教派主义和自由主义的政党组成的"压力党",虽然各自的力量相对较弱,但却非常活跃,积极参加竞选,对政府和执政党形成了相当的压力。这些"压力党"可以分为左翼激进党和右翼保守党,其中左翼党主要有1920年成立的印度共产党、1964年成立的印度共产党(马)、1952年成立的人民社会党,右翼党主要有1951年成立的人民同盟、1959年成立的自由党。这些压力党虽然积极参政,试图抗衡甚至替代国大党,但是都没有成功,其中的原因主要有以下几个方面:

其一,除具有教派主义色彩的人民同盟外,这些压力党大多数都是从国大党中脱离出去的,与国大党有着千丝万缕的联系。印度共产党从1936年起就是国大党的一部分,1945年脱离国大党。社会党从1934年成立之日起就是国大党的一部分,时称国大社会党,1948年脱离国大党称为社会党,1952年与农工人民党合并称为人民社会党。自由党的创始人中大部分是著名的国大党老党员。在国大党内,已经存在反映这些压力党立场的团体。

其二,这些压力党从不同立场出发,对国大党施压的方向不一致,有时甚至完全相反,结果使施加的压力相互抵消。另一方面,这些压力党试图以极端的方式来界定自己,以避免它们的干部和追随者甚至是领袖被国大党所吸收和同化。但是,这些极端立场给这些政党带来了消极负面的后果,使他们与公共舆论进一步孤立,也使它们更容易走向分裂。

其三,这些压力党之间以及内部分歧重重,不能团结一致。印度共产党由于内部分歧分裂为二,严重影响了左翼力量的团结。人民社会党几经分化组合,领导层动荡不宁,力量日渐削弱。1954年,社会党创始人纳拉扬退出人民社会党,致力于他的人民社会主义事业。1955年底,洛希亚及其追随者脱离人民社会党,恢复社会党。1960年,克里帕兰尼离开人民社会党,开始独立活动。1964年,梅塔脱离人民社会党,带领

1/3 的干部加入国大党。自由党这个印度唯一的全国性世俗保守党，在其主要领导人拉贾戈帕拉查里 1967 年去世后就迅速衰落。这样，在头几次选举中，国大党便稳操胜券。

从 1967 年到 1977 年的 10 年间，印度一党主导制发生了某种程度的变化。国大党霸权地位发生动摇，开始了一党主导制向多党联合的过渡。1967 年的第四届大选是国大党一党主导制衰落的开端。其主要标志有二：一是国大党在人民院的席位下降，二是国大党在一些邦失去了执政地位。在人民院选举中，国大党获得的席位下降到 54.6%，仅以微弱多数保持了在中央的执政地位。在各邦立法会议选举中，国大党也同样遭受了重大的挫折，仅获得席位总数的 48.6%，在 17 个邦中的 8 个邦失去了执政地位。面对国大党的颓势，英迪拉·甘地实行了一系列激进政策，使国大党在 1971 年和 1972 年分别举行的第五届人民院和邦立法院选举中重新收复失地，控制了 2/3 多数席位，几乎又回到了头三次大选国大党基本上包揽中央和邦政权的局面。但是，随之而来的经济和政治危机使人们对英迪拉·甘地国大党政府日益不满，反对党联合起来发动全国性的反对国大党政府的运动，终于导致国大党在 1977 年的第六届大选中惨遭失败，由执政党变成了在野党。

这一阶段，印度政党制度发生了新的变化，主要体现在以下几个方面：

其一，作为"合意党"的国大党地位不再强大如初，而是一波三折，危机重重。第一个危机是国大党在 1967 年的第四届人民院和邦立法院大选中受挫：国大党在人民院的优势自独立以来第一次减弱，丧失了在议会中的绝对多数地位，同时在一批邦立法院失去了多数执政地位，国大党垄断全国政权的地位开始在邦一级丧失。第二个危机是国大党 1969 年的分裂：英迪拉·甘地上台不久就与国大党内辛迪加派为代表的反对势力发生矛盾和斗争，1969 年双方之间的矛盾围绕国有化和总统选举而白热化，彼此宣布开除对方党籍，终致国大党正式分裂，英迪拉·甘地领导的一派称为国大党（主流派），尼贾林加帕领导的一派称为国大党（组织派）。第三个危机是国大党古吉拉特邦政府的垮台：1974年，古吉拉特邦爆发学潮，要求国大党（主流派）政府首席部长和教育部长辞职，德赛领导的国大党（组织派）趁势发动抗议运动，导致了流血骚乱和邦政府的垮台，古吉拉特事件是在反对派领导下用群众骚乱方式推翻一个合法政权，开创了制造群众动乱的先河。第四个危机是国大党1977年的下野：英迪拉·甘地的独裁专权和国大党高级官员的腐败标志着国大党非制度化和个人政治的开始，结果引起社会各界的不满，导致反国大党运动的兴起和国大党在1977年第五届大选中的败北，国大党第一次失去了中央执政党的地位。

其二，作为"压力党"的其他政党势力增强，向名副其实的反对党的角色转变，频频对国大党发难和挑战。第一个挑战是例行总统选举：在1967年5月第四届大选之后的例行总统选举中，在几个邦执政的非国大党联合提名首席法官拉奥为总统候选人，与国大党提名的总统候选人原副总统胡赛因竞争，以往三届总统选举都是国大党提名，没有竞争对手，而这次总统选举第一次带有反对党与国大党争权的性质。第二个挑战是邦级反对党的出现：1967年，国大党在8个邦议会选举中失利，一些邦开始出现正式的反对党，人民同盟在安德拉邦议会选举中获得60个席位，拥有成为反对党的足够的议员数，被正式承认为反对党，这在印度议会历史上是第一次。第三个挑战是反对党在反国大党运动中趋于联合：1974年，纳拉扬发起了推翻国大党邦政府、实现"全面革命"的"J.P.运动"，促使反对党走向联合，七个政党合并建立了印度民众党，1975年，人民同盟、印度民众党、社会党、国大党（组织派）结成"人民阵线"在古吉拉特邦选举中获胜，1977年，人民同盟、印度民众党、社会党、国大党（组织派）、国大党（少壮派）合并成立人民党（JP），民主国大党不久也加入人民党，在第六届人民院大选中获胜，在中央组阁执政，国大党第一次丢掉在联邦中央的执政权。

其三，地方政党单独执政和多党联合执政渐成风气。在邦一级，地方政党单独执政和多党联合执政成为趋势。1967年的大选标志着国大党在邦一级基本上一统天下的局面第一次被打破，8个邦的政权转到了其他政党或政党联盟手中，形成地方政党单独执政或多党联合执政的局面。其中，马德拉斯由该邦地方政党德拉维达进步联盟单独执政，旁遮普由该邦地方政党阿卡利党联合其他政党执政，西孟加拉由共产党为主的联合政府执政，比哈尔邦、奥里萨邦、哈里亚纳邦、北方邦、中央邦也由多党组成的联合政府执政。这种多党联合执政反映了这个时期印度政党制度的一些基本特征。

第一，动荡不定。取代国大党在邦级掌权的政党大部分构不成多数党，不能单独组成政府，只能联合其他政党执政。由于组成联合政府的各政党政见不同，所以联合政府极不稳定，变动性很大，有些政府一年有好几次变动。

第二，市场政体的兴起。1967年之前，党派竞争主要发生在国大党内和不同团体之间，而之后随着国大党在若干邦失去政权反对党被完全带入了市场地位，以前发生在国大党内的竞争被带入了党际冲突领域，联合政府本身就是小市场。

第三，倒戈政治的兴起。1967年之后，党派倒戈成为印度政治的一个重要因素。党派倒戈是双向的，有进有出，但对国大党来说，出比进多。国大党在1967年失去政权的几个邦中，有3个邦是在选举后的内部倒戈中失去政权的。国大党1977年失去中央政权，其中一个主要原因是民主国大党的倒戈和流失。

一党主导向多党联合的过渡，有其深刻的根源。

第一，政治力量配置的变化。独立前国大党是海纳百川的政党，是所有政治力量的聚合地，独立后随着政治经济和文化教育的发展，印度政治力量配置发生了巨大变化，政党政治日益多元化。除原有的全国性和地方性政党获得发展外，还雨后春笋般地出现了一批新的代表不同阶级、阶层、地区、教派和种姓的全国性和地方性政党。政党政治多元化使原来集中在国大党旗帜下的全国多数群众不可避免地按照利益差异和地区差异分散化，使国大党的群众基础日益削弱和缩小，从而一党主导向多党联合过渡便成为自然。

第二，国大党的蜕变。国大党执政给印度民众带来的实际生活水平的改善非常有限，国大党对下层人民的吸引力明显减弱，逐渐失去民心。此外，国大党派系斗争严重，腐败成风，非民主化倾向抬头，引起国大党内部人士以及其他政党的不满。特别是1975年英迪拉·甘地实行"紧急状态"，以各种罪名大肆逮捕反对党领袖，将10余万人投入监狱，这种践踏民主的做法招致社会各界的同声谴责，促成了反对党前所未有的统一行动，形成一支强大的合成势力，与国大党分庭抗礼，终结了独立以来国大党一党独霸中央的政治格局。

从1977年到1996年的20年里，印度政党制度的主要特征是"一党主导"与"多党联合"相互交替。这个时期，国大党独霸中央的局面被打破，一党主导制宣告终结，具有联盟性质的人民党及其裂变党与国大党交替执政，印度政党制度向多党联合执政过渡。其间，在联邦中央政府，国大党三起三落，人民党及其裂变党四起四落。这个时期可以分为两个阶段。

1977年的第六届人民院大选，是印度政党制度发展进程中的一个里程碑。新成立的人民党旗开得胜，击败国大党上台执政，组成了第一个非国大党的联邦政权，打破了印度政坛多党制下一党独自长期执政的政治格局，开始了一党主导与多党联合交替执政的新时期。人民党及其裂变党民众党执政3年后，在1980年的第七届大选中失利，以英迪拉·甘地为首的国大党东山再起，重新执掌中央大权。1984年，英迪拉·甘地遇刺后，以拉吉夫·甘地为首的国大党在第八届人民院大选中再次大获全胜，继续执掌中央大权。1989年，国大党在第九届人民院大选中失利，新的人民党主席维·普·辛格组成全国阵线政府在中央执政。

这一阶段，印度政党制度体现出以下几个特征。

其一，人民院出现反对党，中央政府出现多党联合执政。在1977年的人民院大选中，人民党获得298个席位，占54.9%，成为多数党，在联邦中央执政，而国大党（主流派）获得164个席位，占28.4%，由执政党沦为反对党。这样，人民院首次出现强大的法定反对党。在此之前，没有一个在野党在人民院选举中获得50名以上议员成为具有法定资格的反对党。由六个不同的政党拼凑而成的人民党与其说是一个单一政党，不如说是一个以推翻国大党为目标的多党联合。人民党取代国大党在中央上台执政，标志着多党联合执政由邦发展到了联邦中央。1979年短暂在位的查兰·辛格政府和1989年执政的维·普·辛格政府，都是多党联合政府。

其二，党内分化加剧。不管是国大党还是人民党及其裂变党，内部分化都在加剧。1977年大选失利后，英迪拉·甘地领导的国大党（主流派）内部再次发生分歧，1978年正式分裂为国大党（英迪拉派）和国大党（正统派）。斯瓦兰·辛格接替雷迪任国大党（正统派）主席后，国大党（正统派）称为国大党（斯）。1979年，原属于国大党（英）的乌尔斯成立卡纳塔克国大党，不久并入国大党（斯），乌尔斯出任国大党（斯）主席后改称为国大党（乌）。1980年，贾·拉姆退出人民党加入国大党（乌），1981年又退出国大党（乌）建立国大党（贾）。同年，夏得拉·帕瓦尔接任国大党（乌）主席，改称国大党（社会主义者）。1987年，维·普·辛格退出国大党（英），建立人民阵线。人民党自从1977年德赛出任总理组成人民党政府之日起便陷入无休止的派系内讧和相互倾轧之中，钩心斗角，尔虞我诈，互相拆台，分化频繁。1979年，纳拉因退出人民党，成立人民党（世俗派）。查兰·辛格随后也退出人民党，加入人民党（世俗派），遂将人民党（世俗派）改为民众党。1980年，以瓦杰帕伊为首的人民同盟因人民党不承认其具有同盟党员和国民志愿服务团成员双重身份而退出人民党，另立印度人民党（BJP）。1980年，纳拉因宣布解散民众党，恢复人民党（世俗派）。1981年，人民党（世俗派）改名为印度社会党，并与巴胡古纳领导的民主社会主义阵线合并，取名为民主社会党。1981年，亚达夫脱离民众党，成立民主民众党。1982年，民众党分裂为民众党（查兰·辛格）和民众党（卡普里·塔库尔）。1983年，民众党（卡普里·塔库尔）合并于人民党。1988年，人民阵线与S.斯瓦米领导的人民党部分人、阿·辛格领导的民众党部分人、国大党（社会主义者）部分人合并，成立了以维·普·辛格为主席的新的人民党（JD）。

其三，党际冲突激化。人民党与人民党（世俗派）和国大党（英）之间的冲突日益激化。人民党（世俗派）脱离人民党后，与人民党的冲突激化，人民党内100多名议员脱党倒戈，导致人民党解体。结果，莫拉尔吉·德赛不得不于1979年7月15日向总统提交辞呈，人民党政权提前垮台。一个中央政府任期未满就提出辞职，这在印度政坛上还是第一次。1979年7月28日，查兰·辛格出任总理，组建人民党（世俗派）政府。1979年8月20日，由于国大党（英）撤销支持，查兰·辛格政府面对不足多数的现实，仅存在23天之后不得不向总统辞职，提前举行大选。与此同时，国大党与人民党的冲突也趋激化。人民党1977年虽然在中央执政，但是全国邦政权绝大多数都在国大党和其他政党手里。1977年4月，人民党政府内务部长要求国大党执政的9个邦解散邦立法院，重新举行选举，这种做法是独立后从未有过的。结果，国大党掌权的9个邦立法院被解散，重新选举，人民党在其中的7个邦获胜掌权。1980年1月，在人民院第七届大选中，国大党（英）出人意料地大获全胜，英迪拉·甘地再次登上中央权力的巅峰，出任总理。英迪拉·甘地重新掌权后，采取报复行动，对人民党等反对党采取了对抗政策。国大党（英）施展分化瓦解、策划倒戈、实行总统治理、制造借口解散邦议会重新选举等各种手段，颠覆和夺取人民党及其他政党在邦的执政权力。

其四，政党政治地方化、种姓化和教派化倾向抬头。随着议会民主制下政党制度多元化的发展，印度政治出现"三大转变潮流"。一是涌现出体现本地政治文化和基于种姓基础的地方政党，二是涌现出具有自我认同意识、为自身利益而奋斗的低种姓和落后阶层的政党，三是印度教民族主义思潮及其政党兴起，教派性政党活动日趋活跃。这个阶段涌现出的教派性、地方性、种姓性政党中最主要的有：1980年成立的印度人民党、1983年成立的泰卢固之乡党（TDP）、1984年成立的大众社会党（BSP），这个阶段活动最为活跃的教派性政党是阿卡利党和印度人民党。这三种潮流相互交织，使印度政坛硝烟弥漫，教派冲突、种姓冲突、中央与地方冲突不断。阿卡利党在旁遮普邦发动了抗议国大党中央政府的大规模的不服从运动，结果引发了暴力冲突和骚乱。1984年，中央政府调动数万军队，对盘踞在锡克教圣地金庙的锡克教武装分子发动"蓝星行动"，导致英迪拉·甘地被锡克教徒卫兵刺杀身亡。印度人民党则积极参与印度教同盟家族（SP）的教派主义鼓动，利用"寺庙之争"煽动宗教狂热。1989年大选中政党斗争和教派冲突相互交织，是独立以来选举中发生暴力事件最多的一次。

1989年，国大党在第九届人民院大选中失利再次沦为反对党，新的人民党主席维·普·辛格出任总理，组成全国阵线（NF）政府在中央执政。1990年，全国阵线内部人民党发生分裂，谢尔卡建立人民党（社会主义派），维·普·辛格被迫辞职。随之，谢尔卡出任总理，建立人民党（社会主义派）政府。1991年，国大党主席拉吉夫·甘地在第十届人民院大选竞选时遇刺，国大党代理主席拉奥出任总理，建立了国大党政府，直到1996年第十一届大选下台。

这一阶段，印度政党制度体现出以下几个特征。

其一，出现没有多数党的"悬浮议会"。在1989年第九届人民院大选中，没有一个政党得票超过半数议席而成为多数党，这样，在印度独立以来的选举史上第一次出现了"悬浮议会"。在这种情况下，由总统邀请议会第一大党联合其他政党组建政府。这个政府最终成立取决于：第一，被邀请组建政府的政党及其盟党在人民院总数要到达法定半数；第二，这个政府要通过议会的信任投票。1989年12月，全国阵线在印度人民党和左翼党的外部支持下，建立了以人民党为核心的全国阵线政府。1990年11月，由于印度人民党撤销支持和人民党发生分裂，再次出现"悬浮议会"，全国阵线政府垮台，在国大党（英）、全印安纳德拉维达进步联盟和克什米尔国民会议党的外部支持下，建立了人民党（社会主义派）政府。1991年，第十届人民院大选结果再次出现"悬浮议会"，由接近议席半数的国大党组成国大党少数政府。1996年，第十一届人民院大选又出现"悬浮议会"，组成了以人民党领袖高达为首的联合阵线政府。"悬浮议会"的出现是多党联合执政的一个重要原因。

其二，出现政党联盟新趋向。1989年的全国阵线成为国大党和印度人民党之外的第三力量，它标志着印度政党联盟中的三个新趋向：一是它吸取了人民党的教训，没有试图统一差异很大的政党，而是结成了一个共同声明基础上的不同政党的联合；二是它与人民党时期的试验不同，它将德拉维达进步联盟、泰卢固之乡党、阿萨姆人民同盟等地区性政党和左翼政党联合进来；三是它标志着邦际联盟或空间协调联盟的开始，即以不同的邦为基地的政党实行联盟，各政党不在彼此的地盘竞争。此外，从1991年起，意识形态基础上的邦内联合也在发展，例如印度人民党与湿婆军（SHS）联盟。这个阶段，也兴起了一些重要的地方种姓政党，如1992年M. S. 亚达夫建立的社会党（SP），1994年N. 库马尔和G. 费尔南德斯建立的平等党。

其三，印度人民党开始与国大党展开追逐。印度人民党1980年成立后不久便成为全国性政党，在1984年第八届人民院大选中只获2席，而在1989年第九届人民院大选中获86席，一跃成为议会第三大党，在1991年第十届人民院大选中获120席，成为仅次于国大党的议会第二大党，在1996年第十一届人民院大选中获161席，超过国大党成为议会第一大党，并组成了第一个短暂的印度人民党政府。国大党虽然在1991－1996年组成了一党政府，但却是第一次以不足半数席位建立少数政府，并勉强通过议会信任表决，只是后来在议员补选中又得到一些席位才取得议会多数地位。在1996年第十一届人民院大选中，国大党只获得议席总数的1/4多，印度人民党也只获得议席总数的不足1/3。从此，再也没有任何一个政党组成一党政府单独执政，一党主导与多党联合交替执政宣告结束。

从1996年至2019年的二十几年里，印度政党制度的主要特征是"多党联合"。这个时期，印度人民党和国大党逐渐成为两个主要政党，但是两者都没有足够的力量单独执政，而是与其他政党结成联盟，最终形成多党联合执政的政治格局。这个时期可以分为两个阶段。

从1996年到1999年，多党联合执政极不稳定，走马灯似的频繁轮换。1996年第十一届人民院大选出现"悬浮议会"，印度人民党以议会第一大党身份组成以瓦杰帕伊为总理的政府，但13天后因不会得到议会信任投票而辞职。随后，由联合阵线组成以高达为总理的政府，高达政府执政不到一年便因国大党撤销支持而垮台。1997年，联合阵线推举古杰拉尔为总理组成新政府，但再次因国大党撤销支持而辞职。1998年第十二届人民院大选结果继续是"悬浮议会"，由议会第一大党印度人民党组成以瓦杰帕伊为总理的联合政府，但因全印安纳德拉维达进步联盟撤销支持而垮台。1999年第十三届人民院大选后，议会第一大党印度人民党再次组成以瓦杰帕伊为总理的全国民主联盟政府。

这一阶段，印度政党制度体现出以下几个特征。

其一，第三力量沉浮。随着国大党的分化衰退和印度人民党的逐步上升，第三力量也乘机崛起，以期填补联邦中央出现的政党政治真空。1988－1990年的全国阵线是第三力量崛起的第一次尝试，被称为第三阵线。全国阵线政府1990年垮台后，第三阵线也随之瓦解，1991年阵线各党派各自竞选。1996年,第三阵线东山再起,原全国阵线与左翼阵线联合13个党派组成联合阵线,形成第三力量,与国大党和印度人民党形成三足鼎立之势。由于第一大党印度人民党和第二大党国大党都凑集不到组成政府的必要多数,联合阵线在国大党的外部支持下建立联合阵线政府。然而,两届联合阵线政府都在国大党撤销支持的情况下垮台,联合阵线随之瓦解,在1999年的大选中各自竞选。第三力量经过几番尝试之后,在两大党的夹缝中终于败下阵来,最终走向要么支持印度人民党要么支持国大党。

其二,地区化多党制的兴起。1996年人民院大选结果标志着印度政体中新的地区化多党制的兴起,其主要特点有二。第一,随着国大党体制的崩溃,中央联邦由国大党一党霸权向由国大党、印度人民党、第三阵线构成的多党竞争转变。全国性政党都局限于特定地区,竞争中央权力。印度人民党和第三阵线各党在很长一段时间里都建立了明确的地区基础,国大党也逐渐局限于一些邦以保持其社会基础。第二,出现了与中央联邦政党体制既区别又联系的独特的邦政党体制,这里有两种类型。一种类型是由一个地区性政党主导,另一种类型是全国性政党和邦级政党相互竞争权力。全国性政党和邦级政党之间在形成联盟的过程中发展出一种新的关系。这个阶段,兴起了一些重要的地方种姓政党,国大党处于颓势,分化严重,如1997年L. P.亚达夫建立比哈尔邦主要地方种姓性政党全国人民党,1997年六个邦的国大党发生分裂,另立新党,1999年S. 帕瓦尔因反对索妮亚·甘地主席作为国大党总理候选人被开除出国大党,遂建立民族主义国大党,1999年S. 亚达夫退出人民党建立人民党(联合派)。

从1999年至2019,多党联合执政趋于稳定,印度政党制度渐趋成熟。1999年第十三届人民院大选后,建立了以印度人民党瓦杰帕伊为总理的全国民主联盟联合政府。2004年第十四届人民院大选后,建立了以国大党曼莫汉·辛格为总理的团结进步联盟联合政府。2009年第十五届人民院大选后,再次建立了以国大党曼莫汉·辛格为总理的团结进步联盟联合政府。2014年第十六届人民院大选后,建立了以印度人民党纳伦德拉·莫迪为首的全国民主联盟联合政府。2017年12月16日，印度国大党副主席拉胡尔·甘地就任新一届国大党主席，甘地家族第四代执掌国大党，剑指2019年第十七届人民院大选挑战莫迪。印度人民党也为2019年大选积极准备，志在必得。

这一阶段，印度政党制度体现出以下几个特征。

其一，两极多党联盟体制形成。从1977年开始，各种形式的非国大党政府与国大党政府在中央联邦交替执政，逐渐形成国大党为一极和非国大党为另一极的两极多党联盟体制。两极多党联盟体制的形成经历了四个阶段：第一个阶段是多党联合统一而成的人民党与国大党两极交替执政（1977－1989年）；第二个阶段是多党联合而成的全国阵线与国大党两极交替执政（1989－1996年）；第三个阶段是印度人民党与多党联合而成的联合阵线两极交替执政（1996－1999年）；第四个阶段是印度人民党为首的全国民主联盟与国大党为首的全国团结进步联盟两极交替执政（1999－2019年）。

其二，多党竞选联盟兴起。1999年印度人民党领导的全国民主联盟，是第一个获得明确多数的选举前的联盟。印度人民党吸取1996年组阁失败的教训，在1999年大选前便组建多党参加的全国民主联盟，制定《最低共同纲领》，建立全国民主联盟协调委员会，不再发表印度人民党一家竞选纲领，而是以全国民主联盟名义发表联合竞选纲领，提出"一个领导人、一个联盟、一个共同纲领"的口号，结果获胜上台执政。1999年全国民主联盟竞选标志着"竞选联盟"时代的到来和1989年以来"悬浮议会"的终结。2004年国大党如法炮制，建立了团结进步联盟进行竞选，出人意料地获胜上台，并于2009年连任。2014年全国民主联盟击败团结进步联盟上台组阁。2019年全国民主联盟和团结进步联盟将在选举中针锋相对，各出奇招。

其三，多党执政联盟渐趋扩大和稳定。为了增加执政联盟的稳定，不致因个别小党的退出而垮台，多党联盟渐趋扩大。1977年的人民党联盟政府由6个政党组成，1989年的全国阵线政府由4个党派合并而成的新人民党与3个地方政党组成，1996－1998年的联合阵线政府由13个政党组成，1996年的印度人民党联合政府由13个政党组成，1998年印度人民党领导的联合政府由18个政党组成，1999年印度人民党领导的全国民主联盟政府由24个政党组成，2004年国大党第一次联合盟党共同执政，建立了由20个政党组成的全国团结进步联盟政府。2009年国大党独得191席，但无论是国大党或团结进步联盟总席位仍未能超过成立新政府必要的272席过半数席位，因此团结进步联盟与其他小党谈判组成执政联盟或称联合政府。2014年印度人民党领导的全国民主联盟在543个议席中夺得334席，获得压倒多数组成政府。印度人民党领导的全国民主联盟政府和国大党领导的团结进步联盟政府都比较稳定，标志着印度多党联盟执政走向成熟。

其四，第三力量不容忽视。作为中左政党混合体的第三力量虽然基本解体，但是仍然跃跃欲试，不容忽视。2000年，维·普·辛格、谢尔卡、高达、古杰拉尔等前总理碰头，呼吁重振第三阵线。2003年，民族主义国大党又发起组建非国大党和非印度人民党的第三力量新阵线，但响应者不多。2009年，由印度共产党等政党组成的第三阵线联盟获得90席，由其他社会主义政党包括社会党、全国人民党和人民力量党组成的第四联盟，获得31席，成为其他大党争取合组联盟政府的目标。2014年，新成立的印度平民党和11党联盟异军突起，形成第三势力，成为左右执政联盟的重要因素。第三力量虽然是一种松散、短期和脆弱的政党联合体，但是它在国大党和印度人民党两大政党不能组建政府时，可以经总统邀请组织联合执政联盟。另外，在两大政党组建政府时，又是两大政党争取的对象，因而是一支不可忽视的政治力量。

总之，自从印度独立以来，印度的政党制度发生了巨大的变化，经历了"一党主导"到"一党主导与多党联合交替"再到"多党联合"的发展历程。多党联合已成为印度政党制度的主要现象和发展趋势，分别以国大党和印度人民党为领导的两极多党联盟交替执政成为联邦中央政

第二章 政治经济：动荡多变

党结构的主要走向。原因在于：

第一，随着印度社会经济政治文化发展，印度政治日益趋于多元化和地区化，必然导致政党林立，群雄并起，选票分散。

第二，国大党一方面日益走向衰落，势力今非昔比，再也无力单独执政；另一方面，长期执政的传统和政绩，以及遍布全国的组织网保证了它在全国仍拥有相当大的群众基础。

第三，印度人民党一方面飞快崛起，拥有相当的群众基础，成为与国大党抗衡的唯一全国性大党；另一方面，它的社会基础又不足以使它能够单独执政。

第四，印度地方政党势力强固，两个共产党也有固定的群众基础，往往成为第三势力的主要源泉。

这样，从1996年选举以来，国大党和印度人民党这两个最大的政党大致保持均势，都在1/3左右席位的轴线上上下波动，谁也不能把对方的选票夺过来，也不能把分散在其他政党的选票和席位夺过来，只能联合其他政党或在其他政党外部支持下执政。上述政党势力对比在正常情况下不会很快改变，印度多党联合的政治趋势将在较长一段时期内继续持续，除非发生个别例外。

图2-3 印度议会大厦

65

印度的议会民主体制在很大程度上表现为选票政治。选举的竞争性使各种社会集团都在为获得政治权力去争取选民，即使是那些原来在政治上消极或被排除于政治活动之外的社会集团也被动员起来卷入了国家政治，从而使印度成为高度政治化的国家。

同时，印度是一个由众多种族、语言、宗教、种姓构成的多元社会，长期以来，政治宗教化、种姓化和地方化已成为印度政治发展的显著特点。在当今印度政治舞台上，代表不同宗教、种姓和地方的政治势力正在崛起，使印度的政治力量不可避免地走向多元化的发展趋势。

具有浓厚民族主义和印度教教派色彩的印度人民党的迅速崛起、低等种姓政治力量的日益觉醒、地区政党势力的上升，是这一多元化发展趋势的重要表征，也是造成政党纷争、政局动荡的根源之一。

但是，社会政治动荡并不意味着国家将要走向分裂，也不意味着会发生大规模的社会政治暴乱或暴力革命。印度政坛自20世纪80年代末以来出现的政治不稳定局面并没有影响到整个国家机器的正常运转，也没有影响到国家重大政策的连续性，更没有出现中央政权垮台的局面。其原因在于：

首先，具有强大弹性和调和能力的民主体制具有保持政治基本稳定的能力。议会民主制把各种政治力量纳入了合法的政治斗争轨道，从而避免了大规模暴力革命的发生。在迄今已经举行的15次大选中，每一次选举都保证了国家政权的平稳更迭和政府的合法性，这在一定程度上表现了民主政体对社会矛盾的缓解和调节能力。

其次，印度在国家的政治活动中较好地保持了文官治国和军不干政的传统。印度建立了一支全国性的、由中央直接指挥的军队和一支全国统一管理的、在中央和地方上起到联结作用的文官队伍。印度历来有文官统治、军不干政的传统，军人和文官都不参与政党活动，这种做法在很大程度上保持了军队和文官对国家的效忠，对政治稳定和国家统一起到了积极的作用。

再次，印度社会结构虽然复杂多样，但是其中又有着基本的一致性。这种一致性的载体就是印度独特的、自成体系的文化。尽管各种宗教、种族有着不同的信仰、风俗习惯和社会结构，但印度文化的长期熏陶使印度社会的主流在世界观、价值观、道德观等精神特质方面和生活习惯方面有着很大的相似性和基本的一致性，这就是所谓的"印度性"。

一个身在异国他乡的印度人，无论他信仰何种宗教，来自何地，讲何种方言，他总是认为自己是印度人，同样也被别人看作印度人。正是这种民族特征的基本一致性对印度的统一起到了黏合剂的作用，印度社会内部可能是一盘散沙，缺乏政治凝聚力，但对外却经常表现出强烈的民族主义。

从半个多世纪的政治实践来看，尽管印度国内的政治力量对比和政治格局发生了重大的演变，民主政治经历了各种严峻的考验和挑战，但是西方式的议会民主政治已在印度的政治生活中扎下了根基，形成了比较稳固的政治体制，得到了社会各个阶层，特别是新兴中产阶级的广泛认同。

普选制下的社会动员迅速激发了广大民众的民主意识和政治意识，拓宽了政治参与面，并使印度成为一个高度政治化的国家。在大选中，印度民众始终保持了较高的政治热情，选举的结果基本反映了民意。民众普遍参与国家的政治生活，不仅逐渐扩大了社会各个层面民主体制的建立，使各级选举制度化，而且打破了印度传统社会中特有的封闭性和落后性，促进了社会的变革和开放。

虽然印度在独立后的半个多世纪中，其政治力毫无疑问要强于历史上的任何时期，但与世界上几个大国相比，它显然又属于政治力较弱的国家。印度人口众多、社会结构复杂、社会矛盾特别突出，这种基本国情在很大程度上决定了印度政治现代化必然是一个困难重重甚至危机丛生的过程。印度社会多元性、分裂性和传统性，决定了正处于由传统社会向现代社会转变时期的印度，其现代政治与传统社会结构之间的矛盾冲突必然空前尖锐，这一转变过程必然是一个充满了社会政治动荡的过程。

四、公私混合：从如日中天到日落西山

印度独立以来，长期实行公营经济和私营经济同时发展的"混合经济"体制。印度工业在这一体制下运行和发展，计划和市场机制同时起作用。

混合经济体制是尼赫鲁"第三条道路"或"中间道路"在经济领域的具体体现，其实质就是公有经济和私有经济同时并存，互相补充，合作竞赛，以这种公私经济混合的方式寻求国民经济的发展。尼赫鲁明确指出："对经济中的两种成分同等对待"，"它们应该互相补充和合作，它们之间不存在冲突，的确我们的政策将是扩大国营成分，但私营成分同时保持自己的重要意义"。

混合经济是尼赫鲁"社会化真空"概念的逻辑结果。鉴于独立后随之而来的骚乱和屠杀，以及由此而成的巨大的物质破坏和难民问题，恢复社会秩序，尤其是恢复国民经济、提高生产成为印度独立后的当务之急。为了加强生产，尼赫鲁强调国家填补真空的历史任务，即不触动现有私人企业，而是将公共投资集中于私人经济以外的新的经济部门，建立新的国有企业。

建立公营经济的途径有二：一是实行国有化，二是建立新的国有企业，尼赫鲁倾向于后者。他认为将公共投资用于现有工业国有化，是浪费资源，因为它不增加国民生产反而使主要经济部门发展所需要的资金被分散，被用于对资本家的补偿，因而，他将新建国有企业看成是建立公营经济的主要途径。国有化主要局限于外国所控制的交通、军火、金

融等部门，公有制基本局限于新企业，现有企业基本处于私人控制之下。

1948年，尼赫鲁政府通过了"工业政策决议"。决议声明，印度政府将奉行混合经济政策，公营部门和私营部门同时并存，政府将帮助这两种成分的发展。1956年，印度政府通过了新的"工业政策决议"，将工业划分为三类，规定第一类中的17个重要工业由国家经营，第二类中的12个工业逐渐由国家经营，其余的第三类工业全部由私人资本经营。混合经济体制最终确立下来。

在混合经济体制的指导下，印度大力发展国有经济，掌握国家的经济命脉。公营经济主要集中于投资较大、周期较长、收益较少的基础工业、重工业、交通运输、军火工业、公共设施、金融机构等。公营经济通过政府接管英国殖民政府原有企业、对私人企业国有化和国家投资兴建而得到迅速发展。20世纪70年代末，公营企业在印度100家最大公司中的数目已增至36家，其中有的公营企业也列入世界"跨国公司"，如印度钢铁管理公司在世界43家最大钢铁托拉斯中名列第二十位。从公营经济的规模及其在整个国民经济中所起的作用来看，它已成为支撑国民经济的骨干力量，对整个国家经济生活起着统治和支配的作用。从性质上说，它无疑代表的是国家资本主义的生产关系。

图2-4 厂房建设

印度在发展公营经济的同时，也大力扶植私营经济的发展，特别是积极扶植大财团的经济发展。印度政府虽然也采取了一些限制私人垄断资本发展的措施，如实行垄断和贸易行为法、工业许可证制度，但总的来说，主要的是扶植，或这说是小限制大扶植。在政府和公营企业的扶植下，使本来就具有实力的垄断财团获得迅速发展。1951年拥有2亿卢比以上的财团只有9家，1981年已达100家，其中超过10亿卢比的有44家。私营大财团也向世界级公司迈进，1997－1998年度最大的20家财团的313家公司资产总和与236家国有企业相差无几，他们的目标是要成为世界级的跨国公司，其中最有名的财团有安巴尼财团、塔塔财团、比尔拉财团。

印度是非社会主义国家中实行计划经济最早的国家之一。尼赫鲁将经济计划化看成是经济起飞的关键，是争取经济发展的唯一有效途径，是混合经济模式正常运行的前提和保证。计划的实质就是国家干预经济生活，对公有经济和私有经济成分的发展实行国家管理与控制，由国家进行调节，以避免生产的盲目性和无政府状态。尼赫鲁表示："应该给私有成分留出大量余地，但一般而言，它必须与计划保持一致。如果计划不包括所有这些公有或私有活动，那么计划就不成其为计划。"

1950年，印度设立了直属内阁的国家计划委员会，尼赫鲁任主席，1951年开始实施五年计划。尼赫鲁政府时期，印度实行了3个五年计划。印度基本上摆脱了殖民经济形式，走上了经济独立发展的道路，在战后摆脱殖民统治走上独立道路的亚洲国家中，印度成为工业比较发达的国家，建立了一些技术性较高的工业，而且在一般水平上比亚洲、非洲和南美洲的许多国家要高，个别轻工业部门甚至还赶上和超过了某些较小的资本主义国家。尼赫鲁之后，印度历届政府一直坚持实行计划经济。

计划经济使市场机制作用在很大程度上受到抑制，企业在半封闭的状态下经营，缺少竞争机制，工业发展受到阻碍。1991年以来，印度政府实行工业改革，使统得过死的计划经济保护体制转向自由竞争的市场机制。现在，除涉及安全、战略、污染等6种工业外，企业投资免除生产许可证，保留给国营专营的工业减至4种，保留给小规模工业生产的商品减至812种，其余均向大中型私营企业和外商开放。它们得以参加重要经济领域的投资活动，新兴工业如电子、计算机软件、石油化工、制药等迅速发展，工业逐渐显示出活力，企业效益也显著提高。由于印度已奠定重工业基础，又有大量廉价劳动力和科技人员，国内市场广阔，随着经济改革的不断深化，工业发展的潜力很大。

在对外经济方面，尼赫鲁政府时期，实行以自力更生为主、外援为辅的方针，确立了内向型的进口替代发展模式。这种模式主宰印度经济发展40多年，在对外贸易上的表现是忽视出口，在利用外资上的表现是主要依靠外援，不鼓励外国私人投资。在这种模式的影响下，印度的对外贸易政策实际上处于"危机管理"状态，进出口在连绵不断的外汇危机、粮食危机和石油危机下进行，印度在世界贸易中的地位不断下降，经济发展日益落后于出口导向的国家。

1991年起印度实行经济改革和对外开放：调整汇率、取消进出口许可证制度、关税自由化、减少国营贸易公司专营领域、参加世贸组织、鼓励外国私人资本投资，决心与世界经济接轨。今天，印度与世界各地建立了贸易往来，向190个国家出口7500种商品，从140个国家进口6000种商品。笔者在美国进修和在拉脱维亚工作期间，曾在商店看到许多印有"印度制造"的商品，笔者买的书包和衣服就是正宗的印度货。

混合经济体制在经历了"确立时期"（1947－1965年）、"发展时期"（1966－1979年）、"自由化时期"（1980－1990年）之后，逐渐趋于解体。从1991年拉奥政府上台后，印度进入了"经济改革和转型时期"（1991－2019年）。印度政府对其长期实行的经济发展模式与管理体制进行了结构性改变，主要体现在：

（1）改变混合经济模式，充分发挥市场调节作用。印度政府大幅度放松对经济的干预，实行总体上自由但又不放弃宏观调控的经济管理新体制，同时把半封闭的经济转变为开放的市场经济。具体做法是整顿国有经济部门，削减公营企业经济的规模，对长期亏损的公营企业实行关、停、并、转；将一些公营企业的股份向经济团体和个人出售，促其改进技术，提高质量，增强竞争能力，使公营经济在国民经济中不再占据主导地位；取消对公营企业的保护性政策；允许私人开办银行，提高国有银行在股市出售股资的比率，使银行在市场经济中发挥更大的作用。

（2）扩大对外开放，大力吸引外资，促使经济向国际化转轨。拉奥政府执政以来，积极改善投资环境。实行新的外资管理政策，把外资在印度所占企业股份的最高限额由原来的40%提高到51%；简化外资企业的审批手续；成立专门机构，协助外商到印度直接投资；逐步废除进口许可证制度，颁布新的自由贸易政策，大幅度降低公司税与关税；开放外汇交易市场，宣布降低卢比汇率，使卢比逐步成为可兑换货币。为更好地利用外资，印度在吸引外资方面，从以贷款为主转变为以直接投资为主，并鼓励外资优先投入电力、通信、运输、电子等基础工业设施与高技术领域；在给予外资优惠待遇方面，注意防止对本国企业产生消极影响，避免出现不公平竞争。印度政府还大幅度削减关税。

（3）加速金融和财政体制改革，适应经济市场化的需要。印度的财政赤字居高不下，一直成为政府的沉重负担。为了减少财政赤字，政府在财政上开源节流，精简政府机构，减少行政开支，并出售了31家国有企业20%的股票，收入约300亿卢比，批准16家国有企业发行债券605.8亿卢比。政府将上市公司的公司税由51.75%降到46%；公司投资的长期资本增值税由40%降到30%。印度政府通过改革间接税体制，将中央的产品税和邦的销售税合并为邦的增值税或实行中央和邦的两级增值税。印度金融改革的目标是减少政府对银行系统的干预，促进合理竞争，发挥市场机制的调节作用。为了实现这些目标，印度政府调整银行管理机构，在印度储备银行内部成立了独立的金融监督局，负责信贷管理、分类资产管理；通过转移银行间的欠债，对银行进行彻底的整顿，同时逐渐降低政策性优惠贷款的比重；修改邦银行法，简化印度邦银行股东的注册手续，允许印度国营银行股票上市筹资，股票可转让49%。

2014年印度人民党莫迪主政后，推出莫迪经济学，大刀阔斧地推行社会和经济改革。

第一，加速提升政府执行水平和效率。上届印度政府在最后两年陷入瘫痪，大型项目停滞不前。甫一就任，莫迪就直接介入，加速决策进程。他制定了一个程序，亲自定期主持各部委高级官员的会议，而这些官员都与特定项目和政策议题的决策相关。在就任之初，印度政府还在各邦进行了重大尝试，以简化和数字化各种许可证制度。这一努力促使印度在世界银行的经商难易程度排名在2014–2018年从140名提高至100名。与此同时，政府也采取措施简化公民生活。在过去，求职者和学校毕业生必须经历烦琐的过程，才能获得高级官员或法官认证的学历证书。印度政府通过实施自行验证政策取代了长期烦琐的程序，还提供了许多在线访问服务。印度政府还为四千万农村贫困家庭提供了使用液态石油气的炉灶，而不是燃木炉和煤炭炉产生的黑炭。

第二，撤销"计划委员会"，代之以"改革印度全国学会"。随着时间推移，印度两大政党逐渐形成共识，即自1991年改革以来，印度已经走向市场经济，计划委员会已经失去了存在意义，但以往的政府并没有采取措施建立市场友好型机构来取代计划委员会。2015年成立"改革印度全国学会"，取代尼赫鲁时代以来的计划委员会，成为改革议程的积极推动者。它在中央与各邦之间建立了更加公正的关系。一方面，它为各邦提供政策咨询，另一方面，它在制定中央政府政策时积极寻求建议。

第三，颁布破产清算法。尽管印度已经独立70多年，但在莫迪掌权之时，印度仍然缺少一部有效的破产法，这使包括银行在内的债权人在讨回欠款时往往要听从借款方的意愿。大规模借款者经常利用这一境况强迫贷方重新谈判贷款条件。银行也反复产生大量不良资产，要求政府利用纳税人资金对银行进行资本重组。最终，印度政府在2016年5月颁布了破产清算法，简化了破产程序，并引入了时间限制。印度储备银行正在利用这部法律来清除不良资产，并制定了严格的贷款偿还规则，从而减少了未来不良资产产生的范围。

第四，实行非货币化，大力反腐。针对地下经济，莫迪突然在全印度实施"废钞令"，面值500和1000卢比的货币于2016年11月8日午夜起不再是印度法定通用货币，这使全印86%流通在外的钞票化为废纸。这些纸币的持有者必须将它们存入银行账户，以便于换取新的纸币，从而使交易透明化，政府更易征税，增加收入，并打击不法行为。非货币化也导致印度房地产价值下降了25%，从而打击了投资在房地产上的非法资金。非货币化发出了一个强烈的信号，表明印度政府决心打击腐败，使所得税纳税人数量激增。政府收入增加，自然有利于加大开支，以改善基建，刺激经济。

第五，商品及服务税改革。印度国内中央和各邦税制复杂而重叠，致使国内跨邦交易成本高昂，阻碍经济活动。为改善繁复税制，莫迪以商品服务税的"一条鞭法"，取代以往各种烦琐的税项。2017年7月1日，印度正式实施商品服务税，这是印度自1947年独立以来最大规模的税制改革。主要内容是：用全国统一的商品服务税来取代此前中央政府与地方政府分别征收的各类间接税；彻底改变分割的、碎片化的财税格局，减少跨邦贸易障碍，降低跨邦交易成本，建立统一的国内市场；提升企业竞争力，促进经济发展。总之，商品服务税透过修改宪法而订立，以简明而不重复的征税，维持原来中央和地方的财政收入；税制简化，带动国内经济活动，对产品需求增加，带动制造业发展。

第六，直接福利转移，解除油价管制与开放国外投资。在莫迪的领导下，为提高社会福利分配效率，并遏制浪费、欺诈和滥用，印度政府越来越多地通过直接福利转移系统分配社会福利。直接福利转移系统将Aadhaar身份证系统与银行账户相连，政府可以直接将煤气罐补贴等社会福利发放给目标群体，从而消除了数以千万计的冒名顶替者。印度解除了对汽油和柴油价格的管制，进一步放宽了对外国直接投资的限制，为外国直接投资开放更多领域，在食品营销、铁路高科技和资本密集型业务、医疗器械制造以及电子商务市场允许100%的外国直接投资。正是这一政策促使亚马逊和沃尔玛进军印度的电子商务领域。截至2017年3月，印度外国直接投资总额已经飙升至600亿美元。

五、绿色浪潮：粮食产量大幅提高

绿色浪潮也称"绿色革命"，又称"农业革命""小麦革命"，是印度政府为解决粮食问题而推行的农业发展新战略。20世纪60年代，印度进行了第一次"绿色革命"，引进并培育新品种，使用化肥，改进灌溉技术，推广机械化生产。这些措施使印度的粮食产量大幅度提高。但是，由于过度使用化肥、农药，大量抽取地下水，土地退化严重，粮食增产潜力减弱。2004年开始，印度进行了第二次"绿色革命"，利用生物技术的进步改良品种，推广高效无毒农药，完善水利灌溉系统，加强信息技术在农业管理中的运用等。这次"绿色革命"不仅明显提高了粮食产量，而且改善了生态环境。

众所周知，印度是一个以农业为主的国家，农业人口占全国人口的80%，农业劳动力占全国劳动力的72%，在国民收入中，农业占近一半，农产品占出口的1/3。印度农业具有得天独厚的优越自然条件：在印度国土总面积中，有50%以上属于可耕地，而在全球陆地面积中，可耕地只占10%；印度全国涵盖了世界上所有类型的农业-气候资源，在世界60种类型的土壤中拥有46种；由于日光光照强度大和雨水足，印度大部分地区农产能达到每年三熟。

虽然农业是印度国民经济的重要部门和优势部门，但同时又是落后部门和弱势部门，农业远远没有发挥它的固有优势，主要农作物单位面积产量处于世界最低水平，印度农业只能满足国民经济的最低需要。独立以后，印度政府为改变农业的落后面貌进行了不懈的努力，印度农业有了很大的发展，取得了可观的成就，这些成就主要归功于"绿色革命""白色革命""蓝色革命"和"彩色革命"。

印度曾经是一个灾荒频仍、严重缺粮的国家。1950－1979年的29年中，灾荒不断，农业平均年增长率仅为2.7%，粮食严重不足，只能靠进口解决粮食危机，到1977年为止，共进口1.1亿吨粮食，其中一半多来自美国。在粮食问题日趋严重的情况下，印度在英·迪拉政府时期于20世纪60年代中叶依靠美国和世界银行的援助，开始推行以农业技术改革为中心的"绿色革命"。

图2－5 英·迪拉

绿色革命的内容之一是扩大灌溉面积。印度每年都有很长的干旱期，许多地区水源严重缺乏，降雨在季节和地区分布上很不平衡，因此灌溉事业对印度农业的发展具有举足轻重的意义。印度灌溉事业早在英国统治时期就已较为发达，当时印度西北部的旁遮普有"世界灌溉中心"之称。独立以后，特别是实行绿色革命以来，印度政府非常重视兴修水利，灌溉的投资和面积不断扩大。

连接苏特里杰河与比阿斯河的人工运河，全长500公里，1977年交付使用，为印度的粮仓——旁遮普和哈里亚纳、干旱的拉贾斯坦等省邦以及德里一带的农业灌溉提供了条件。灌溉投资在20世纪70年代中期比50年代初期增长32倍，水浇地面积从2256万公顷上升到5264公顷。到20世纪80年代中期，灌溉面积已达6000万公顷以上，占总播种面积的25%。大中型水利工程可灌溉2700万公顷土地。小型灌溉系统，如自流井、管井、水渠等也在迅速增加。

绿色革命的内容之二是引进、培育和推广高产品种。在同样的耕作条件下，采用高产良种是提高粮食产量的一个重要途径。印度政府开始是从国外引进高产品种，利用世界银行贷款，建立中央和地方的种子研究中心，对上千种小麦和上万种水稻品种进行筛选，然后培育出自己的高产优质品种，加以播种推广。

印度发展粮食作物高产品种，是从1963年引进墨西哥矮株小麦开始的。到20世纪70年代后期，已培育出了一批小麦和水稻的高产优质品种，被称为"神奇的种子"，一般比当地品种高产二至三倍。印度全国建立起良种培育、生产加工和销售的一条龙体系。国家种子公司生产和出售的良种，包括70多种作物的250个品种。各邦设有良种检验局，保证出售的良种质量。良种销售网遍及各地，共有100家种籽分销站，4000多个零售站。

在政府的大力推动下，高产品种播种面积不断扩大。1966年高产良种播种面积仅为189万公顷，占全部粮食作物种植面积的2.3%，10年后增至3448万公顷，占37.5%，1981年达到4520万公顷。其中，小麦良种种植面积由1968年的294万公顷增加到1979年的1610万公顷，比重由19.7%提高到71.1%，水稻良种种植面积由178万公顷扩大到1690

万公顷，比重由4.9%提高到41.7%。

绿色革命的内容之三是大量使用化肥。增施化肥，提高土壤肥力，是提高农作物产量的一个有效手段。印度农业部门原来很少使用化肥，20世纪50年代初化肥施用量非常低下。绿色革命期间，政府大力宣传示范，使农民认识到使用化肥对增产增收的好处，并不惜工本，在这方面投入大量资金。

政府为保证化肥供应，一方面兴建了一批化肥厂，另一方面从国外进口大量化肥（约占40%）。化肥年均施用量20世纪60年代增加到20万吨，70年代达到300多万吨，80年代接近600万吨。化肥每公顷年均用量由1952年的0.5公斤增加到1978年的29.8公斤，提高了59.6倍。30年来，化肥消费量提高了70多倍。农药的使用也在逐渐扩大，1973年为4万吨，1978年达到6万吨。

绿色革命的内容之四是提高农业机械化程度。使用现代农业机械，不仅可以提高劳动生产力，而且可以提高复种指数。独立初期，印度农村使用农业机械的数量微乎其微，1951年全国农用拖拉机只有9000台，平均每10万公顷使用7台。绿色革命期间，政府加大了这方面的力度。

国内农业机械的生产能力成倍提高，拖拉机的生产能力从1972年的2万台增加到1979年的6万台，电动水泵、播种机、插秧机、收割机、脱粒机也有了大幅度的增加，农用飞机也开始局部使用。1979年，农用拖拉机增加到40万台，农业电力从1951年每公顷使用1.5度增加到1975年的50度。

绿色革命取得了巨大的成就。在生产力方面，绿色革命提高了农业增长率和生产率，大大提高了粮食产量。印度粮食总产量从1965年的7235万吨增至1975年的12102万吨，增长幅度为67.28%，20世纪70年代中期以后，印度农业基本保持稳步增长的势头，到80年代中期，粮食产量保持在1.5亿吨左右。

由于粮食产量增加，使印度由一个连年缺粮的"饥荒之国"变为自

图 2-6　粮食大丰收

给并出口的"余粮之国"。1977年，印度不仅停止了粮食进口，而且有2000万吨的储备粮。1978年以后，印度连续3年成为粮食净出口国。进入20世纪90年代，印度保持了粮食自给并有盈余。这个成果，对于这个人口众多的国家来说，是一个十分了不起的成就。

在生产关系方面，绿色革命促进了农业资本主义的发展。绿色革命之后，在印度全国出现了一批资本主义性质的农场，特别是在绿色革命之乡西北部的三个邦——旁遮普、哈里亚纳和北方邦，被认为是连片发展成为资本主义农业占优势的地区。这里出现了一大批新兴的农业资本家阶级和带有资本主义性质的雇佣劳动工人。

绿色革命是在不改变现有生产关系的前提下，通过现代农业技术从生产力来改造传统农业的，因此它也带来许多社会问题。其中最为突出的社会问题是，绿色革命的最大受益者是少数新兴地主阶级和富农，他们可以运用大量资金扩大再生产，获得高额利润，而农业雇佣工人则大量增加，贫困农民不断丧失土地并负债累累，从而加剧了农村的贫富两极分化。

第一次绿色革命基本解决了印度的吃饭问题，但并未解决粮食安全、农业可持续发展和农民整体贫困问题。因此，在 2004 年印度大选期间，印度正式提出"第二次绿色革命"口号，主要是解决第一次绿色革命以来在农业发展过程中遇到的系列难题。可以说，印度第二次绿色革命是继土地改革、第一次绿色革命和市场化改革后开启的新一轮农业改革。这次农业改革是在总结了前几次改革的经验教训，在 21 世纪印度大国梦的激发下以及受到国内外农业发展的现实变化影响基础上采取的振兴印度农业的新发展战略，其主要特点在于依靠市场作用的同时，使农业发展回归到政府计划和指导下，通过制定和实施高效的农业发展战略开创出农业发展的新道路，使农业成果惠及所有农民。这次改革在实施过程中面临着与跨国粮食巨头在转基因作物和《与贸易有关的知识产权协议》问题上较量的挑战，也面临着合理地发展生物能源以及克服各种自然和社会问题的挑战，这也促使印度农业发展在开放与保护之间探索新的出路。第二次绿色革命能否战胜这些挑战，关键在于印度政府能否发挥领导作用，提高行政效率，使农业发展充分利用好信息和技术资源。

2014 年，印度总理莫迪上任不久，政府便开始放行转基因植物田间试验，离莫迪家不远处一个围栏样地里，开着黄色花的荠菜遍布，这些代表着莫迪政府对于转基因植物有效禁止的逆转。有报道称，莫迪将印度第二次绿色革命押注在转基因植物上。允许研究转基因食物是莫迪推进农业生产力发展的关键，印度的都市化正在吞噬着可耕种土地，而 2030 年印度将有 15 亿人口需要吃饭。

2015 年，莫迪在一次有关农业的活动上提出，印度应该进行第二次绿色革命，印度的农业在投入、灌溉、附加值和市场联结方面都较落后，政府决心要实现农业现代化，提高农业生产。莫迪在巴尔西为印度农业研究机构奠基时表示，我们已经见证了第一次绿色革命，现在，时代的需求要求我们应该毫不延误地实行第二次绿色革命。他强调，要利用科学技术提高农业产量，要有一个平衡的、全面综合的计划，才能改变农民的生活。

近年来，印度经济增速位居全球第二，增长率一直保持在5%以上的高速度，尤其是从2012年开始，印度经济开始不断加速，从5.484%跃升到了7%以上，2015年甚至达到7.9%，接近8%的水平。2015年印度经济总量一举超越俄罗斯、巴西与意大利，跃居世界第7位。2016年印度依然保持世界第7位，进一步巩固了对意大利，俄罗斯和巴西的超越，同时进一步缩小了和西方主要强国的差距，印度经济总量已经是第6位法国的91.6%，是第5位英国的85.8%，是第4位德国的65.1%，是第3位日本的45.7%。2015-2025年印度经济总量将逐步超过法国、英国、德国、日本，跃居世界第三位。印度到2025年的崛起，也必然会改变世界的力量对比。

六、白色洪流：牛奶生产自给自足

独立以来，印度在畜牧业方面也有了很大发展，特别是在牛奶生产方面，取得了举世瞩目的巨大成就。

印度早在1960年就已经正式提出发展牛奶工业的问题，几年之后，于1965年成立全国奶业发展委员会，制订了一个发展牛奶工业的宏伟蓝图，称为"牛奶极大丰富计划"。当时，伴随着旨在大幅度提高粮食产量的"绿色革命"的兴起，一场旨在解决牛奶自给自足的"白色革命"随之而来。

从20世纪70年代初开始至90年代中，印度政府在世界银行、世界粮食计划署和欧洲共同体的援助下，实行一体化奶牛发展规划，共投资100多亿卢比，成功地实施了三期号称"洪流行动"的牛奶增产计划，掀起了声势浩大的"牛奶成河行动"或"白色革命"。

第一期"洪流行动"开始于1970年，结束于1981年。国家共投资

11.662亿卢比，任务包括组织村级奶业合作社，进行生产、加工、销售牛奶，组织工会和发展奶制品制造业。

1970年，在世界粮食计划署的大力支持下，第一期"牛奶成河行动"开始发动起来。根据当时双方达成的协议，世界粮食计划署向印度提供12.6万吨脱脂奶粉和4.2万吨黄油，印度方面将出售这些奶粉和黄油的款项作为基金，在经过选择的10个邦里建立27个奶场，并在4个大城市里建立奶制品工业。

第二期"洪流行动"开始于1982年，结束于1985年。国家投资48.55亿卢比，任务是建立起全国性的牛奶生产供应网，将全国22个邦和中央直辖区的136个农村奶场与城市中的售奶中心联结起来，并建立现代牛奶工业发展所需的基础设施。

世界银行对第二期的行动计划提供了1.5亿美元的贷款，欧洲经济共同体提供了21.8万吨奶粉和7万吨液态黄油的实物援助。在这个阶段，由库里安博士创立的"阿南德模式"得到了广泛的推广。所谓"阿南德模式"，就是在农民养牛产奶的基础上建立合作社、奶业工会和联合会。

根据"阿南德模式"，牛奶生产者只要交纳1个卢比的会费，并最少购买10个卢比一股的股本，就成为奶业合作社的成员。由合作社成员民主选举出合作社管理委员会，然后再选出一名主席。在主席的领导下，雇佣专人收集和检验牛奶，帮助奶农改良奶牛品种，并负责进行各种管理工作。合作社之上是奶业工会，奶业工会之上是奶业联合会。

在奶业合作社、奶业工会和奶业联合会三重结构的推动下，印度的奶业，特别是卡纳塔克邦、拉贾斯坦邦和中央邦的奶业，获得了蓬勃发展。在原有4个大都市的基础上又开始向148个城镇的1500万居民推销消毒牛奶。这时已经建立起一个全国性的供销网络，遍布全国的136个农村奶场联结着55000个牛奶合作社和360万牛奶合作社社员。

第三期"洪流行动"开始于1985年，时值第七个五年计划期间，目标是巩固第一、第二期的成果，建立起一支拥有并管理合作社的自给自足的农民队伍，重点是保证奶业工会财政自立，力争使奶业合作社的数目增加到7万个，并扩大奶制品的加工和销售。

世界银行为此提供贷款3.6亿美元，欧洲经济共同体提供总价值为22.3亿卢比的食品援助，全国奶业发展委员会也从自身的财政中拨款20.6亿卢比作为财政支持。为改良奶牛品种，政府在新德里、孟买、加尔各答和马德拉斯建立了4家种牛场，并从荷兰等国家引进了高产奶牛品种。到1998年3月，印度全国农村地区组织了77531个牛奶生产合作社，建立170个牛奶库，参加的农户达到980万户，涵盖全国60%以上的农村。

"白色革命"给印度到来了一系列变化，成绩显著，成就斐然。

首先，它促进了印度畜牧业的发展，特别是养牛业的发展，同时也带动了奶制品工业的发展。从1951年至1995年，印度的黄牛从1.5亿头增至2.06亿头，水牛从4300万头增至8500万头。其中，有繁殖能力的黄牛约为6500万头，有繁殖能力的水牛4000多万头。目前，印度牛存栏数超过了3亿头，占世界第一位。科学养牛和改良品种也取得了可喜的成就，印度人在长期的生产实践中，培养选育出产奶量很大的母水牛，特别是经过现代遗传工程学的研究，母水牛的产奶量明显增大。奶制品的生产和加工亦有了长足的发展，畜牧和牛奶业生产目前约占农业总产值的1/4。

其次，它提高了印度牛奶产量，增强了印度人的体质。60年代，印度牛奶产业的发展尚不尽如人意，牛奶产量和奶制品不能满足广大民众对高质量蛋白质的需求。如今，印度的牛奶和奶制品不仅已经能够充分满足广大民众的需求，而且还可以向国外出口一部分。印度牛奶产量从1951年的1700万吨增加到1996年的6830万吨，增幅达到3倍，远远超过1.6倍的人口增长率，牛奶产量仅次于美国而居世界第二位。在这期间，人均每天牛奶获得量从124克上升到201克。1998年，印度牛奶产量7050万吨，1999年进一步增加到7350万吨，印度已成为世界第一大牛奶生产国。

最后,它改善了农村贫困人口的处境。在印度,拥有土地的情况悬殊,许多人没有土地,但拥有牛的情况相差无几,所有的人都有数量不等的牛。牛奶合作社的社员中,75%以上是无地农民、小农和入不敷出者等农村贫困人口。在"白色革命"的进程中,由于政府是以补贴价格收购牛奶,这些贫困人口得到了较多的实惠。可以说,"白色革命"对改变农村的贫困面貌发挥了一定作用。

虽然"白色革命"取得了不小的成就,但也存在着一些问题和隐患。

其一,印度牛奶产量增长很快,总产量已居世界第一位,但如果以每头奶牛的单产量相比,印度则远不及西方国家,西方国家一般每头奶牛年产牛奶3000—5000升,印度只及其1/10。

图2-7 琳琅满目的奶制品

其二,养牛需要充足的土地,特别是永久牧场,印度单位牲畜占有牧地是世界上最低的,太多的牛依靠过少的土地使植被的恢复受到影响。根据最近的一项研究,在森林中放牧的母牛已从1951年的3500万头增至1995年的1亿头。据估计,在可持续的基础上,森林中每年可放牧3100

万头母牛，目前，印度森林中放牧的母牛数已超标 2 倍多。印度全部土地能支撑约 5000 万头大牲畜的放牧，而实际上印度拥有的大牲畜已达到 4.5 亿头，如此大的过度放牧严重破坏植被并造成大量的水土流失，印度以世界地理面积的 2.4% 支撑着全球人口的 17% 和世界牲畜的 15%，这是印度环境恶化的一个根本原因。此外，由于宗教和社会方面的原因，相当数量老化的牛消耗了有限的资源，以致畜牧业对国民收入的贡献没有达到应有的程度。

2016 年 7 月 20 日，《印度教徒报》报道，印度将迎来第二次"白色革命"。恰蒂斯加尔邦首席部长拉曼·辛格宣布，该邦正式引进泽西奶牛体外受精技术，该技术可将奶牛的日产奶量提高 5 倍，达到 10 升。JK 信托公司依托中央的"RGM 奶业振兴计划"引进该技术，旨在使本地品种升级换代，增加高谱系奶牛的存栏量，开始印度的第二次"白色革命"。印度当地品种与国外品种杂交十分重要，既有利于提高牛奶产量，又可使杂交品种具有较强的抗蜱性和不利气候条件的适应性。印度牛奶质量属于西方国家的 A2 级优质奶，在澳洲市场可获得较高溢价。

七、蓝色波涛：发展水产养殖业

独立以来，印度在海洋业方面取得了可喜的成就，特别是在渔业方面的成就尤为令人瞩目。

印度是一个三面环海的国家，海洋资源极其丰富。印度拥有 202 万平方公里的深海渔业专属经济区，7520 公里的海岸线，45.2 万平方公里的大陆架，2.9 万公里总长的河流，170 万吨公顷面积的水库，近 100 万公顷的咸水域和 80 万公顷的池塘，全国约有 180 万渔民靠渔业为生。

虽然印度拥有非常丰富的海洋资源优势，但是 20 世纪 80 年代以前并没有充分认识和利用这一宝贵的资源,将其转化为经济优势。特别是由于印度人中素食者很多,对肉类和鱼类需求不大,因此白白浪费了得天独厚的海洋资源。

继20世纪60年代开始的"绿色革命"和20世纪70年代开始的"白色革命"之后,印度从20世纪80年代开始,掀起了充分利用海洋资源,努力扩大海洋渔业规模,大力发展淡水养殖鱼虾和人工养殖珍珠技术,向国内外市场提供水产品,丰富人们的饮食结构,增加外汇创收和从业人员收入的"蓝色革命"的滚滚波涛。

印度政府制订了具体的行动计划,重视和加大对海洋渔业和淡水养殖业的资金投入和政策倾斜,使蓝色革命取得了令人瞩目的进展。

在海洋渔业方面,印度积极推行渔船机械化计划,到1984－1985年度,机械化渔船已近2万艘,1989－1990年度达到2.5万艘,深海商业渔船队达85个,政府提供购置船舶的补贴高达购置费的33%。政府还允许租赁外国船只和与外商合资,从国外引进必要的技术和人才。为开发海洋渔业资源,各种大小港口都为捕鱼船提供靠岸和停泊的专用码头。"七五"计划在总数约2450个沿海渔村中,选择一些渔村组建"渔业加工区"。

在内陆渔业方面,从"五五"计划开始,中央政府发起建立渔业发展机构,以加速推广池塘养鱼。这些渔农组织已在约10万公顷的水域中实行集约养鱼,产量由1971年每公顷50公斤上升到1981年每公顷130公斤。

印度水产品捕获量从1950年的75万吨增加到1996年的535万吨,增幅高达6.13倍,其中290万吨来自海洋,244万吨来自内河。海产品出口为38万吨,价值412.1亿卢比。渔业产值对国内净产值的贡献由1984年的147.9亿卢比上升到1995年的1015.6亿卢比,11年中增加了7倍。

在国际海鲜市场上,对虾、墨鱼、金枪鱼、鱿鱼、大马哈鱼、鱼翅、鱼粉、鱼油等非常抢手,是走俏产品。印度对虾、墨鱼和金枪鱼等品种的出口约占整个国际市场的45%。印度在印度洋和西太平洋建立的捕鱼基地有力地促进了捕鱼船队的扩大，现在金枪鱼的年产量为320万吨。鱼催卵剂也已投入生产。

印度的对虾养殖也取得了长足的进步。半密集的对虾养殖技术经济体系已经建立起来，曼加罗尔的农业大学开发出一种基因，可使对虾抵抗白斑病。印度在它所拥有的120万公顷的海域中，已经建立起面积近8万公顷的对虾养殖场，年产对虾上万吨。预期对虾养殖场将达到10多万公顷，年产对虾10多万吨。

如今，蓝色革命的成果已经开始显现，在印度市场上，鱼虾的供应非常充足，海产品的出口正在以平均每年26%的速度增长，印度渔产量居世界第七位。

印度虽有丰富的渔业资源，但与其他国家相比，产量并不高。居亚洲渔业第一位的日本占总产量的43%，居第二位的中国占18%，而印度仅占9%。

值得一提的是，印度在海洋开发方面也取得了可圈可点的成就。印度政府早就认识到进行海洋学和海洋地理学研究的重要性，于1966年成立海洋研究所，1981年成立直属总理办公室的海洋发展局，让海洋科学家、资源计划者和政策分析家共同对专属经济区的重要问题进行研究分析，负责制定海洋政策。

在海洋发展局和海洋研究所的监督下，沿海设立了许多物理、化学和生物研究站，安达曼和尼科巴有11个，东岸有1个，西岸有3个。有6艘研究船对专属经济区进行渔业、碳化氢、矿产、生物资源、气象的调查和探测，绘制地图，并就开发海洋热能、风电、潮汐能和环境污染等进行研究。

印度国内还有好几个从事海洋科学的研究机构，其中最著名的有：设在果阿的国家海洋研究所，设在喀拉拉邦科钦的海洋渔业研究所，设在马德拉斯的海洋管理研究所，设在古吉拉特邦珀瓦纳加的中央海盐及海洋化学物质研究所。此外，还有一些专门的实验室从事与此相关的研究工作。

1981年，印度海洋地理学家开始了探查海底贵金属的深海探宝尝试，引起了一直想垄断海底资源开发的发达国家和跨国公司的震惊。海洋地理研究所用租来的"加维沙尼"考察船进行海底矿藏调查，印度科学家成功地完成了他们的科研计划，使印度成为有能力进行海洋资源开发的国家之一。目前，具有这种能力的国家为数不多。

1982年，联合国承认印度投资研究和探测深海海床的做法，承认印度为深海"开拓投资国"，并于1987年将印度洋中部一个面积达15万平方公里的海底矿藏划给印度进行开发，使印度成为世界上第一个拥有可靠注册海底矿场的国家。同年，印度就勘探开采印度洋中的锰矿制定了大型开发计划，从此加入了工业发达国家掌握深海开采技术"俱乐部"。

1986年，海洋地理研究所在科钦东南的海底发现高2464米的海底山，命名为沙加坎罗亚，1992年，在离孟买455海里发现一个高1505的海底山，以诺贝尔奖获得者拉曼命名。

图2-8　印度海底发现九千年古文明遗址

1990年，印度国家海洋地理研究所派出"赛加卡努阿号"考察船，采用多光束扫描探测装置，对印度洋及印度洋中的印度专属经济区进行勘测，探明了它所蕴藏的丰富的经济潜力，掌握了获得海底宝贵战略资源的必要资料。

印度国家冶金实验室和一个地方研究所已经研究出15种从海底矿瘤中提炼金属的方法。从印度洋中采掘含有铜、镍、钴的聚合金属，从海洋中提取碘、氯、锰、溴、钾和磷酸钙等化学元素。

中央药物研究所等10家研究所共同协作，对海洋微生物进行分类，提取物质生物活性，分析其抗真菌、抗细菌和抗病毒的特性，并找到了几种可以入药的海草，至少有100家公司从海水中研制药品。

此外，有关机构还在研究从海水中提取新鲜水的技术，包括利用太阳能蒸馏、海水淡化、电解、抗盐和其他有害物质对设备的腐蚀等。同时，着手开发海洋热能、波能和潮汐能，库奇湾是潮汐能开发的最佳地点，坎贝湾和古吉拉特海岸也具备条件。

2014-2015财年，印度渔业和养殖累计价值55.1亿美元，产量超过1000万吨。据2016年1月报道：印度政府推进渔业发展和管理项目，使全国及联合领土内的1450万渔民受益。该项目名为"蓝色革命"，旨在通过4.529亿美元的资金注入，令印度渔业产能在未来五年提高6%~8%。"蓝色革命"项目涉及内容有：内陆渔业的发展和管理，养殖业、海洋渔业，包括深海渔业、海水养殖业，以及所有国家渔业发展委员会的渔业活动。该项目通过六方面进行：国家渔业发展委员会及其所有渔业活动、内陆渔业和养殖业；海洋渔业发展，基础设置建设及捕捞业操作规范；加强渔业数据和地域信息库设立；科学管理渔业产业；对渔业活动进行监测、管控和监督，以及其他必要的管控措施。"蓝色革命"项目100%由印度农业部下属的畜牧、奶业与渔业局提供资金支持，并由其全权负责完成。该项目除渔民可直接获益外，其他相关群体也会从中获益，如养殖户、水产公司、零售商、批发商、加工商、出口商，以及妇女群体。该项目不仅会推动渔业发展，而且可带动周边附加产业经济发展，特别是沿海地区，直接或间接从中获益。

八、彩色雨露：发展创汇农业

进入20世纪90年代以后，随着对外开放程度的加大，印度人开始把目光转向了创汇农业的各个领域,将五彩缤纷的花卉、蔬菜和水果等农产品打进国际市场,掀起了琳琅满目的"彩色革命"的浪潮。

印度是一个热带国家,盛产各种花卉、蔬菜和水果,具有发展创汇农业的得天独厚的条件。印度的水果和蔬菜产量均居世界第二位,分别占世界水果产量的7%和蔬菜产量的11%。特别是印度的热带水果,品种丰富,品质优良,其中的芒果、香蕉、石榴、葡萄、荔枝、椰子、木瓜、菠萝蜜等誉满欧洲和中东。

印度的水果,种类繁多,一年四季不断。最便宜的是香蕉,因而被称为"穷人的水果",一打(12个)个大光滑、色泽嫩黄的香蕉只需七八个卢比。石榴约有小碗般大,红彤彤的,有的咧开了嘴,露出一粒粒晶莹透亮、红玛瑙般的果粒,十分诱人。葡萄有乳白色的,有紫红色的,一串串像玉雕,剥一粒放在口中,香甜多汁,吃完后手会被糖分粘住。最引人注目、令人垂涎的水果还是荔枝。每年4、5月份是印度最热的季节,也是荔枝上市的季节。荔枝是连枝叶卖的,摊主为防水分蒸发,在荔枝上喷上清水。一束束红艳艳的荔枝,被沾着晶莹水珠的绿叶衬托着,格外诱人。剥开红艳艳的果皮,甘甜的汁水四溅,透明如玉的果肉令人垂涎欲滴,一口咬下去,甘甜爽口,齿颊留香,令人百食不厌。

印度最有名的水果要数芒果。每年夏天首都新德里都要举行芒果节,展出的芒果大约有400多个品种,有的大如西瓜,有的小巧如杏;有的红艳欲滴,有的黄如美玉,有的绿莹莹的,有的黄中带红。形状也各不相同,有圆的,长的,椭圆的,两头尖尖的。味道更是各异,有酸甜的,甘甜的。有一种芒果,汁多味美,轻轻挖开一个小口,可用吸管吸食。

印度的木瓜非常便宜,大如西瓜,但味道一般,有的放得久了,似有一股臭味。番石榴的味道也难以让人接受。这种果子形状像石榴,里面有黑色的小籽。印度人吃时有时撒上一层胡椒粉。还有一种皮呈褚色、像土豆一般大小的水果,果肉呈浅棕色,味道有些像柿子,但没有柿子汁多,我们不知其名,就叫它"人参果",猜想当年孙悟空陪唐僧取经吃的恐怕就是这种果子。椰子也是一年四季都有，小贩除了卖椰汁外，还把洁白的椰肉切成一块一块，放在托盘里沿街叫卖。椰肉有一股特殊的清香，越嚼越香。

印度人吃甘蔗，喜欢榨出汁喝，街头到处有榨蔗汁的。橘子也榨汁，连芒果也要榨汁喝。用纯芒果制成的饮料非常可口。印度的苹果有红香蕉、青香蕉等品种，有一种产自克什米尔地区的苹果，汁多、脆甜。印度的桃很少，个小，味道也不甜。樱桃倒是很多，一箱箱红艳欲滴的樱桃，宛如少女的朱唇，美丽诱人，吃起来味道也很好。印度的西瓜，从5月份就上市，一直可以吃到10月底。在暑热难当的夏季，西瓜是最好的消暑佳品，价格也很便宜。印度最热的季节（4、5月份），蔬菜品种很少，价格不菲，西瓜则弥补了蔬菜的不足。波罗蜜大如冬瓜，呈绿色，外表似布满钉子的厚皮，里面是一瓣瓣白色的果肉，核可以吃，印度人有时也拿它当蔬菜炒着吃。

印度的国花是荷花，也称莲花。印度自古盛产莲花，共有七种莲花，印度教经典和佛教典籍中常提到"七宝莲花"，如红莲、白莲、绿莲等。印度气候炎热，人们渴望有一片清凉的天地，水中莲花自然是人们喜爱的对象。莲花粉妆玉琢、亭亭玉立的风姿，使人联想起婀娜多姿的妙龄少女。莲花是纯洁、吉祥、和平、宁静的象征，寄托了人们对美好事物和理想的向往。印度教崇尚莲花，经典中描写大神梵天即生在莲花之中。佛教产生后更是与莲花结下不解之缘，佛教徒修炼的坐姿叫莲花坐。早期佛教反对偶像崇拜，在绘画中只以一朵莲花代表佛陀。后来的佛教绘画和雕塑中，佛陀则坐在莲花宝座上。经过漫长的历史文化积淀，莲花已从审美意识上升为一种文化或民族精神的象征。正是由于这样，莲花才被选为印度的国花。

以前，印度对开拓农产品的国际市场缺乏足够的认识，没有利用出口花卉水果换取外汇，农产品创汇在外贸出口中所占的比重很低。为了增加创汇农业比重，促进"彩色革命"的推广，印度的有关部门采取了一系列行之有效的措施。农业部确定了产品生产任务和出口任务指标，激励各地尽量达到计划指标。同时，举办各种展览会，宣传印度在花卉、水果和蔬菜方面的优势，努力扩大印度产品的知名度。

印度举办全国性的花卉和园艺展览，邀请外国客商前来参观洽谈，并与世界著名花卉批发中心荷兰建立了直接联系，通过德里、班加罗尔、孟买等地的航空港将鲜花直接运抵国外市场。印度每年在德里举办芒果节，并直接将优质芒果运抵新加坡、马来西亚、英国、法国、荷兰、比利时等国，在当地举办芒果节，收效很大。印度芒果品种齐全，在世界1100个芒果品种中，其中的1000种产于印度。印度芒果产量约占世界总产量的60%，是世界上最大的芒果出口国。

但印度的农产品加工业仍然很落后，成为制约"彩色革命"的一个关键因素。印度虽为世界第二大水果和蔬菜生产国，但其所生产的水果和蔬菜有30%被白白毁损掉了，只有1%得到加工保存，加工率远远落后于其他国家，如马来西亚加工率为83%，菲律宾为78%，巴西为70%。印度每年毁损的水果和蔬菜相当于英国一年的总消费量，印度果蔬生产的增加值仅为7%，而英国为188%。印度果蔬生产从收获到分配之间缺乏有效的联系，每年大约要损失5000亿卢比。

因此，印度的"彩色革命"要取得显著成效，尚有待农产品加工业的发展。不过，印度的"彩色革命"已经崛起，方兴未艾，其前景非常乐观。

近年来，印度加大发展农产品加工业。2008年4月，印度新德里召开第一次全球农产品加工业会议，讨论怎样实现农产品加工业的全球化、市场自由化和城市化，为农产品和食品贸易创造新机会。食品加工业是印度增长最快、发展前景最广阔的工业。近年来印度政府把该工业作为优先发展的产业之一，出台了一系列优惠政策，鼓励对农产品的深度加工开发和综合利用，最大限度减少收获前后的浪费，产生了巨大的经济效益，同时还创造了很多的就业机会。

| 第三章 |

文教科技：多姿多彩

印度人的文化艺术与教育科技可谓多姿多彩，举世闻名。流传千古的文献史诗、丰富神奇的故事传说、构思巧妙的古老寓言、独具韵味的舞蹈、魅力无穷的音乐、繁荣发达的电影，构成了印度多姿多彩的文化艺术百花园中的一朵朵艳丽的奇葩。举世瞩目的高等教育、势力雄厚的科技人才、堪称一流的软件开发、处于前沿的原子能和空间技术，使印度成为科技大国中的一员，在世界高科技领域中占有重要的一席之地，誉满全球。

一、千古流传：文献史诗、神话传说、民间故事、古代寓言

印度人是一个想象力非常丰富的民族，是一个酷爱文化艺术的民族。印度人世世代代千古流传下来的文献史诗、神话传说、民间故事、古代寓言，构成印度文化艺术宝库中不朽的瑰宝和取之不尽的源泉。

公元前1500年到600年，是印度历史上的雅利安人"吠陀时代"和"史诗时代"，产生了千古不朽、万世流芳的吠陀文献和两大史诗。

吠陀是印度最古老的文献，在印度被视为圣典。吠陀义献包括"吠陀本集"及注释和阐述这些圣典的各种文献经书。

"吠陀本集"共4部，分别为《梨俱吠陀》《沙摩吠陀》《夜柔吠陀》和《阿达婆吠陀》。《梨俱吠陀》时间最早，被视为天书而加以尊敬，它首次建立了颂体格律，共10卷，1028首诗，其内容非常复杂，多半是赞颂火神阿耆尼、战神因陀罗、苏摩酒、太阳神苏尔耶、晓天神邬霞、水神伐楼拿和死神阎摩的。此外，也有反映自然界和现实生活以及祭祀、巫术的内容。《沙摩吠陀》有1875首歌词，在祭祀时配曲演唱，其中1800首歌词内容完全取自《梨俱吠陀》。《夜柔吠陀》共约2000首经文，

用诗体或散文体写成，系各种祭祀祷文，有"黑""白"两种不同的本子。《阿达婆吠陀》共731首诗，内容包括婆罗门僧侣禳灾除病的咒语和医药知识。

图3-1　太阳神苏尔耶

这4部本集各有用途，《梨俱吠陀》是诵者咏诵的，《沙摩吠陀》是歌者唱的，《夜柔吠陀》是行祭者口中念的，《阿达婆吠陀》是祭祀的监督者们所必须精通的。随着社会的发展，祭祀的作用日益减少，专为祭祀用的《沙摩吠陀》和《夜柔吠陀》成了过时的东西，而《梨俱吠陀》和《阿达婆吠陀》仍然放射着它们不朽的光芒，但这4部吠陀都具有很宝贵的社会史料价值。

吠陀文献除4部"吠陀本集"外，还有阐释这些圣典的其他文献经书，主要有"梵书""森林书""奥义书"和一些"经"书。各种"梵书"主要记载举行祭祀的规定、仪式和风俗习惯等，其中有许多神秘主义的枯燥说教，也有不少神话传说。各种"森林书"是梵书的续编，它们发展了神秘主义的理论，只在森林中秘密传授。"奥义书"也称"吠檀多"，意即吠陀的终结，是吠陀文献中最晚的部分，主要内容是一些神秘主义的说教和哲学思想，不少地方解释了生、死、灵魂、天地等宇宙论和人生观，并提出了"梵"和"我"的哲学问题，对古代印度正统派六派哲学及佛教哲学思想的产生起过积极的影响，"吠檀多派"在近现代印度和西方均有广泛传播。

各种"经"书统称为"吠陀支"，通常分为6支，分别为：礼法学，主要讲祭祀、礼仪、风俗习惯及法律规定；语音学，主要讲吠陀诗歌的读法，包括语音和语调的规定；语法学，主要讲解语法；词源学，主要讲词的产生和派生；诗律学，主要讲诗的韵律和结构；天文学，主要讲恒星和行星的运行。

上述吠陀文献不仅反映了公元前印度社会与文化情况，对了解印度上古时期的社会文化和民间风情等具有重要的史料价值，而且后来一直被后人作为圣典尊奉，至今仍深深影响着印度人的生活。同时，它们也为后来的语言学、历史学、人类学、社会学、宗教学、哲学、文学和天文学的发展提供了重要的资料，成为印度文化的源泉，并极大地丰富了世界文化宝库。

《摩诃婆罗多》和《罗摩衍那》是印度两部不朽的史诗，与古希腊的《伊里亚特》和《奥德赛》齐名，是世界文学宝库中的两部辉煌巨著，在印度和世界文学史上占有崇高的地位，是印度人民对世界文学的重大贡献。

《摩诃婆罗多》被认为是世界上最长的史诗，篇幅超过西方两大史诗《伊里亚特》和《奥德赛》合计的8倍。全诗共18篇，10万颂，一颂是由32个音节组成的一节诗，译成汉文大约有40万行，每行按30个字计算，共1200万字。《摩诃婆罗多》的中心故事以北印度婆罗多王国内部的政治斗争为主线，生动地刻画了爆发于般度族和持国族之间并牵连整个印度的一场大战，《薄伽梵歌》（神之歌）为全诗的思想核心，是般度族统帅阿周那与驾驶他的战车的友人克里希那（即毗湿奴神的化身大黑天）于大战前夕在战场上的对话。

这部史诗内容丰富，画面广阔，包罗万象，叙述了许多古代印度的部落、部族及国家的兴亡，反映了上古印度文化的各个方面，全诗插入200多个神话传说、民间故事、寓言童话，是一部包括印度社会、政治、历史、宗教、哲学、道德、伦理的诗体"大百科全书"，对古代和现代印度人的思想行为、道德观念、风俗习惯、文学艺术等有着极大的影响。《摩诃婆罗多》被印度人当作神圣的经典，而且认为是他们的民族史诗，诗中的许多人物和故事，几乎家喻户晓，两千多年来盛传不衰。即使是普通老百姓未读过梵语原书，但通过参加经常举办的节日庆典、史诗演唱和戏剧舞蹈等活动，以及用现代语言翻译或改写的各种通俗易懂的版本等，仍可知道其内容梗概和主要情节。史诗的许多教训深入人心，影响和教育着人们，构成了印度人精神生活的一部分，对人们的思想形成和社会发展起了重大作用，甚至有些农民对国家的法律不见得清楚，但对史诗的故事和人物却了如指掌，并且深受影响。这部史诗在世界上也有很大影响，它传到了亚洲的尼泊尔、斯里兰卡、泰国、柬埔寨、印度尼西亚、中国以及一些欧洲国家，并在传入这些国家后，结合当地的文学传统，生长出了新的花枝，丰富和促进了当地文学的发展。

《罗摩衍那》意为"罗摩漫游"或"罗摩传"，全诗分为7篇，约24000多颂。这部史诗故事集中，结构严谨，在主题以及艺术手法甚至修辞譬喻的技巧上都树立了典范，是古典诗的先驱，被印度人称为"最初的诗"。诗中故事情节、矛盾冲突纵横交错，波澜叠起，不断展开，所塑造的主要人物，例如罗摩及其妻子悉达、神猴哈奴曼、十首魔王罗婆那，个个性格鲜明，活灵活现。

《罗摩衍那》深受印度人的喜爱，家喻户晓，妇孺皆知。两千多年来，妇女们崇拜悉达，尊其为贤妻良母的典型，亿万人顶礼膜拜摩罗，奉其为圣哲和楷模。印度人在问候、祝福、欢乐、悲痛、吃惊之时，往往口颂"摩罗！摩罗！"至于史诗中的神猴哈奴曼，更是受到狂热的崇拜，不少地方猴庙林立。在许多集会上，人们不是观看《罗摩衍那》的有关戏剧演出，就是欣赏与此有关的歌舞表演，一连几天、十几天，甚至更长时间，通宵达旦，流连忘返，不知疲倦。

《罗摩衍那》也对世界其他国家的文学产生了重大影响。长期以来，它被辗转译成德文、法文、英文、俄文、中文等，尤其对南亚和东南亚各国的文学及人们的思想影响更大。《罗摩衍那》故事的基本情节随汉译佛经传入中国后，对中国志怪小说的产生有很大影响，《西游记》中的主角孙悟空就是以印度神猴哈奴曼为原型。

印度人善于讲故事，印度的民间故事素以优美睿智、寓意深刻闻名于世，著名的故事集有《五卷书》《伟大的故事》《嘉言集》《鹦鹉故事七十集》《大故事花集》《故事海》等。印度的民间故事不但在印度文学中占有重要地位，而且对亚洲、非洲和欧洲文学产生过重大影响。例如，有人做过统计，《五卷书》被译成15种印度语言、15种其他亚洲语言、2种非洲语言和22种欧洲语言，而且很多语言还并不是只有一个译本，英文、法文、德文都有10种以上的本子。

印度的民间故事在世界各国流传的过程中，有许多已被吸收进欧洲、亚洲和非洲各国的民间文学中，还有一些进入了各国作家的作品中。如薄伽丘的《十日谈》、乔叟的《坎特伯雷故事》、拉封丹的《寓言》、格林兄弟的《格林童话》、我国的《太平广记》、江盈科的《雪涛小说》、刘元卿的《应谐录》等，都可以看到印度民间故事的踪迹和影响。

印度有着丰富的寓言。这些寓言短小精悍，构思巧妙，语言生动，寓意深刻，倍受印度人的欢迎，世代相传，影响很大。这些寓言也对中国的文学艺术和思想产生了很大影响，中国文学的发展，从远古到现代都打上了印度寓言的印记。远古时代的口头文学，先秦的书籍，东汉和两晋的佛经，六朝的鬼怪故事，唐朝的传奇小说和"变文"，宋朝的话本，元朝的戏剧，沈从文的小说等，有不少取材于印度寓言文学。

图 3-2　印度神话

二、独具韵味：古典舞和民间舞

印度人能歌善舞，酷爱舞蹈。印度的舞蹈舞姿优美、风格独特、独具韵味，具有强烈的艺术感染力，在世界上享有盛名。

印度舞蹈艺术历史悠久，源远流长。早在印度河流域文明时期，印度先民就很喜欢舞蹈，在哈拉帕文化遗址中，有舞姿优美的青铜舞女和舞男雕像。到了吠陀时代，印度舞蹈有了相当发展，《梨俱吠陀》中出现了有关舞蹈艺术活动的文字记载："黎明女神穿着闪光的衣服，像舞女一样"，"男子戴着金首饰，通过舞蹈表演有关战争的场面"。

舞蹈艺术专著《舞论》的出现，标志着印度舞蹈的全面繁荣和成熟。该书全面总结了印度舞蹈的声乐、器乐、戏剧、角色的发展，并从美学的角度规定了各种舞蹈的风格。现代印度舞蹈的艺术形式、造型、身段、手势和表情等，仍以这部著作作为理论指南。

印度教的三大主神之一湿婆，被称为"舞蹈之王"和"舞蹈之神"。他是创造和毁灭之神，永远在创造和毁灭之间跳舞，他创造了刚、柔两种舞蹈，用舞蹈保持着宇宙永不停止的节奏，有时酗酒后就与妻子雪山女神狂欢起舞。"宇宙即舞"这一观念在珍藏于新德里国立博物馆内的"舞王湿婆雕像"中得到了充分体现。

图3-3 舞王湿婆雕像

印度舞蹈分为古典舞和民间舞两大类。古典舞变化多端，感情丰富，舞姿规范。古典舞把身体各部位的动作分为三格："安格"指头、手腕、胸部及大腿的动作；"普拉帝格"指手背、腹部、脚及颈部动作；"阿盘格"指眉毛、眼睛、脸颊、鼻子、嘴唇、舌头、牙齿等动作。三格中的各部位变化无穷，如眉毛的动作有7种，眼睛有36种，手势有67种，其中单手势24种，联手势13种，舞手势30种。技艺高超的舞蹈家甚至可以"一脸二用"，即一半脸表示憎恨和愤怒，另一半表示欢乐和喜悦。手势不仅表达喜怒哀乐，而且表达亲属关系、日月星辰、山川河流等。

古典舞在流传过程中，分成了四大流派。

曼尼普利舞：起源于印度北部素有"舞蹈之乡"美誉的曼尼普尔地

区。相传，舞蹈之王湿婆神和雪山女神创造了一种舞蹈，并选择了一片适于跳这种舞蹈的山谷地带，开辟出了一片跳舞的地方，这个地方就是今天的曼尼普尔。舞蹈是当地曼尼普尔人生活中的重要组成部分，也是妇女必备的美德。曼尼普利舞包括颂神时跳的快步舞和击掌舞、泼水节时跳的月光舞、表现黑天神克里希纳童年生活的伙伴舞、表现黑天神克里希纳和高比族姑娘们爱情的艳情舞。艳情舞中又包括春舞、林舞、大舞等。表演曼尼普利舞时，双膝稍微向前弯曲，躯干放松，上体和下肢反向运动，身体呈"8"或"S"型，双臂和手指呈圆形、半圆形、曲线型、合拢并展开。这种舞蹈特别适合表现女性的曲线美，表达一些抒情的题材。

1.毗湿奴神　2.湿婆神　3.树　4.鸟　5.女人
6.花朵　7.孔雀　8.悲哀的　9.脸　10.半个月亮
11.美丽　12.听　13.讲　14.给　15.摸

图 3-4　古典舞蹈部分手势

婆罗多舞：起源于北印度的雅利安文化，在南印度得到了发展和完善。传说这个舞蹈的祖师是仙人婆罗多，它的发展与阿周那及南印度神庙里的"神奴"分不开。神奴们脸上打上黄色和淡红色的底色，眼睛四周画上浓浓的眼圈，明亮的大眼睛炯炯有神，充满热情，嘴唇用桃红色的色彩画出清晰的唇线，十分俊俏，充满性感。婆罗多舞的特点是借助道具哑演，即戴上各种面具，通过身体各部位的动作表达丰富的思想感情和不同的故事情节，如战争、爱情、仇恨。音乐一响，舞者并拢双脚，两手向头上方伸出，然后随着幕后传来的乐器声，用颈部、嘴唇、眼睛、双手和身体其他部位的动作和表情，自如地表现各种思想和情景。

格塔克里舞：流行于西南印度，是一种故事性很强又独具特色的颂神舞，融故事、诗歌、音乐、舞蹈、表演、造型和绘画于一体，有"艺术的皇后"之誉。格塔克里舞取材于两大史诗，通常在庙会期间于夜晚演出，剧中所有角色均由男子扮演，表演形式是哑演，由敲打乐器伴奏，舞中的故事情节由一人在幕后以诗歌形式朗诵，演员通过双脚跳动的快慢、双手和十指的各种动作以及眼睛、鼻子和嘴唇等的不同动作和表情来表现诗句的内容。面部化妆是格塔克里舞的特色，类似中国戏剧里的脸谱艺术，用米粉熬成稠糯糊，涂在面部做底粉，然后再根据不同的角色涂上红、黄、绿、白、黑等五颜六色：正面人物涂浅绿色和白色；反面人物涂几层粉白色，鼻子四周涂红色，眼睛四周涂黑色，佩带红胡须；女角先涂黄色和淡红色底色，再涂上白色。

克塔克舞：源于印度北方宫廷艳情舞，得名于专门从事舞蹈以卖艺为生的种姓克塔克。克塔克舞男女均可表演，内容主要表现黑天神克里希纳和牧女拉达的爱情故事，舞者脚上系有众多的小铃铛，有时多达数百枚，演员随着鼓点和音乐的变化，用身体不同部位的动作和面部表情表现各种感情，随着不同的动作，发出清脆悦耳的不同铃声，时而铿锵有力，如万马奔腾，时而嘈错繁杂，似千珠落盘，时而细碎柔和，若窃窃低语，舞蹈达到高潮时，常常是台上铃声与台下掌声交汇成一片。目前，这种舞蹈大多出现在银幕上和舞厅里，深受印度人的喜爱。

除了上述四大古典舞蹈流派之外，印度各地还有丰富多彩、独具特色的民间舞蹈，有些与宗教有关，有些与季节有关，林林总总，深受民众欢迎。下面着重介绍一些较为著名的民间舞蹈。

彭戈拉舞：流行于旁遮普邦，是丰收舞。每逢庄稼成熟，丰收在望，人们便跳起这种舞。跳舞的时候，头上缠上时髦的头巾，上身穿上蓝红色的丝织宽衣，下身围上漂亮的围裤，脚上系上脚铃。鼓手站在场地中央，其他人围着鼓手跳跃转圈，随着鼓手将鼓槌向上举起，舞者越跳越快，一只脚着地，双手举起，不时击掌，全身抖动，高声呐喊，舞者往往乐而忘形，观者不禁手舞足蹈。这种舞蹈技巧高超，队形多变，音乐、手鼓和脚铃交织一起，威武雄壮，欢快活泼，旋律优美，和谐有致，自然感人。

波瓦依舞：流行于古吉拉特邦，是舞蹈和戏剧结合的歌舞剧。这种舞蹈形式很特殊，舞中有音乐、舞蹈和戏剧表演，角色和观众全是男子，没有舞台，在露天广场或庙宇庭院演出，庭院或广场里放一个难近母神像即波瓦依神母像，并在像前点盏油灯。九夜节时，一定要表演波瓦依舞，以迎接难近母神即波瓦依神母，该舞蹈的名字由此而来，演出从晚上一直持续到第二天清晨。舞蹈的每一部分有一两个角色，表演某一个神话故事、历史人物或社会人物，舞剧中还夹杂着一些讽刺性的笑话，深受大众喜爱。

格尔巴舞：流行于古吉拉特邦，即顶罐舞。该舞分为女子和男子两种形式，在九夜节、黑天神降生节、罗摩诞生节、春节、姑娘节、寡妇节等节日常跳这种舞。女子跳舞时，在舞场中央放置点灯的陶罐，每人头上都带上点灯的陶罐，在伴唱声中围成圆圈尽情舞蹈，头上的陶罐随着身体的摆动发出闪烁的灯光，如同钻石一样美丽。男子跳舞时，头上不顶陶罐，上身裸露或穿带花边的古式长衫，下身穿拉贾斯坦式的裤子，舞场的布置和跳法同女子一样。

比忽舞：流行于阿萨姆邦，是比忽节时跳的舞。每当一年收割完毕，粮食归仓，迎接新年之际，人们便喜气洋洋地把耕牛擦得油光发亮，成群结队地涌向河边或池塘，给牛洗澡，并一边跳舞，一边给牛喂黄瓜和茄子，欢度比忽节。节日期间，人们围坐在熊熊燃烧的火堆旁，在皎洁的月光下开怀畅饮，在激昂的鼓声和牛角号声伴奏下如醉似狂地跳舞，边舞边唱比忽歌。

喀尔登舞：流行于孟加拉邦，是歌颂黑天神的敬神舞。该舞不分男女老幼，不受人数限制，衣着简朴，不需特别打扮和准备，围成圆圈，敲着大鼓，配以委婉悦耳的音乐，翩翩起舞。跳喀尔登舞的人常常成群结队地跳着舞走上大街，因此该舞又有"城市格尔登舞"之称。

隆格莱姆舞：流行于梅加拉雅邦，是一种轻快柔和的舞蹈。跳该舞时男女分成两个圈，男子头上包上用红黄丝线刺绣的头巾，手中挥舞毛巾或明光闪闪的宝剑；女子只有姑娘才能参加，身穿齐脚长的衣服，头戴宝冠，耳垂耳环，颈佩项链，鬓挂首饰，手戴戒指，臂悬金镯，辫扎彩结。

古吉布迪舞：流行于安得拉邦，是婆罗多舞的一种新形式。这种舞蹈表现的是古典题材，是把音乐和舞蹈结合起来的表演舞。古吉布迪舞是安得拉邦婆罗门的传统艺术，是他们许多世纪以来的祖传职业。古吉布迪舞的女角由男子扮演，形象逼真，堪称一绝。

乔舞：流行于奥里萨邦，是节日性的面具舞。该舞通常在春节期间跳，禁止女子参加，女角由男子扮演。当夜幕降临大地，人们便聚在一起，点上灯笼火把，灯火辉煌，满天通红，鼓声一响，山岳震撼，翩翩起舞。舞者穿上锦缎衣服或镶有金银边的丝绸衣服，五光十色，艳丽绝伦。

丘马尔舞：流行于拉贾斯坦邦，是表达离愁别绪的舞蹈。"丘马尔"意为臂镯，因为跳舞时要佩戴银制臂镯，因此得名为丘马尔舞，这种舞一般在九夜节、洒红节、灯节、胜利节等重大节日时跳。丘马尔舞有两种形式，一种是双人舞，由一男一女合跳，一种是单人舞，由一个姑娘独跳，动作优美，热情奔放，手势灵活，富于感情。

高尔摩德舞：流行于泰米尔纳德邦，是姑娘们在牛节时跳的集体棍子舞。印历每年10月至11月间，要过历时半月的牛节，姑娘们塑一尊象征湿婆神坐骑的牛像，每天去河里沐浴，带回盛有青草和河水的罐子，把罐子放在牛像前，开始跳高尔摩德舞。每人手持两根木棒，互相敲击，到了下午，她们跳着舞走街串巷，接受热情的招待和礼物。最后一天，她们穿上新衣服，将牛像打扮一番，放进轿里，抬到河边或湖边抛进水中。

迦拉戈摩舞：流行于泰米尔纳德邦，也是一种顶罐舞。该舞有两种：一种是宗教性的，由和尚们顶着罐子在寺庙里跳，罐子里盛水，用椰子封口，上置柠檬；一种是职业性的，由专门的艺人跳，头上顶的是米罐，身涂檀香和香灰，手持剑或矛，在鼓乐伴奏下起舞，起初缓慢，逐渐急促，又蹦又跳，踉踉跄跄，好像醉汉，但头上的罐子稳如泰山。

杰达杰丁舞：流行于比哈尔邦，是表现纯洁爱情的舞蹈。每逢雨季来临，皓月当空，清辉洒满大地之时，姑娘们三五成群，聚在院中，用生动逼真的动作表情表现杰达和杰丁乘风破浪，船搏激流，战胜邪恶势力和重重险阻，终于重新团圆，相亲相爱。故事情节生动，舞姿优美迷人，鼓乐爽心悦耳。

图3-5 民间舞蹈

总之，印度人是一个善于用舞蹈表现文化传统、生活情趣和思想情感的民族，长期以来，印度舞蹈不断丰富和发展，形成了独具韵味的艺术风格，在亚洲乃至世界各地产生了很大影响，深受世界人们的喜爱。

三、魅力无穷：音乐和乐器

印度人能歌善舞的秉性在音乐方面得到了充分的体现，印度音乐魅力无穷，令人陶醉。

印度音乐历史悠久，渊源很深。早在上古时期的吠陀时代，印度音乐艺术就已经颇为壮观。四部吠陀中的《沙摩吠陀》就是专门记录祭祀歌曲的，共有1875节配曲调演唱的歌词。因此，印度人认为，音乐的起源是神圣的，音乐的目的是帮助人们信仰天神。吠陀时代，已经有了专门的歌手，并且已经有了维拉、喀尔喀利之类的弦乐器和横笛之类的管乐器，今天流行的不少乐器是从古代流传下来或由此发展而来的。

史诗时代，印度音乐得到不断的发展。两大史诗中多次论及音乐的音阶和乐器，提到的乐器有20种以上，对音阶的划分也相当发达。音程共有22个，不仅包括现代西方的12个音程，还有附加的10个音程，用来产生许多处于半音节的半度之间的音，并且可以作为精心控制的滑音出现，这种称为米尔的滑音艺术在西方音乐中找不到可以与之对应之处。从22个音程中挑选出7个音，构成作为音律基础的七声音阶和七个基本调式，形成一套相当完善的转调体系，这7个音的简称作为唱名，仍一直为印度人广泛使用。

《舞论》是印度音乐理论方面最古的专门文献，它以歌诀式诗体写成，广泛地论及音乐。《舞论》较科学地把乐器分为四类：弦乐器、革鸣乐器、体鸣乐器和气鸣乐器。印度音乐主要使用各种类型的鼓、笛子和维拉，其中以打击乐的鼓为主，如托尔鼓、波卡维吉鼓、黑杰尔鼓等。印度现在最为有名的乐器叫维拉，最常见的为七弦，琴头下弯，琴的下方有两个葫芦状的共鸣箱，与中国的琵琶有"血缘"关系。

图3-6 古典乐器

中世纪，印度出现了真正的音乐学。《音乐宝典》是介绍和研究印度音乐最详细的专著，书中谈到印度南北音乐的不同特点，以及音乐、乐器和舞蹈三者的关系。后来又有《音乐丛书》《拉格门吉利》《纳格威包特》《桑吉德达尔巴郎》《桑吉德巴里贾德》《纳格摩艾阿斯菲》《音乐纲要》《桑吉德格勒伯德尔摩》等音乐书籍相继问世，对印度音乐学的发展起到了积极的推动作用。

莫卧儿王朝的阿巴克大帝酷爱和欣赏音乐艺术，他资助了36位歌唱家，其中最著名的是宫廷音乐大师坦森。坦森对印度音乐的发展开辟了新的道路，做出了卓越贡献。关于坦森，著名历史学家阿布勒·法兹勒写道："最近一千年印度没有过像他那样的歌唱家"，人们形容坦森的歌声有"呼风唤雨的神力"。坦森的陵墓在瓜廖尔城，该城因此有"音乐和艺术堡垒"之称。每到坦森诞辰日，印度各地的音乐家都云集在瓜廖尔城，演奏他的歌曲，悼念这位伟大的音乐奠基人。这一时期，北印度的音乐进入了黄金时代。

到了近代，随着印度沦为英国的殖民地，印度的音乐也引起了英国等西方国家学者的兴趣。孟买和加尔各答等地建立了许多音乐学校，加强了音乐的研究，推动了印度音乐艺术的发展。

今天，印度音乐更加繁荣昌盛。除了几千年流行不衰的古典音乐外，霍利歌和雨季歌等民间音乐也很流行，此外，迪斯科和摇滚乐等流行音乐也相继传入印度，这些不同风格的音乐彼此影响，相互补充，促进了印度音乐艺术的繁荣与发展。

在漫长的岁月里，印度音乐也对世界其他国家和地区产生了很大影响。从汉代开始，印度音乐随着佛教的传播传入中国，公元3世纪，中国已有梵呗流行。印度的七声音阶于隋唐时代传入中国，对中国的音乐产生了很大影响。唐代音乐中还吸收了天竺乐、龟兹乐、安国乐、康国乐、西域乐等直接或间接来自印度的音乐。印度音乐对伊朗、阿拉伯和欧洲影响也很大，古希腊人曾承认，他们的音乐受到印度的影响，印度的维拉、弦琴、横笛等，很早就传到了欧洲。

音乐已经成为印度人生活中不可分割的一部分，王树英先生对此做了生动的描述："不管你走进人潮如海的城市，信步于大街小巷，还是来到人烟稀落的乡村，漫步于空旷的田野，不是歌声四起，使人陶醉；就是乐声阵阵，悦耳动听。在印度，不管是穿着讲究的富者，还是衣衫褴褛的穷人，他们对音乐都享有同等权利。劳动之余或茶余饭后，或中间休息，有些人不是轻声低吟，就是引吭高歌，有的击掌敲盘（印度人吃饭用盘）自奏自演；有的三五成群翩翩起舞。那种优美动听的音乐歌声，疲惫人听了顿时去乏除累，力气倍增，忧愁人听了立刻会消愁解闷，心旷神怡。而久居印度的外国客人听了也会冲淡乡愁。"

尚会鹏先生也曾就此写道："在印度公共汽车上，有时会突然听到有人敲打手鼓，伴着复杂的节奏演唱起来，走遍印度的每个角落，都可以看到孩子和成年人用各种类型的鼓来表现节奏。偶尔还可以看到这样的少年，他能够在木箱上或者用空盒子敲出相当复杂的节奏，使人不能不佩服印度人的音乐天赋！"

笔者在美国圣约翰大学进修时，也切身感受和领略了印度音乐的美妙。当时，圣约翰大学亚洲研究中心举行一年一度的"亚洲研究之友"（Annual Friends of Asian Studies）晚会，晚宴后在圣约翰大学剧院观赏了印度传统音乐会。三个身着印度传统服装的小伙席地而坐，两个弹Sitar，一个敲手鼓，演奏了优美的印度古典乐曲。他们演奏得很投入，配合很默契，不时相视点头微笑。鼓声和琴声相互交织，时而铿锵有力，繁音流泻，时而婉转悠扬，娓娓动听，观众听得如醉如痴。笔者在印度进修期间，更是多次参加音乐会；在拉脱维亚工作期间，也经常参加瑜伽节和印度新年活动，陶醉于印度音乐舞蹈的曼妙之中。

总之，印度人离不开音乐，音乐伴随着印度人，印度人的生活是在快乐的音乐声中度过的。

四、电影王国：电影发展概况和作品影星

　　印度人的艺术天赋和嗜好在电影艺术中得到了最好的展现。印度素有"电影王国"之称，其电影数量之大，居世界首位，影院之多，为世人惊叹。

　　电影是 20 世纪初传入印度的。1913 年，"印度电影之父"巴吉尔成功拍摄了第一部无声电影《哈利什昌德拉王》，受到人民的欢迎，同时也吸引了商业剧团涉足电影业，使印度电影有较快的发展。1931 年，印度摄制了第一部有声影片《阿拉姆·阿拉》，此后电影业获得了迅速发展，但基本被普拉巴特影片公司、新舞台影片公司和孟买有声影片公司等三家私人电影公司所垄断。这些商业电影公司拍摄了大量的娱乐影片，每年平均生产 250 部，到 1940 年，印度电影院达 1500 多家，影片产量占世界影片产量的 9%，仅次于美国和日本，居世界第三位。在英国殖民统治时期，印度电影就存在两种发展趋势，一种是追求上座率的供人消遣的商业性质的娱乐影片，另一种是反映社会现实生活的艺术影片。这个时期，真正有社会内容的影片，像反映印度农民起义的影片《大地——人类的母亲》和描写工人运动的影片《宣传员》的不多，占据影坛的是以历史、神话为题材的音乐舞蹈和武打片，有的影片插入色情镜头。有人把这类内容贫乏、表演公式化、情节简单的影片归结为三头——拳头、枕头和噱头。

　　独立以后，印度的电影业有了突飞猛进的发展。印度成立了"电影调查委员会"，提出了发展印度电影业报告书。1951 年，印度政府建立"国家电影局"，对印度电影生产进行监督和指导，同时，电影审查委员会开始行使职权，旧的电影审查制度宣告结束。1954 年，设立"国家电影奖"，后来改名为"全国奖金"。1960 年，创办"电影金融公司"。

1961年，建立"电影研究所"，后改为"印度电影电视研究所"。1964年，建立"国家电影档案馆"。在政府的大力支持和引导下，独立后的印度电影业发展神速，形成了孟买、马德拉斯和加尔各答三大电影摄制中心，特别是孟买有"印度的好莱坞"之称。从20世纪70年代开始，印度每年用印地语、孟加拉语、泰米尔语和马拉雅兰语等30多种语言生产800多部影片，产量一直居世界第一位，许多影片除在本国放映外，还向世界各地出口，享有"电影王国"之美誉。

图3-7 电影广告

印度电影在发展过程中，经历了艰辛的探索，涌现出许许多多脍炙人口、影响深广、享誉世界的佳作。20世纪50年代，印度电影界的一些著名导演和电影工作者发起了"新电影运动"，抛弃了过去传统的公式化的艺术形式，使电影从商业化的娱乐手段变成一种严肃的艺术表现形式，把电影艺术推向新的高度。这个时期，在许多进步电影工作者的努力下，拍出了许多具有鲜明反殖民主义和封建主义色彩的现实主义影片，其中的代表性作品有《流浪者》《两亩地》《旅行者》《道路之歌》。这些作品获得了印度"最佳影片奖"、法国戛纳电影节奖和其他国际电影奖。20世纪60、70年代以后，由于印度社会矛盾的激化和各种政治力量的分化，电影业两种发展趋向竞争激烈：缺乏思想性的娱乐片充斥银幕，同时也涌现出一些优秀的现实主义影片，如《黑夜笼罩孟买》《远方的雷声》《风暴》《萨吉纳》《掠夺》《奴里》《哑女》《大篷车》。

进入21世纪，印度电影精品迭出，在世界和中国的影响也与日俱增。2000－2018年，印度出品了许多脍炙人口、传播广泛的电影，例如：《三傻大闹宝莱坞》《我的个神啊》《起跑线》《摔跤吧！爸爸》《小萝莉的猴神大叔》《厕所英雄》《苏丹》《神秘巨星》《我的名字叫可汗》《地球上的星星》《功夫小蝇》《未知死亡》《便当盒的小秘密》《印式英语》《宝莱坞机器人之恋》《巴霍巴利王》《芭萨提的颜色》《嗝嗝老师》等。

印度电影的一大特点是，深深植根于印度文化传统的沃土之中，具有浓郁的民族特色。大部分印度电影以印度传统音乐为旋律，穿插大量的印度舞蹈和民族风味的插曲，几乎所有电影都插入大段大段歌舞，每部电影至少有3首歌曲伴3场舞蹈，影片中的男女主角有16个以上的音乐舞蹈节目。人们因此称印度电影为"三多"：歌舞多、闹剧多、对白多。

印度电影中宏大的歌舞场面美丽而圣洁，梦幻多于现实。男女或奔跑于森林海边，或升腾于万里云霄，或穿行于神像之间。这种梦幻仙境符合印度人喜欢幻想的民族习性，同时也使身处财富不公、贫富悬殊的现实社会中的人有一种超越现实的享受，所以印度人趋之若鹜、乐此不疲。印度一位制片商曾说："人们需要这类影片作为调剂生活和逃避现实的一种手段。"《流浪者》中的男主角拉兹的扮演者也说："我们向观众出售的是他们想要看到的梦境。穷苦的人劳累了一天，花一点钱，坐在电影院里看看他们现实生活中所没有的东西、欢乐的东西，这也是一种享受。"

印度电影明星深受印度民众的喜爱和崇敬，特别是那些扮演神圣人物和英雄人物的演员，其地位和声誉近乎神祇。印度南部有一个新建的庙宇，供奉的是著名电影明星罗摩·拉奥，他曾在150多部电影中扮演了印度神祇的形象，尤以扮演黑天神克里希纳著称。每天，都有许多人去该庙顶礼膜拜，虔诚地奉献鲜花和祭品。电影明星阿米塔布·巴占以扮演绿林好汉著称，他身材魁梧，动作敏捷，生就一双饱经忧患而洞悉人生真谛的眼睛，成为无数印度穷人心目中的英雄，他拍片时撞伤住院，成千上万的崇拜者涌到医院为他献血，并为他举行公众祈祷会。在电影《甘地传》中扮演甘地的演员，在印度被成千上万的人围住，人们匍匐在地，虔诚地吻他的脚丫，顶礼膜拜。

在印度这个浸染于浓郁宗教氛围的国度，把电影演员视为神，与把圣者视为神，把甘地和尼赫鲁等民族领袖视为神一样，都出于同样的文化心理。在印度，人与神、现实与神话、日常生活与艺术现象，界限并不分明，往往混为一体。这也是印度电影兴旺发达的原因之一。

今天，印度影视界有许多闻名世界的美女。2002年，《印度时报》举行了一次"上世纪美人"评选活动，100名候选者主要来自于演艺圈。其中既有传统型的印度淑女，也有开放大胆的欧化美女。评选规则只有一条，就是"只看相貌"。

荣登榜首的是1994年的世界小姐艾丝维亚·雷，她在获得了世界小姐的殊荣以后，就一步跨入了影视圈，但是刚开始，她发展得并不顺利。直到出演桑布哈什的《塔尔语》，艾丝维亚才确立了自己在影坛的地位，她出众的外貌以及认真的工作态度为事业的成功打下了坚实的基础。艾丝维亚·雷有宝莱坞女王之称，被誉为印度第一美女，在印度是家喻户晓的明星，且具有广泛的国际知名度。艾丝维亚·雷的容貌很难用言辞来描绘，是老天爷的一件得意之作，她那泛着绿光的眼睛，好似两颗闪亮的宝石，简直是美轮美奂。代表作有：《阿克巴大帝》《宝莱坞生死之恋》《宝莱坞机器人之恋》等。

图 3-8　艾丝维亚·雷

位列亚军的是玛德休拉·戴丝特，印度著名的导演和制作人特萨伯一手把她推上了超级明星的宝座，而玛德休拉的确才华横溢，气质非凡，即使是饰演一个最粗俗的村姑也能让观众体验到她骨子里的贵族气质。玛德休拉的歌喉曼妙动人，对各种类型的音乐都颇有造诣，尤其是打击乐，她曾以一首《柯达在哭泣》掀起了玛德休拉热潮。

图 3-9　玛德休拉·戴丝特

第三名是曾经在《圣雄甘地》中有过精彩演出的玛德休伯拉。玛德休伯拉在印度属于实力派演员，她的美主要在于她集中体现了印度妇女勤勉坚韧的传统美德。这种美德不仅体现在她的银幕角色上，也体现在她本人身上。玛德休伯拉在全盛时期患上心脏病，但她一直顽强地与病魔进行着抗争。

20世纪90年代初期，在中国热映的影片《血洗鳄鱼仇》的女主角盖雅丽·黛丽，这一次名列第四。盖雅丽出身名门，受父亲和已故丈夫的影响，她一直渴望成为政界女强人，进入娱乐圈纯属"无心插柳柳成荫"。成名以后的盖雅丽对政治的热情一直未减，与美国的明星简·方达一样，盖雅丽积极地投身于印度的公益事业和政治活动。值得一提的是，代表印度新一代女性形象的阿曼排名第六。从评选结果来看，人们选美女的时候往往会考虑她的个人经历，很难做到"只看相貌"。

近年来，涌现出了不少明星美女，深受中国观众喜爱。朴雅卡·乔普拉出生于1982年7月18日，是2000年印度小姐和全球世界小姐的获得者，如今活跃于宝莱坞。她长相性感，一双大眼电力十足，丰厚的嘴唇一侧总是微微上扬，充满了魅惑的气质。代表作有：《巴菲的奇妙命运》《我们的故事》等。

卡特里娜·卡芙出生于1984年7月16日，是一名混血儿，2008年被印度版《男人帮》票选为全球100名性感女星中的头号性感女星。她以模特身份出道，随后进入宝莱坞发展，出演了多部热门影片。卡特里娜·卡芙的美有一种独特的气质，尤其是她微笑时，嘴唇上扬的弧形散发出甜美气息，而明亮有神的双眼却透露出性感的光芒，让两种看似矛盾的美完美融合。代表作有：《爱无止境》《幻影车神3》《伴侣》等。

迪皮卡·帕度柯尼出生于1986年1月5日，是当红的宝莱坞一线女星，在印度和巴基斯坦均享有超高的人气。最近为人熟知的作品是沙鲁克·汗的《新年行动》。迪皮卡·帕度柯尼的长相非常英气，一双大眼炯炯有神，很有气场，加之性感妖娆的身材和扎实的舞蹈功底，成功跻身一线明星行列，并拥有多部票房大卖的作品。代表作有：《弹雨里的爱情》《月光集市》《再生缘》《金奈快车》等。

索娜姆·卡波尔出生于 1985 年 7 月 9 日，来自印度著名的电影世家卡普尔家族，如今是宝莱坞的一名演员。索娜姆·卡波尔长相的最大特点就是柔美，一双多情的大眼能溺死人，也正是如此她在影片中也多扮演柔弱多情的女子。由于其长相非常符合中国人的审美观，因而在中国的印度电影迷中拥有不少粉丝。代表作有：《季节》《灵魂奔跑者》等。

阿姆瑞塔·拉奥出生于 1981 年 6 月 7 日，她算不上一线女星，作品也不多，但长相美艳，尤其是一双透露出宠物般萌态的双眼，令不少中国的印度电影迷倾倒。代表作有《婚礼》，影片表达了一种对婚姻坚守的传统理念。阿姆瑞塔·拉奥扮演的传统印度少女，乖巧柔美，令人印象深刻。

卡佳·阿加瓦尔出生于 1986 年 6 月 19 日，她主要活跃于印度南部，出演泰卢固语和泰米尔语电影，并不是在大家熟识的印度北部的宝莱坞。尽管如此，她还是用自己的魅力征服了大批观众，即便在中国，卡佳·阿加瓦尔也拥有不少粉丝。

康格娜·拉瑙特出生于 1987 年 3 月 20 日，2006 年曾获印度最有前途的女演员奖，如今是宝莱坞的一线红星，同时也是宝莱坞公认的演技与美貌并重的女星，作品众多，人气很高。

五、举世瞩目：教育传统和教育体系

印度教育颇为发达，特别是高等教育举世瞩目，享誉世界，培养了大批科学技术人才，使印度成为世界上拥有最雄厚的技术力量的国家之一。

印度教育具有良好的传统，正是在继承这种传统的过程中，印度人的教育达到了较高的水平。早在印度河流域文明时期，印度教育已经处于有组织的状态，能够使用文字。吠陀时代，印度教育受到宗教的支配，以学习婆罗门教经典为主：吠陀时代初期，家庭（家族）教育和口耳相传占有重要的地位；吠陀时代后期，出现了吠陀学校和一些专门学校，其中著名的有"森林学校""古鲁学堂"和"陀尔学苑"。

列国时代，婆罗门教垄断教育的局面被打破，佛教教育应运而生。孔雀王朝阿育王统治时期，佛教教育达到鼎盛，规模宏大的佛教寺院和最高学府那兰陀寺成为世界闻名的高等学府，许多外国人称之为那兰陀大学，它有6座广厦千间的宿舍，100个讲堂，3个内藏丰富的藏经楼，吸引了包括中国玄奘和义净在内的来自印度和世界各地的学僧，学僧数量达10000以上，光传道授业者就有1500余人。可惜，这座对古代印度佛教教育和科学文化做出巨大贡献的高等学府，后来在穆斯林入侵时期毁于战火。

伊斯兰教传入印度后，清真寺、伊斯兰式的学校和图书馆随之而生，伊斯兰教育迅速兴起，日益昌隆。德里苏丹国时期，已经有不少初级学校和一些从事高等教育的机构，主要传授伊斯兰教知识，同时也传授一些世俗知识。莫卧儿帝国时期，印度教育机构和设施开始日臻完善，统治者高度重视教育，国立及私立的初等、中等和高等教育大力发展。特别是阿克巴大帝执政期间，建立了许多学府，并对各级学校的课程进行重大改革，很多非伊斯兰教徒和妇女也接受了学院教育。

殖民地时期，英国大力鼓励用西方教育制度教育印度人，创建了许多基督教教会学校、印度教学院、梵文学院，并鼓励英语教育。特别是1854年，英国政府发表了《伍德报告》，第一次以立法形式制定了印度教育政策，第一次为印度确立了从初级学校到大学的现代教育制度，第一次明确提出了推广现代学校的设想，第一次明确规定了印度教育的行政设置，对印度近代教育的形成和发展具有极为深远的影响。此后，印度教育得到了一定程度的发展，1857年建立了以伦敦大学为模式的印度第一批大学——加尔各答大学、孟买大学、马德拉斯大学，后来又建立了阿拉哈巴德大学、拉合尔大学，技术学校、医学校、初级学校也有较快的发展。进入20世纪，印度高等教育蓬勃发展，作为高等学府的大学纷纷建立，到印度独立时，大学数量已达25所，各类学院643所，在校学生30多万。此外，初等教育、中等教育、职业教育和妇女教育也得到发展，有13.48万所小学和1000万名小学生，有933所专科学院和20万在校学生，女子专科学校、女子大学纷纷成立，还出现了男女同校。

独立后，在科教兴国思想的指导下，印度政府重视发展教育事业，积极推行教育体制改革，各类教育都有不同程度的发展。1964年，印度政府组建了教育委员会——科塔里委员会，对整个教育体制进行综合考察和研究。为了吸取其他国家发展教育的宝贵经验，该委员会由7名来自印度的成员、5名分别来自美国、苏联、英国、法国和日本的成员以及20名来自世界各国的教育专家和顾问组成。科塔里委员会包括12个专门委员会和7个工作小组，分别负责学校教育、高等教育、技术教育、农业教育、成人教育、科学教育与研究、教师培训与教师地位、学生福利、新技术与新方法、人力、教育行政、教育财政、妇女教育、落后阶层的教育、学校建筑、学校与社区的关系、统计、学龄前教育、学校课程等问题的调查研究工作。科塔里委员会组织了1000名工作人员，耗时100多天，耗资150万卢比，走遍全国各邦和各直辖区，访问了9000多名科学家、工业家、学者和其他对教育事业感兴趣的人士，整理出2400多份备忘录，在此基础上提出了印度教育史上划时代的《教育与国家的发展》报告。

印度政府根据科塔里委员会的报告，制定了国家教育政策，这就是1968年制定的《国家教育政策》，即著名的"17条"，统一学制，实行

"10＋2＋3"三级正规教育模式，即10年小学和中学，2年中等专业教育，3年高等教育。国家教育政策实施后，印度教育领域成就斐然，取得了令人瞩目的进步，全国各级各类教育设施有了相当大的扩展，教育质量明显提高，大批科技人才不断涌现。

印度的初级教育体系是世界最庞大的体系之一，为了普及初等教育，印度政府采取了一系列措施：推行县小学教育，增加小学生营养计划，改善小学设备，推广教育保证计划等，从而使初等教育有了很大发展。1950－1951年度至1996－1997年度，印度小学由21万所增至59.8万所，小学生由1915.4万增至11039万人，入学率由42.6%升至104%；中学校由1.3万所增至17.7万所，中学生由311.9万人增至4106万人，入学率由12.7%升至67%。全国的识字率也不断提高，1951年全印度的识字率为16.6%，1971年上升为29.45%，1981年又提高为36.17%，1986年提高为36.23%。目前，全国17个邦和3个中央辖区实行宪法规定的初级义务教育法，有10个邦和6个中央辖区实行高中免费教育，另外7个邦和8个中央辖区对中等专业学生实行免费教育。

在印度政府的重视下，职业技术教育得到很大发展。国家为未完成基础教育的青少年提供了30多个工程行业和20多个非工程行业的职业训练，设立356所常设性学校和139所临时学校，此外还有不少私立的训练学校，总共可容纳20万人，训练期为1－2年。另外，还有300多所工业技术专科学校，每年可招生56000人，分全日制教育和业余教育两种，学习期限为3年或4年，培养具有中等专业技术水平的专门人才。通过这些措施，使不少青少年成为中等技术人才，减少了文盲队伍和失业大军的人数，扩充了国家人才队伍，为国家建设发挥了力量。

成人教育和妇女教育受到重视，取得了显著成效。全国已有632个社会服务机构为17个邦和5个中央直辖区开办的29000个成人教育中心提供经费，进行拨款，为成人教育提供方便。独立后的十年内，印度建立了104所女子学院，到1965年发展到200多所，另外还有50多所大学招收女生，男女合校。女子升学率不断提高，1951年为7.9%，1971年上升为18.7%，1980年为22.5%，男女受教育人数的比例差距逐渐缩小，女生入学人数比例不断增加，1963－1964年女大学生占总人数的19.5%，到1979－1980年增至26%；女子的识字率也不断提高，1951年为8%，1971年为18.6%，1981年为24.8%。随着妇女教育的提高，女子的职业和社会地位也发生了变化。

高等教育受到政府的高度重视，成就斐然，举世瞩目。早在独立初期，尼赫鲁总理就指出："大学代表人道主义、坚韧性、理性、进步思想的冒险和对真理的探索。它代表人类向更高的目标全速前进。如果大学充分履行其职责，那么它对国家和人民都是十分有益的。"在这种思想指导下，印度政府在独立之初就专门成立了以总统拉达克里希南为主席的"大学教育委员会"，制定了高等教育方针和任务。不久，成立"大学拨款委员会"，后改名为"大学基金委员会"，协调和确定大学的标准。大学教育体制为"3＋2＋3"三级制，即3年学士学位课程，2年硕士学位课程，3年博士学位课程。

图3－10　热衷计算机的大学生

高等教育发展迅速，大学和学院数量猛增，大学数量由1947年的25所增加到1981年的127所，学院数量由643所增至8000多所，拥有在校大学生300多万，学生数量仅次于美国和苏联，居世界第三位。目前，印度拥有大学221所，各类学院10555所，在校大学生708万，教师33万，大学生与人口的比例超过中国。

印度拥有一批设备先进、师资力量雄厚、科研水平较高、闻名世界的重点大学，主要有：德里大学，创建于1922年，该校的数学、医学和经济学院最负盛名；贾瓦哈拉尔·尼赫鲁大学，创建于1969年，以研究当代国际政治、经济关系和汉语教学而闻名；阿利加尔穆斯林大学，创建于1920年，该校历史系的高级研究中心享有很高地位；贝拿勒斯印度教徒大学，创建于1916年，该校东方学、神学和艺术学科负有盛名；国际大学，创建于1924年，设有中国学院；国立英迪拉·甘地大学，创建于1985年，开展函授教育，有8个开放大学；本地治理大学，创建于1985年，为法国文化的窗口；泰兹普尔大学，创建于1994年，主要招收攻读硕士和博士学位的学生；海德拉巴大学，创建于1947年；东北山区大学，创建于1973年；阿萨姆大学，创建于1994年；那加兰大学，创建于1994年；国立莫兰纳·阿扎德乌尔都大学，创建于1996年；加米尔米利亚·伊斯米亚大学。

印度在校学生逾万人的大学比比皆是，特别是那些历史悠久、学术传统好、位于中心城市的大学，往往因拥有众多的附属学院，因此也拥有众多的学生。据1991年统计，印度超过5万人的大学就有20多所，超过10万人的"超级大学"或"巨型大学"也为数不少。在1982－1983年度，拉贾斯坦大学有学生13.1万人，孟买大学有学生12.5万人，马德拉斯大学有学生10.4万人，加尔各答大学有6所大学学院和223所附属学院，学生人数达到15.7万人，这还不是它的最高纪录，因为它在1974年时，学生人数竟达到19.7万人，可谓真正的"大学"。

印度政府支持高等院校开展国际交流与合作。许多大学和研究所的研究项目得到国外资助，资助者有福特基金、美国印度研究学院、美国教育基金、夏斯特里印度-加拿大学院等。印度还与许多国家签订了交换留学生的计划，除学校推荐和自费留学外，大财团也资助学习尖子出国深造，回国后为大财团效力。比尔拉教育基金是印度最大的教育基金之一，印度两名诺贝尔物理学奖获得者拉曼和他的侄子塞卡尔赴美留学时都得到比尔拉财团的资助。印度人才外流非常严重，20世纪70年代有78%的留学生在美国定居，80年代高级人才外流有增无减，截至1990年，印度在国外谋生的科学家和熟练技术人员有41万，其中知名度很高的科技人才有3000人，到2000年外流科技人才达54万人。高级人才外流是印度人才的巨大损失。

2016年，印度重新制定了教育政策，这是自1968年、1986年之后，印度政府第三次对其教育政策进行重要修订，提出打造低收费、高质量、能够为所有学生服务的大学教育，将印度建成"有知识的超级大国"。

印度财政部2016年3月宣布，将在全国选择20所大学（10所公立、10所私立），设立专门预算，建成世界级大学。据《印度经济学家》报道，印度人力资源部2016年提出建议，选择世界排名前200的高校，帮助他们在印度建立基地，提升印度大学的学术水平和国际化视野。近几年，印度已开始采取措施，投入大量资金帮助其顶尖高校角逐全球排名。同时，印度也推出自己的国家排名体系，让各高校加强竞争，同时促使他们更加适应这种结构化排名模式。

2017年《泰晤士高等教育》发布了亚洲高等教育院校排名。值得关注的是，印度高等教育呈现强劲势头。《泰晤士高等教育》此次排名选取13个指标，从教学、科研、学术影响力、国际化程度、知识转化率等方面打分。从总量看，在前300名中，日本69所、中国大陆54所、印度33所，印度第一次跻身亚洲前三，且相较上年，数量翻了一番（2016年为16所）。位于班加罗尔的印度科学理工学院位列27位，是印度排名最高的高校。印度理工学院（孟买）排名42；威尔科技大学（金奈）首次入选，排名43；印度理工学院（德里）排名54。虽然印度在顶尖学府数量上与日本、中国的差距不小，但可以看到，印度的整体高等教育水平呈上升态势。庞大的年轻人口，使印度改善教育成为"刚需"。据统计，到2030年，1.4亿印度人处于大学教育年龄，也就是说，印度将必然逐步取代美国、中国，拥有世界上最庞大的高等教育适龄人口。届时，世界上每4个大学毕业生中，就有一个来自印度。

六、软硬兼备：科技成就和信息技术

印度人在科技方面具有敏锐的头脑，在科技领域取得的成就举世瞩目，特别是在计算机软件和硬件的开发与应用方面，更是成就斐然，可圈可点，令人刮目，马加力先生将其形象地概括为"软件不软""硬件变硬"。

印度科技的整体实力在第三世界名列前茅，有些领域在全世界数一数二。印度已经掌握当今世界上最先进的科学技术，在信息技术、空间技术、核能开发、生物技术、海洋研究、军事科技等方面都取得了巨大成就。印度科学家中的佼佼者完全可以与发达国家的科学家媲美，独立后印度先后有17名科学家被选入英国皇家学会，2名美籍印裔科学家获诺贝尔奖，美国许多大学和医院不是由美籍印度人负责，就是由其占据重要职位。据世界经济论坛《1998年全球竞争力报告》统计，印度科学技术居世界第29位，拥有合格的科学家和工程师人数居第1位，基础科学和数学名牌学校居第16位。印度出版的科技著作居世界第8位，有18种科学杂志被收入《最新刊物目录》，印度学者在国际权威科学刊物上发表的学术论文总数超过亚洲发展中国家论文的总和，所研究的课题涉及当今世界自然科学的17个领域。

印度政府历届领导人都非常重视科技发展。印度开国元勋尼赫鲁一贯重视和热心科技事业，亲自领导和过问尖端科技的开发，其后的历届

图 3-11 电子迷拉·甘地

总理继承了这一优良传统，特别是"电子迷"拉·甘地总理对计算机的开发做出了不可磨灭的贡献。拉·甘地在1985年就提出"要用电子革命把印度带入21世纪"，他说"我们已经错过了工业革命，我们决不可错过电子革命"。为此，拉·甘地亲自过问计算机教育，在他的大力推动下，印度政府拨款30亿卢比，在250万所中小学开设计算机初级课程，使计算机教育从中小学就开始抓起。

　　同时，印度加强高等院校的计算机科系和专业，调整和增设计算机科学课程，培养世界一流的计算机人才，现在印度全国有400多所高等院校教授计算机课程，并可授予计算机专业学位。其中分布于新德里、孟买、马德拉斯、钦内、克勒格布尔、坎普尔、高哈蒂等地的理工学院在世界享有盛誉，它们有一流的设备，能培养一流的科技人才，学生水平可与美国麻省理工学院和法国巴黎综合技术大学的学生媲美。目前在美国一些著名软件公司工作的印裔科学家多数都来自上述的理工学院，印度国内的高级软件人才大多也从这些院校毕业。

　　拉·甘地政府还颁布了《计算机软件出口、开发和培训政策》，为制造软件提供一切便利和优惠。该政策成为印度计算机产业发展的一个重要里程碑,从此以后,印度软件工业如雨后春笋蓬勃发展起来。1985－1986年度,印度软件业产值仅3亿卢比,1995－1996年,印度软件产值已达419亿卢比,10年内增长100多倍。1997年3月初,美国微软公司总裁比尔·盖茨访问印度时断言:"21世纪的软件超级大国不是美国,不是欧洲国家,而可能是印度。"印度总理瓦杰帕伊也明确表示,2010年印度要成为信息大国、核大国和生物技术大国,他指出:"信息技术是印度经济增长最快的部门,在增加就业、增加收入和增加出口方面有很大潜力,并能为数百万妇女提供技术工作。"

国际计算机行业的权威人士公认,印度人在计算机方面具有独特的优势。这一优势除了应归功于上述印度政府对科学技术的重视外,还要归功于印度人特殊的数学才能。数学是一切科学的基础,印度人对数学具有一种与生俱来的感情和天赋。印度人发明的"阿拉伯数字",其中"0"的发明对世界文化和当代科学技术有难以估量的贡献。除了祖先遗传和历史传统的延续外,印度小学教育中对数学功底的强调也是其中一个重要因素。印度小学生刚接触数学,就要背诵 22×22 的乘法口诀表,印度小学高年级解扇形面积的题目是证明题,这种解题的方式与设计计算机程序的方法有很多类似之处。

现在,印度已经成为世界上为数不多的计算机软件开发中心。印度进行计算机软件开发的技术人员达到20多万人,其中出类拔萃的高级人才有5万多人,全国已有5800家计算机软件公司,印度是世界上软件公司获得ISO9001认证最多的国家。印度的软件具有质量可靠、价格低廉、时效性强、售后服务好等特点,因此赢得了国际市场的普遍欢迎。目前,美国、英国、日本、德国等发达国家都不同程度地依靠进口印度的软件,阿根廷、墨西哥、阿联酋、沙特阿拉伯、南非、巴林、斐济等发展中国家正在购买印度的软件,中国的某些计算机公司也开始重视印度的软件资源,正在洽商购买事宜。印度的软件公司基本都是通过电信网络同欧美的客户取得联系的,而这个网络本身的软件就是印度人设计开发的,美国航空公司、瑞士航空公司、新加坡航空公司和伦敦地铁的运行软件都是印度人设计的,质量堪称一流,受到用户的高度评价。

软件工业已经成为印度的出口支柱产业。软件产值平均年增长率达50%,生产的软件65%出口。印度出口的软件以定做软件为主,据世界银行对各国软件出口能力的调查结果,印度软件的出口规模、质量和成本三项综合指数居世界首位。印度目前是世界上五大软件供应国之一,是仅次于美国的第二大计算机软件出口大国,印度的软件产品已远销世界91个国家,美国是印度软件产品的最大市场。竞争的优势使印度正在成为世界软件中心,世界许多著名的信息产业公司,如美国的微软公司、奥瑞克公司、国际商用机器公司、摩托罗拉公司、得克萨斯仪器公司、英特尔公司、西门子公司、甲骨文公司等都在印度建立了研发基地,约有30家总部设在英国的公司已经与印度结成软件"战略联盟"。印度大软件公司都力图通过与世界顶尖软件跨国公司合营,引进最先进的研究设施,以掌握最新技术。在《财富》杂志评选出的全球500家大公司中,已有100多家把软件开发的业务交由印度的软件公司去做。

目前,在全球按客户要求设计的软件开发市场中,印度的份额已占18.5%,80%的美国公司把印度作为国外软件来源的首选市场。在印度1998-1999年度出口的软件中,专业服务软件占44.5%,工程软件占36.5%,产品和软件包占7.96%,信息有关服务占5.46%,支持和维修软件占4.25%,培训软件占1.72%。北美是印度软件出口的最大市场,占61%,欧洲占23%,东南亚和日本各占4%,澳大利亚和新西兰占2%,西亚占1.5%,南美、非洲和中国共占4.5%。有花园城市之称的班加罗尔是"印度的硅谷",也是世界上最大的计算机软件出口地区之一,这里有7个软件开发区,加上浦那、海德拉巴、钦内和孟买等地的软件技术园,总数已达17个,单在班加罗尔就有250多家外国公司。未来10年,印度至少会有25个具有最新基础设施和通信条件的信息化城市。

在高等教育之外，产业化的职业教育培养了大批的基础人才、技术工人。成功的产业化的IT职业教育，为印度IT产业培养出大批的第一线工人。印度IT职业教育的特点是，学员只需完成基础教育后，不用进行高等教育，直接进行职业教育就可以实现人才培养，大大降低了培养成本和使用成本，缩短培养周期。在政府的鼓励和支持下，国内外民间资本积极投入IT职业教育，采取各种各样的经营方式，形成了成熟的产业规模。其中最具代表性的就是印度APTECH计算机教育公司，以特许的经营方式推广IT职业教育，已在印度国内及世界30多个国家发展了1500多个教育中心，成为世界上最大的计算机教育机构。目前，印度APTECH的IT职业教育经验已经进入中国，和北大青鸟集团合资成立了APTECH信息技术有限公司，并合作建立了95家教育中心、6家培训中心，遍布全国10省市。具体做法是，请印度老师授课，使用原汁原味的APTECH教材，通过650个学时的培训造就软件业人才。

印度不仅计算机软件享誉世界，计算机硬件也达到了世界先进水平。20世纪90年代初期，印度研制成功了第一台超级计算机——PARAM-900，以微处理器为基础，在性能和价格上遥遥领先于世界上同类机器，每秒运算能力为160亿次，在华盛顿举办的"超级计算机展览会"上受到国际信息技术委员会的一致好评。经过科学的检测和严格的鉴定后，这种超级计算机已经向德国、加拿大和俄罗斯出口。印度人不仅不需要在计算机领域仰人鼻息，而且可以以比较低廉的价格向发达国家出口印度的计算机了。

近年来，印度的科学家研制出每秒能够闪烁10亿次的红光硅质二极管，为研制光学计算机奠定了基础。印度国防部研究与开发组织研制出的每秒可以进行10亿次浮点计算的超级计算机，已经达到了美国克雷公司同类计算机的运行速度。印度新近研究成功的超级计算机具备更为迅速的运算能力，速度可达每秒5000亿次，这种计算机具备进行模拟核试验的功能，只要输入相关资料，即可进行比较可靠的运算。高级计算机研究中心主任巴特卡尔乐观地表示:"今后5年希望达到每秒运算1万亿次。我们正在进入前沿研究领域,只有美国、欧洲和日本是竞争对手,但是它们谁也没有达到每秒运算1万亿次的速度。"

另外,印度国内使用个人计算机的热潮正在蓬勃兴起。随着信息革命的推广和国际互联网的开通使用,个人计算机的普及已经势不可挡,加之印度人进入国际互联网不存在语言方面的障碍,个人计算机的销量直线上升。印度软件和服务公司协会希望到2020年达到每人一台计算机,使印度成为真正的信息技术大国。印度许多计算机公司纷纷确定自己的宏伟目标,争取在国外市场大幅度增加销售,力争在尽可能短的时间内,成为世界上的主要个人计算机出口基地之一。留在人们头脑里的"印度只是软件好"的形象发生变化,外国人对印度的计算机硬件也刮目相看了。

总之,自从20世纪90年代起,印度准确把握了全球化、信息化发展趋势,发挥自身比较优势,大力发展信息产业,加大信息产业的投入,印度经济实现了高速增长。如今,印度的信息产业已成为印度民族经济的一面旗帜,印度信息产业走在了世界前列,其快速发展越来越受到世界的瞩目。截至2006年底,印度信息产业产值为320.3亿美元,软件产业产值为245亿美元,占据了其国内整个IT产业总产值76.5%的份额,软件出口占据了整个印度出口总额的20.4%,全球500强中有近半数企业采用了印度的软件,印度还培育出一批像Tata、Infosys、Wipro等在国际软件行业具有一定知名度和竞争实力的软件大公司。到2008年印度信息产业产值达到870亿美元,其中,软件出口为500亿美元。在欧美科技公司高端职位上,印度人体现了巨大优势:微软的CEO Satya Nadella,谷歌公司的CEO Sundar Pichai,Adobe公司的CEO Shantanu Narayen,诺基亚公司的CEO Rajeev Suri,芯片制造公司global foundry公司的CEO Sanjay Jha,Sandisk公司的CEO Sanjay Mehrotra,甚至连软银集团的副董事长也是印度人。

七、令人震惊：核能开发和利用

印度在核能开发和利用方面走在世界前列，具有令人震惊的核能力。曾几何时，人们对印度的核能力普遍低估，以为它的一些说法不过是虚张声势，但事实是，印度的核能力已经达到了令人不能小觑的地步。

印度的核能研究起步很早。早在独立前的1946年，尼赫鲁总理就提出："印度将发展自己的核研究，我希望印度的科学家将利用原子能为建设服务，一旦印度受到威胁，它必将使用所拥有的一切手段去保卫自己。"1948年，尼赫鲁接受原子能之父霍米·巴巴的建议，建立核决策机构——原子能委员会，负责制定全国原子技术的计划与政策，并负责领导原子技术研究工作。1954年，成立中央政府的原子能部，负责具体执行国家的原子能发展计划，由尼赫鲁亲任部长。后来，设立专门的原子能矿产开采局，负责核资源的勘探和开发。1957年，成立巴巴原子能研究中心。从此，印度的核工业迅速起步并蓬勃发展起来。

起初，印度的核工业主要集中在如何利用核能发电以缓解日益严重的电力短缺。1956年，印度科学家设计和建成第一座原子能反应堆，这也是亚洲首次投入使用的原子能反应堆，另外两座也于1960年和1961年投入使用，从而使印度成为世界上能独立从事原子能发电的少数几个国家之一。长期以来，印度被国际原子能机构作为培训各国特别是发展中国家原子技术人才的基地，每年，大批来自世界各地的原子技术人员在巴巴原子能研究中心接受培训。

目前，印度共有5座核电站：塔拉普尔核电站、拉贾斯坦核电站、马德拉斯核电站、纳罗拉核电站与卡克拉帕尔核电站，每个核电站有2个核反应堆，共有10个核反应堆在运行工作，核电能力为2080兆瓦，占全国发电能力的2%强。另外，还有4座发电量各为220兆瓦的核电站正在建设之中，有12个核反应堆正在计划之中，届时，印度核电能力将达到8000多兆瓦。印度现有9座实验核反应堆，其中7座在孟买的巴巴原子能研究中心，2座在英·迪拉原子能研究中心，另外1座新的实验核反应堆目前正在马德拉斯附近的卡尔帕卡姆建造。印度现有7座重水工厂，年设计生产能力为534吨，可满足其现有核反应堆的需要，印度还计划再建几座重水工厂，使其年生产能力达到1450吨。

印度现有4座核废料处理厂。第一座建于1964年，位于孟买附近的特朗贝，该厂的建成使印度成为当时世界上第5个拥有核废料处理能力的国家。该厂每年可处理30吨核废料，从中可提取8至10公斤钚，印度首次核爆炸所使用的核材料就是该厂生产的。1982年、1986年和1993年，印度又分别在马德拉斯、塔拉普尔和卡尔帕卡姆建立了3座核废料处理厂，年处理能力提高到125吨。这4座核废料处理厂年产钚的总量达400公斤以上。为进一步提高核废料处理能力，印度准备再建造一批核废料处理厂。印度目前共有2个铀浓缩设施，1个建在巴巴原子能研究中心，1个建在迈索尔，分别建于1985年和1990年。

1974年5月，印度爆炸了第一颗核装置，爆炸当量为1.5万吨TNT，与广岛爆炸的原子弹相仿。英·迪拉总理表示："印度进行核爆炸的唯一原因就是要提高国家的威望"，"印度需要从第六个核拥有国的角度考虑问题，而在国际事务中发挥更大作用"。20世纪80年代中期，印度为加速核能的军事应用步伐，在巴巴原子能研究中心建立了核武器研制和核动力潜艇研制两个小组。经过多年的努力，印度不仅掌握了钚的提炼技术，而且在浓缩提炼技术上也取得较大突破，拥有了数量可观的核武器裂变材料。据1997年印度《幕后新闻》披露，印度共有两座核反应堆生产武器级钚，年产30公斤。分析家认为，印度现储存的武器级钚已达500公斤，足够制造100颗当量为2万吨级的原子弹。另外，印度正在仿效英国利用电子生产核反应堆制造核武器，如果将这些商用反应堆计算在内，印度拥有的可裂变物质足以制造390—470枚核武器，这个数量与中国和法国的数量相差无几。

经过几十年的努力和技术储备，印度于1998年5月进行了代号为"沙克蒂行动"的5次地下核试验，举世震惊。这次不同当量、不同规模的核试验，总威力达到5.6万吨TNT当量，充分显示了印度的核技术水平。印度总理瓦杰帕伊按捺不住兴奋的心情，面对情绪狂热的人群，公开宣布："印度进行的地下核试验就是核武器实验，印度已经成为核武器国家。"印度国防部长费尔南德斯也宣称："此次核试验无论是在军事上还是在心理上都将增强印度的势力地位。"印度战略分析研究家纳拉帕托说："印度成功地进行了5次地下核试验，证明了印度拥有高水平的核开发技术，不但可以制造原子弹，而且也具备了研制氢弹的能力。"国际上的许多核武器专家也认为："印度进行的核试验规模大，起点高，尤其是战略核武器与战术核武器同步发展，显示出印度具有不可忽视的核能力。"

图3-12 沙克蒂行动

印度瓦杰帕伊政府铤而走险冒天下之大不韪，在不到48小时之内三番五次进行核试验，引发了一场政治大地震，在印度国内和国际掀起了轩然大波。在印度国内，不少人为印度人民党政府的"勇敢"感到欢欣鼓舞，庆幸印度成为第六个核国家。但不少有识之士为现政府滥用国家资源、引燃南亚地区核竞赛、破坏世界和平而感到忧心忡忡，纷纷谴责瓦杰帕伊政府进行核爆炸"在道义上是可耻的，在政治上是愚蠢的"。在国际社会，几乎所有的国家都强烈谴责和严肃批评印度瓦杰帕伊政府采取的核冒险政策。美国宣布对印度进行经济制裁，取消向印度提供的经济援助，停止同印度的军事合作，并在世界银行和其他国际金融机构反对向印度提供贷款，日本也紧跟着宣布对印度实行经济制裁。美国、日本、澳大利亚、新西兰等国还宣布召回各自驻印度的大使，英国、法国、俄罗斯等国也对印度的举动分别做出了严厉的反应。

值得注意的是，印度已经开始筹建核司令部，以全面负责核武器的部署和控制、核战略方针的制定以及核部队的管理等。印度在发展核武器的同时，还大力发展核武器运载能力，并具有相当大的发展潜力。据西方国家估计，印度现役的"美洲虎"、幻影-2000、米格-27和苏-30等先进飞机均具备携带核弹的能力。已装备部队的射程为150公里的"大地"短程导弹可以运载核弹头。目前，印度正在加紧完善和定型射程为2500公里、载荷1000公斤的"烈火-1"型中程导弹，并批量生产，装备部队。同时，印度正耗资1.5亿美元大力研制射程达5000公里、8000公里和14000公里的"太阳神"洲际弹道导弹和核潜艇。印度计划在21世纪逐步形成由飞机、陆基导弹和潜射导弹构成的三位一体的核攻击能力。

印度正在以前所未有的速度发展核能。自莫迪上台以来，尤其是从他2015年的外交路径上看，印度至少与美国、日本、法国、韩国、加拿大、澳大利亚和俄罗斯正在就核能进行不同程度的合作或者对话。新德里的雄心计划是建造60座核反应堆，到2032年将核电装机容量提升到6.3万兆瓦，到2050年能够利用核能提供25%的电力，即履行减少燃烧化石能源、扼制全球气候变暖的诺言，也令自己成为仅次于中国的全球第二大核能市场。

但是,印度目前的核能现实距离梦想还有相当长的一段路要走。国际原子能组织数据显示,目前全球可运行的核反应堆共442座,另有64座正在建设之中,其中,印度有21座核反应堆已经在运行之中,正在建设的核反应有6座。值得注意的是,虽然印度可运行的核反应堆数量跻身全球前十,甚至超过英国和加拿大,但是核电利用率并不高,核电仅占其总发电量的3.5%。另外,从上述数据上看,印度核电站的发电能力并不高,21座核反应堆的总装机容量不足5500兆瓦。印度还有3亿人面临电力短缺的现状,印度提出的当务之急是提供更多的能源,到2022年让所有人都能用上电。虽然莫迪政府正在大力推进清洁能源,但是短期内,要达到电力全民覆盖的目标仍然得依靠占电力来源超过90%的火力发电(80%)和水力发电(12%)。

八、走向外空:发展航天技术

在外层空间研究方面,印度通过外国技术援助已获得独立发展航天技术的能力,从事这个领域研究的科技人员已有数万。印度的空间技术发展很快,现在是世界上第六位空间大国。

印度在航天方面的研究工作起步很早。1962年,印度成立国家宇航委员会,并建立顿巴赤道火箭发射站。1963年,印度发射第一枚探空火箭。1965年印度建立空间科学技术中心,后来又建立卫星通信地面站。1972年,印度成立空间委员会和空间部,全面管理空间技术的行政、研究与发展。1975年,印度制造出第一颗人造卫星,并利用苏联火箭发射成功。1980年,印度第一次成功地用自己设计生产的运载火箭将自己制造的卫星送上天空,成为世界上继美俄中法日之后第六个具有空间能力的国家。1984年，印度宇航专家拉克什·夏儿马与苏联宇航专家一道航天飞行，这是一次惊险浪漫的外空旅行，它标志着印度人的身影开始出现在地球以外的世界里。

迄今为止，印度已先后发射实验卫星、通信卫星、遥感卫星、侦察卫星、全球定位系统卫星等各类卫星20余颗，并研制了4代运载火箭。印度实施空间计划的最初目标是，依靠自己的力量建立有效的空间工作站：依靠卫星进行不同用途的通讯；通过卫星进行资源调查和管理，进行环境监测；通过卫星进行气象观察；发展和使用本国的卫星、运载火箭和与空间服务配套的地面设施。为此，印度根据本国实际情况，大力发展有效载荷，提高发射和操纵卫星的能力。经过30多年的努力，印度已经实现了这些目标。

印度已成为世界上拥有最大的国内卫星通信系统的国家之一。印度系列通信卫星现有的脉冲转发器除满足国内网络需求外，也可以租给外国使用，其国际商业价值显而易见，印度卫星覆盖面从中亚扩展到中国和澳大利亚，国际通信卫星集团已同印度签订了租赁协议，印度空间组织在国际上的知名度也日益提高。印度遥感卫星技术在国际上也处于领先地位，除印度本土和美国的诺曼外，澳大利亚、中国、瑞士、意大利、巴西和泰国等14个国家的地面站可以收到印度遥感卫星传来的信息资料，特别是印度海洋遥感卫星已经确立了印度在海洋应用领域中的地位，印度现已控制了世界遥感市场的25%。而且印度还将韩国和德国的遥感卫星送上了天，迈出了按计划进入全球商业性发射市场的步伐。

印度人对国际空间科学的贡献引人注目，如利用探空火箭进行高空大气层研究，利用卫星装载伽马射线组合装备和减速位势分析仪进行高能天文学和高层大气研究，设立天文观察站从事"中间层－同温层－对流层"的科学研究，在进行季风实验和国际中间层大气计划等国际科学营地中发挥积极作用，在国际陆界圈大气层研究计划中承担课题，被联合国选定为亚太空间科学技术教育中心。

21世纪以来，印度空间技术呈现快速发展的趋势，取得了世人瞩目的成就。2014年1月5日，印度空间组织在安得拉邦航天中心成功发射GSLV-D5运载火箭，该火箭首次成功应用了印度国产氢氧火箭发动机，使印度成为世界第六个具备低温火箭发动机技术的国家。印度GSLV-D5运载火箭在第三级使用了CE-20氢氧发动机，推力达到了20吨。印度氢氧发动机的研制过程十分艰苦，曾多次遭遇发射失败，这次成功可以说是印度火箭技术的一次巨大飞跃。2014年9月24日，印度曼加里安号进入火星轨道，成为继美国、俄罗斯和欧盟之后，世界第四个成功进行火星探测的国家，也开创了亚洲国家探测火星的纪录，中国火星探测要等2020年以后。

| 第四章 |

宗教信仰：包罗万象

印度人的宗教信仰包罗万象，素有"宗教博物馆"之称。世界各大宗教都可以在印度找到立脚点，许多独特的宗教都可以在印度找到家园：印度教（婆罗门教）、锡克教、佛教、耆那教均发源于印度；伊斯兰教、基督教、袄教、犹太教、萨满教、各异其趣的民间信仰，都在印度拥有大批信徒。在世界各民族国家中，很难找到一个国家像印度这样笼罩在浓郁纷杂的宗教气氛中：人人是信徒、处处有庙宇、村村有神池、户户有神龛。宗教从古及今顽强地支配着印度人的生活，大到国家的政治经济和文化思想，小到人们日常的衣食住行和婚丧嫁娶，无不与宗教密切相连，息息相关。

一、无所不包：印度教

印度教是印度的第一大宗教，信徒占人口总数的83%。印度教是在继承古代印度吠陀教和婆罗门教的基本教义、并吸收佛教和耆那教以及各种民间信仰的基础上于公元4–8世纪形成的。印度教庞杂繁复，无所不包，一应俱全，是一个多种宗教信仰、哲学理论、祭礼仪式、生活习惯、风俗人情的混合体。

印度教的一个显著特点是"五多"：宗教神明多、神明化身多、宗教教派多、宗教教规多、宗教经典多。

印度教神明体系庞大而复杂，大体可分三个层次。第一个层次是"超神"，即印度教所称的全能全智的中性神"梵"，或称"大我"，或称"宇宙灵魂"。它是隐藏在宇宙万事万物乃至诸神背后的"绝对实在"，是规定圣俗两个世界一切现象的原动力，既超越"此岸"又超越"彼岸"，没有人格化，没有任何属性，超越任何经验，无法用言辞描述。第二个层次是"梵"所显现的具体形态，即印度教的三大主神梵天、毗湿奴和湿婆。梵天是创造之神，既创造了好的东西，也创造了坏的东西，四个头面向四个方向，四只手各拿吠陀经、莲花、匙子、念珠或钵，坐在莲花座上，坐骑是鹅拉着的车。毗湿奴是保护之神，又称"遍入天"，肤色深蓝，四只手各拿法螺、仙杖、莲花和轮宝，骑在金翅大鹏鸟或巨蛇身上，肚脐上生出一朵莲花，并有美丽的配偶女神吉祥天女拉克师米及大地女神布弥天陪伴。湿婆是破坏之神，又称"青颈神"，居住深山之中，四只手，四个头，三只眼，狰狞可怕，身骑白色母牛，手持神枪、神弓、战斧和金刚杵，脖子发青，据说是为挽救地球吞下恶魔的毒药所致。第三个层次是人格化的自然物，即神明世界的"芸芸众生"，如太阳神、月神、地母神、母牛、神猿、龙蛇、菩提树、莲花以及男女性生殖器等。总之，印度教既是多神论又是一神论：它崇拜的神多到无以计数（有人说印度教徒崇拜4亿个神），可谓"多神"；同时它将宇宙万物都视为神，"宇宙皆神""宇宙即神"，又可谓"一神"或"泛神"。

图4-1 毗湿奴

印度教神明变化多端，有无数"化身"。创造之神梵天的妻子"辩才天女",即印度教的文艺女神,是梵天本人所创造的,其实也是他的化身。保护之神毗湿奴化身的数目一说是 6 种,一说是 10 种,一说是 12 种,还有一说是 22 种,从未有过确切的定论。印度教的教科书一般把毗湿奴的化身定为 10 种:鱼、龟、野猪、侏儒、人狮、持斧罗摩、英雄罗摩、勇者克里希那、佛陀释迦牟尼、白马。破坏之神湿婆也有许多化身,最常见的有:兽主、林加(男性生殖器)、舞王、苦行者、半女相、三面相、六手拜拉布等。湿婆之妻乌马女神即力量女神,也有 20 余种化身,如难近母、迦梨女神、德维、杜尔迦、米娜克希等女神,其中既有慈眉善目、满面春风的少女形象,也有狰狞可怖、口滴鲜血、手持利刃的恶刹面目。印度教神明变化多端的另一个表现是,同一个神具有许多不同的名字,湿婆和他的儿子究竟有多少个名字谁也说不清。总之,印度教的神灵形象可谓千变万化,变幻不定,神秘莫测:既有人有兽,也有半人半兽,还有神;既可人变神变兽,也可兽变人变神;即可一变多,也可多变一。这种神、人、生物、非生物之间神秘怪诞的互变,是泛神教世界的一大特征。

　　印度教由于对主神及其化身、配偶、子神和守护神以及教义的不同崇拜和信仰,导致了教派林立,繁复驳杂。毗湿奴教派有许多分支教派,其中主要的有四个支派:黑天派、罗摩派、札格纳特派、薄伽梵歌派。黑天派主要崇拜毗湿奴的化身黑天,即克里希那,盛行于恒河流域和孟加拉。罗摩派崇拜《罗摩衍那》中的英雄罗摩及神猴哈奴曼。札格纳特派是毗湿奴教派的重要支派,该派的突出特点是极端的宗教狂热及宗教仪式的豪华。薄伽梵歌派具有"众生平等"的思想,只要追求代表宇宙精神的"梵",人人都可达到解脱的最高境界。湿婆教派也有很多分支教派,其中主要的有三个支派:乌马派、林加派、性力派。乌马派主要崇拜湿婆之妻即雪山女神乌马,她被视为降魔女神。林加派主要崇拜湿婆的化身林加即男性生殖器,象征他的创造力,该派否认《吠陀》权威,反对斋戒、祭祀和朝圣,主张男女平等。性力派主要崇拜湿婆之妻乌马的化身杜尔迦女神，该派公然提倡性欲。

印度教没有首尾一致、明确连贯的教义，教规礼仪复杂多样。印度教是崇尚神明的宗教，但也有无神论的理论；是禁欲的宗教，但也有纵欲的理论。印度教实行多种宗教仪式，有家庭祭祀和公共祭祀，有祖先祭、天神祭、精灵祭、水火日月雷电祭。札格纳特派的宗教礼仪豪华而狂热，在举行大祭时，很多教徒往往投身于载着札格纳特神像的车轮下，活活轧死，以为这样可以升天。性力派则把性交作为宗教仪式，主张借性力达到解脱，常常推选一位女子扮作女神，人们相信与其发生性关系可以达到与神合一的目的，男女信徒深夜实行"轮座"，即按宗教规定男女杂交。一个正统印度教徒一生要进行多种礼仪，一般有16圣礼：受胎礼、成男礼、分发礼、出生礼、命名礼、出游礼、哺养礼、结发礼、剃发礼、入法礼、归家礼、结婚礼等。

印度教没有像基督教《圣经》和伊斯兰教《古兰经》那样唯一的经典，而是信奉可以车载斗量的史书文献、神话传说。印度教信奉的经典，除了4部《吠陀本集》外，还信奉作为吠檀多哲学来源的数百种《奥义书》和《森林书》、可视为历史文献的《往事书》《摩奴法典》等几十种法典、《摩诃婆罗多》和《罗摩衍那》两大史诗及其片断《薄伽梵歌》、若干宗教圣人传记，以及印度教在发展过程中产生的其他大量经典著作。

印度教的另一个显著特点是"男尊女卑"。印度教男尊女卑、重男轻女：生儿子是父母的功德，女大不嫁是父母的罪过；没有儿子是最大的不幸，一个人死后必须由儿子举火焚尸，主持火葬仪式，死者才能升天托生。印度教男尊女卑体现在方方面面，要者有：童婚制、嫁妆制、神奴制、寡妇殉夫制。

印度教主张童婚。童婚基于宗教、经济和贞操观念。印度教最早的《摩奴法典》教诲父母："女儿要在8至12岁完婚"，女孩早嫁遂成为神圣的宗教义务和父母的基本职责。如果女儿不能早早嫁出去，父母的宗教地位便受到影响，被认为犯了宗教忌讳。印度教徒都希望自己的孩子

第四章　宗教信仰：包罗万象

早婚，这样既履行了宗教义务，也减轻了嫁妆带来的经济负担，并避免了"红杏出墙"招致的麻烦。以前许多女孩子还在吃奶，便做了未婚妻，今天有的七八岁正在发育的女孩已为人妻。目前，印度有三分之一的县，女子结婚的平均年龄为15岁。

印度教盛行嫁妆制。《摩奴法典》规定："媳妇如能带来充足的财富，女性受到尊敬，神就喜悦。一切愿望幸福的男人应该不惜一切代价继续供给女儿各种装饰品、衣物及食品。"嫁妆制遂成为提高和显示妇女地位的一种定制，也成为导致妇女悲惨命运的根源之一。女子出嫁必须陪嫁，嫁妆数额与日俱增，有的新娘因嫁妆少，过门后受到夫家种种嘲弄和折磨，甚至被丈夫或公婆活活烧死，也有的甚至结婚多年，是几个孩子的母亲，终因娘家无力补偿嫁妆而被迫致死。

印度教将贞节视为妇女最崇高的美德，一个女人今生只能结婚一次，而男人则可结婚无数次，寡妇必须坚守贞节，守寡至死，不能再嫁。寡妇被视为不祥之物，失去做人的权利：在家中忍受各种冷遇、责备和虐待，如牛马一般从事繁重的体力劳动；在社会上受到排斥，被人厌恶，失去一般已婚女子的各种待遇和权利，不能穿花色衣服、佩戴首饰，有的还剃光头发以别于常人。更甚者，印度教崇尚"萨蒂"制，即寡妇跳入焚烧其夫尸体的火中，活活把自己烧死，自焚殉夫。印度教认为，"萨蒂"制是妇女至高无上、无与伦比的高尚行为，这样可获得升天的机会。

印度教的再一个显著特点是"种姓制"。印度教的种姓制无异于人间藩篱，与生俱来，世代相袭，等级森严，世所罕见。它将人分为婆罗门、刹帝利、吠舍、首陀罗四个种姓，此外还有一个等外种姓，即"贱民"或"不可接触者"，实际上是第五个等级。种姓制自产生后不断分裂衍化，每一个等级都分化成许多更小的集团，即亚种姓，今日印度教中已有上万个亚种姓。种姓制表现出职业世袭、内部通婚、等级区分和社会隔离等特征。

各种姓有自己的传统职业，构成一个世袭的职业集团，世世代代从事某种固定不变的职业，不能轻易更改。婆罗门从事文化教育和祭祀，刹帝利从事行政管理和打仗，吠舍从事商业贸易和买卖，首陀罗从事各种手工劳动和农业，贱民从事最低下的工作。

各种姓有自己的通婚范围，构成一个严格的内婚制集团。只许在同种姓内部通婚，各种姓之间不许通婚。在特殊情况下，高级种姓男子可以与低级种姓女子结婚，这叫"顺婚"，但低级种姓的男子不能与高级种姓的女子结婚，这叫"逆婚"，否则高级种姓者被开除出种姓之外。

各种姓有自己的等级地位，构成一个森严的等级制度。其地位高低贵贱以婆罗门、刹帝利、吠舍、首陀罗、贱民顺序排列。从事神圣高贵的宗教职业的种姓，其地位最高最优越；从事卑污下贱的肮脏职业的种姓，其地位最低最受歧视。

各种姓有自己的社交圈子，构成一个相互隔离的交往集团。种姓集团之间一般不交往，不在一起吃饭、饮水。只能吃同种姓或高于自己种姓的人做的"生食"，也可以吃低于自己种姓的人做的"熟食"。婆罗门做的任何食物其他种姓都可以吃，而首陀罗和贱民做的任何食物其他种姓都不能吃。

印度教的另一个显著特点是虔诚繁杂的主张。印度教主张"业报轮回"，认为善恶有因果，灵魂有轮回，生命并非以生为始、以死为终，而是在无穷无尽、无始无终地轮回。在现世行为良善者，其灵魂可入天国，从而得到解脱；反之则要堕入地狱，来世转生为贱民或畜类，遭受更深重的苦难。印度教主张"非暴力"，认为任何形式的暴力都是罪恶，精神、真理与道德的力量是不可抵抗的，它终将战胜一切邪恶和暴力。印度教主张人生有"五大债务"，即：结婚生子，繁衍后代，以还"祖债"；每天敬神，举行祭祀，以还"神债"；学习授业，著书立说，以还"仙债"；招待客人，款待邻居，以还"人债"；饲养鸟兽，爱护动植物，以还"鬼债"。印度教主张人生有"四大目的"，即："法"，指宗教与宗教所规定的各个种姓的天职;"利",指物质生活条件和财富;"欲",指物质生活享受,特别是感官享受的情欲;"解脱",指从物质现实中超脱出来,达到精神升华,脱离生死轮回的束缚。印度教主张人生有"四个阶段",即:"独居期",25岁之前独居学知识做人;"家居期",25—35岁成家立业;"林居期",50—75岁离家入山,修身养性;"出家期",75岁以后舍俗出家,四处漫游,乞讨为生,度过残年。

总之,印度教汇合了许多宗教体系和精神文化,内容庞杂,一应俱全。有人说,它既是有神论的宗教,又是无神论的宗教;既是禁欲主义的宗教,又是纵欲主义的宗教;既是一种宗教仪式,又是一种生活方式。马克思曾形象地指出,印度是一个淫乐世界与一个悲惨世界的结合,"这样奇怪地结合在一起的现象,在印度斯坦的宗教的古老传统里早就显示出来了。这个宗教既是纵欲享乐的宗教,又是自我折磨的禁欲主义的宗教;既是林加崇拜的宗教,又是札格纳特的宗教;既是和尚的宗教,又是舞女的宗教"。印度教对印度人生活的方方面面产生了持久而深刻的影响。

笔者2005年、2013年、2018年在印度进修、讲座和开会期间,切身感受到了宗教影响的无处不在。每家房子里都摆有神龛,家人们按时拜神;公交车上摆着或挂着象鼻神,保佑出行安全;报纸上的征婚广告里,首要征婚条件就是种姓要求,等等。

印度有许多有名的各具特色的印度教神庙,下面简要介绍笔者参观过的几处印度教神庙。

拉克希米·纳拉扬神庙建于1622年,1933－1939年由比拉家族重建,因此又称比拉庙。1939年由圣雄甘地为其揭幕,并提出任何种族和宗教信仰的人都可入内参观。拉克希米·纳拉扬神庙不仅历史悠久,且建筑风格独特,整个建筑富丽堂皇,色彩鲜艳夺目,气势宏伟壮观。外观以红黄色为主,底部是巨大的红色基座、中间是黄色的神殿、顶部则是三座紫红色高塔,这样的布局遵循了印度教庙宇典型的"前殿后塔"

风格。尖顶的三座高塔上镶嵌着白色大理石浮雕和栏杆，整座建筑颇为气派。寺庙内供奉的主神为象征着财富、美丽和繁荣的吉祥女神 Lakshmi 和她的丈夫 Narayan（即三相神中的护持者毗湿奴）。

卡朱拉霍神庙位于印度首都新德里东南约 600 公里的中央邦北部，印度教性文化最集中最完美的代表，也是千年前印度雅利安建筑艺术的杰出代表。卡朱拉霍神庙目前仅存 25 座，分东、西、南三大群落。在公元 9—13 世纪，卡朱拉霍曾是印度很有势力的昌德拉王国的都城，印度教在北方的重镇。公元 950 – 1050 年是王国的鼎盛时期，在方圆 10 公里的范围内建有 85 座壮观的印度教和耆那教石雕神庙，14 世纪外族异教势力入侵并控制整个印度次大陆，摧毁了大部分神庙。卡朱拉霍性爱神庙因其独一无二的造型艺术在 1986 年被联合国教科文组织认定为世界文化遗产。

阿克萨达姆神庙是印度新德里东郊的一组印度教寺庙建筑群，这组占地 100 公顷的印度教寺庙建筑群是由 11000 人用 5 年时间于 2005 年建造成的世界最大的印度教寺庙，载入了吉尼斯纪录，耗资 20 亿卢比（相当于 2 亿人民币）。庙宇群内有 2 万多尊神像，包括：奎师那，西塔，拉姆，帕尔瓦蒂－马哈德夫，拉克西米－纳拉亚纳，Revati－巴尔拉姆，萨维特里，梵天，纳尔纳拉扬和 Aksar-Purushottam 等神灵。另外，还有数以万计的各种动物的精美雕像，草坪、花园和喷泉等点缀其间，配套有现代科技手段的展厅，全景画廊、电影厅等，是现代与传统的完美结合，用现代科技手法展示了古老的印度教文化和精神。

二、真主至上：伊斯兰教

伊斯兰教是印度的第二大宗教，信徒占总人口的 12%，仅次于印度教。"伊斯兰"的意思是"顺从"，伊斯兰教徒叫作"穆斯林"，意思是

"顺从者"，意即顺从至高至上的真主安拉。伊斯兰教发源于阿拉伯半岛，后传入印度。作为一种外来宗教，伊斯兰教与印度教经历了对立与融合的过程，对印度人的社会风俗、宗教生活、文化艺术等产生了很大影响。

伊斯兰教分两支传入印度：一支由南路传入，公元8世纪左右，阿拉伯商人和波斯商人沿印度西海岸定居，并同非穆斯林通婚；另一支由北路传入，12世纪左右，居住在阿富汗一带的穆斯林入侵印度，并建立了穆斯林政权。穆斯林主要集中在印度北部和西南部，在克什米尔处于多数。印度穆斯林分为逊尼派和什叶派，其中绝大部分为逊尼派，人数占穆斯林的80%左右。

印度教和伊斯兰教是两种不同的宗教文化体系。印度教徒和伊斯兰教徒的宗教信仰、世界观和生活习俗截然不同，甚至完全对立：印度教是多神教，崇拜成千上万的神，信仰无以计数的经典，伊斯兰教是一神教，信仰《古兰经》，只崇拜至高无上的唯一的真主（安拉）；印度教强调个人解脱，主张拯救来自"梵我如一"，即通过个人冥想和修炼达到与"梵"或"终极现实"的合一，伊斯兰教则宣称，拯救来自"先知"（穆罕默德）带来的安拉启示，人应服从真主的意志；印度教相信轮回转世，伊斯兰教则相信世界末日审判；印度教崇尚偶像、音乐和舞蹈，寺庙热闹喧哗，而伊斯兰教不崇尚偶像，清真寺朴实无华，环境安静；印度教徒的精神生活以印度为中心，尊恒河和喜马拉雅山为圣地，以能到这些地方巡礼为骄傲，穆斯林的精神生活向往是阿拉伯地区和圣城麦加，在规定的日子里每日象征性地向朝圣地方祈祷膜拜；印度教的许多神是女的，印度教徒把母牛作为女神和丰产的象征来崇拜，而伊斯兰教徒则只崇拜男子气的安拉，只有男人才能进清真寺，妇女在公共场所要戴面纱等；虔诚的印度教徒一般不杀生、苦行、不食牛肉，他们以牛为圣物，牛闯入住户家中，主人不仅不恼怒，反而认为是吉祥之兆，而伊斯兰教徒则有吃牛羊肉的习惯，伊斯兰教历太阴年十二月一日是他们的宰牲节，每逢节日，穆斯林便杀牛宰羊，在伊斯兰教的宰牲节印度教徒死后实行火葬，一般在焚尸场或河边焚烧，而穆斯林死后实行土葬，尸体沐浴后用白布裹起下葬。

图 4-2 穆斯林在祈祷

印度教徒和穆斯林在社会、政治、经济、教育方面也是隔阂重重，大相径庭：伊斯兰教主张神权政治和政教合一，印度教则缺乏这类概念；印度教奉行种姓制度，认为人天生是不平等的，而伊斯兰教则具有平等思想，认为所有穆斯林都是兄弟；印度教徒和穆斯林分居在各自的居住区，互不通婚，也不能共同进餐，经济上很少往来，印度教徒从不到穆斯林开设的商店里买东西；由于许多种姓地位低下的印度教徒和"不可接触者"为摆脱自己的悲惨命运，纷纷改宗皈依伊斯兰教，所以印度教徒和穆斯林的社会地位很悬殊；印度教徒和穆斯林的经济地位很不平等，穆斯林在经济方面大大落后于印度教徒，印度80%以上的人口分布在农村，穆斯林的农村人口占全国穆斯林总人数的73%，城市穆斯林人口占全国穆斯林人口总数的27%，农村穆斯林大多属于雇工和贫农，中农和富农很少，城市穆斯林多半从事编织业、卷烟业、屠宰业、制鞋业和脚镯生产等手工业或苦力、车夫和清洁夫等体力劳动，而农村的地主和城市里的工商业主大都是印度教徒，全国高利贷行业几乎都掌握在他们手里；印度教徒和穆斯林在文化教育方面差异也很大，由于生活贫困，许多穆斯林没有受过现代教育，在他们看来，送子女进学校接受教育，还不如让他们早些干活减轻家庭负担，因此穆斯林文盲较多，文化水平低下，高级知识分子大都是印度教徒。

伊斯兰教传入印度后，便开始了伊斯兰教文化与当地文化特别是印度教文化的相互对立冲突又相互影响融合的过程。伊斯兰教对印度文化和人民生活产生了广泛的影响：伊斯兰教一神论、宗教平等和积极进取等思想的冲击，直接推动了印度教的改革运动，引发了"虔诚派运动"的兴起和发展；在伊斯兰教的冲击下，许多低级种姓的印度教徒改信了伊斯兰教，低级种姓数量减少，使印度教种姓结构发生了重大变化，而印度教徒为了保护自己的宗教，对种姓制度作了更加严格烦琐的规定；在伊斯兰教冲击面前，印度教徒对婚姻制度作了更严格的规定，加强童婚，高级种姓戴面纱，严禁寡妇再嫁，大力提倡寡妇为夫殉葬；伊斯兰教的建筑格调被印度建筑艺术所吸收和运用，形成了新的建筑形式，如带有高塔的清真寺、圆形屋顶的陵墓等，其外形有精确的几何图形，内部开阔明亮，完美的对称形式和各种颜色的巧妙配合；伊斯兰教艺术对印度的绘画和音乐也产生了重要影响，人物画、飞鸟走兽画以及植物花草画等都很形象逼真，代替了宗教男女神像画，绘画艺术注重形象美和色彩的有机搭配，穆斯林音乐家创造了新的流传至今的旋律框架拉格，创造了新的节拍，发明了乐器七弦琴和手鼓等。

与此同时，伊斯兰教也受到了印度教文化的影响。阿拉伯穆斯林接触了印度文明，吸收借鉴学习了印度文学、音乐、绘画、医学、数学和哲学等，受益匪浅，奠定了阿拉伯伊斯兰文化的基础。伊斯兰教本身也染上了印度色彩：受印度教种姓制度的影响，穆斯林内部也有了种姓之分，据调查，穆斯林中的种姓集团在印度全部无产者和半无产者中约占20%，在城市商业资产阶级及其附庸中约占19%，在城市知识分子和官吏中约占11%，在农村地主富农中约占5%，在贫农和中农中约占5%，在雇农中约占7%；印度教的嫁妆制和童婚制也影响了伊斯兰教，穆斯林女子出嫁时也要陪嫁妆，传统的嫁妆通常是生活必需品或装饰品，近年来嫁妆发展到电视机、摩托车甚至小汽车。

虽然伊斯兰教和印度教有一定程度的融合，但这种融合不是很深。整个看来，传到印度的伊斯兰教并未"印度化"，而是作为一个独特的、对立的部分同印度教并存。印度的穆斯林是一个受到挫伤的民族，他们的心情是矛盾的：一方面，穆斯林曾经是印度的统治者，曾一度在印度居支配地位，他们祖先留下来的城堡、清真寺、圆顶屋，点缀着印度大地的自然景色，成为他们的骄傲；另一方面，他们大部分生活在较贫困之中，缺少知识，缺少强有力的领袖人物，在文职人员的就业方面没有得到应有的份额，在政府立法机构中也没有得到相应数额的席位，印巴分治后，大量的人力和财力分离到了巴基斯坦，使印度穆斯林的力量大大削弱。穆斯林对自己的地位日益不满，要求政治权利平等和经济公平的呼声不断高涨，而在印度教徒看来，穆斯林只不过是外来的侵略者或印度教的反叛者，是穆斯林分裂了印度，他们现在所忠于的是巴基斯坦而不是印度，只有印度教徒才是印度的真正主人。

印巴分治后，印度国内的印伊教派矛盾并未一劳永逸地解决，几乎仍有一半的穆斯林留在印度。"分家"后的兄弟俩仍一直不和，冲突不断，印度国内的教派矛盾也一直未息。当印度与巴基斯坦两国关系恶化时，穆斯林就处于某些嫌疑之中。在印度教徒与穆斯林相毗邻的城镇，有时关系非常紧张，只需一个谣言、一次扭打，甚至对猪或牛做一些侮辱，顷刻间就可能造成严重冲突。在教派政治下，宗教成了一种有力的工具，政治家利用它拉选票，捞取权力，达到政治目的。许多起教派冲突都有政治背景，有的甚至就是教派主义政治家直接煽动的。20世纪70年代以来，随着一些伊斯兰国家出现"伊斯兰复兴运动"，南亚地区伊斯兰原教旨主义势力上升，这反过来又促进了印度教复兴主义的兴起和反穆斯林情绪的增长。具有印度教原教旨主义特点的印度人民党执政后，强调"印度教特性"，煽动教派冲突，使印伊教派矛盾更加激化，围绕阿约迪亚"庙""寺"之争发生的流血事件就是一例。

早先，教派主义和教派冲突大多发生在北印度，但现在已经扩大到了南印度，而且越来越有继续蔓延的趋势。过去，教派冲突一般仅限于城市，但现在已经扩散到了广大的农村地区。据印度政府统计，1988年在全国452个县中，发生教派冲突或教派关系紧张的县有88个，到1989年已增加到110个。在有些邦，教派骚乱甚至扩大到了大学校园。暴力活动的烈度也在上升，在1992年阿约迪亚寺庙被毁后爆发的全国性教派冲突中，约有2000人死亡，5500人受伤，其中2/3是穆斯林。2002年印度教徒与穆斯林在古吉拉特邦发生暴力冲突，印度教暴徒袭击穆斯林聚居区，纵火焚烧穆斯林房屋，暴力冲突中超过1000名穆斯林丧生，印度教徒也有很多人丧生。2006年古吉拉特邦的教派冲突再次发生，当局要清拆一座清真寺，遭到穆斯林强烈反对，并触发穆斯林和印度教徒冲突，持续多天的冲突又造成多人死亡，超过70人受伤，其中有10名警察。印度穆斯林与印度教徒的矛盾冲突将会继续下去。

随着时代的变化，印度穆斯林的情况也在发生变化：穆斯林妇女戴面纱的越来越少，女子上学受到教育和参加工作的人在增多；按教义规定，穆斯林男子可以同时娶四个妻子，但现在更多的人喜欢只娶一个妻子。总之，印度穆斯林在变化中。

印度拥有众多令人叹为观止的景点，不少是历史悠久的清真寺，拥有令人印象深刻的建筑设计和极其令人惊叹的装饰。从北部的克什米尔到南部的喀拉拉邦，美丽的清真寺比比皆是。

位于老德里古城东北角的贾玛清真寺，是莫卧尔王朝的贾罕吉尔皇帝下令于1650年开始建造，历时6年时间建成，它是与沙特阿拉伯的麦加大清真寺、埃及开罗的爱资哈尔大清真寺齐名的世界三大清真寺之一，寺院可容纳25000名信众。远远望去，三座弧形突起的白色圆顶和两座高耸的尖塔，其形象的魁伟和气势的雄壮，令人起敬。

位于新德里200多公里外的北方邦阿格拉城内、亚姆纳河右侧的泰姬陵，全称为"泰姬·玛哈拉"，是一座白色大理石建成的巨大陵墓清真寺，是莫卧儿皇帝沙贾汗为纪念心爱的妃子于1631—1653年建成的，由殿堂、钟楼、尖塔、水池等构成，全部用纯白色大理石建筑，用玻璃、玛瑙镶嵌，具有极高的艺术价值，是印度穆斯林艺术最完美的瑰宝，是世界遗产中的经典杰作之一，被誉为"完美建筑"，又有"印度明珠"的美誉。泰戈尔说，泰姬陵是"永恒面颊上的一滴眼泪"。泰姬陵超越了简单的建筑学意义，默默地美丽着，不为别的，只为世人心中那一点对爱情的美好向往。

位于克什米尔斯利那加达尔湖畔的白色大理石清真寺，以包含遗物而闻名，清真寺名称来源于乌尔都语，意思是"受尊敬"，克什米尔语意思是"地方"，被认为是查谟和克什米尔最神圣的圣地。这座清真寺建于20世纪，地理位置优越，周围环绕着克什米尔山脉，享有标志性的达尔湖的壮丽景色。

位于喀拉拉邦的切尔拉曼朱玛清真寺可以追溯到公元629年，被认为是印度的第一座清真寺，由阿拉伯马利克德纳尔建造，他被认为是先知穆罕默德的当代人，以及次大陆的伊斯兰教传播者。这个古老的建筑多年来经过多次翻修，它的第一次翻修可以追溯到公元11世纪，除了独特的喀拉拉邦的建筑风格外，这座具有里程碑意义的清真寺还包含一盏古老的油灯，被认为已连续燃烧了一千多年。

德里南部约15公里的古塔卜塔遗址群是早期伊斯兰教势力入侵印度的代表性建筑，1993年入选世界文化遗产。由德里苏丹王朝的创造者艾巴克（1206－1210年在位）始建于1193年，整个遗址区域包括：顾特卜高塔、威力清真寺、铁柱及阿拉依高塔。古塔卜塔位于威力清真寺东南角，高72.5米，为印度最高的伊斯兰尖塔，又被称为"胜利塔"，作为中亚穆斯林成功入侵并占领印度的纪念碑。尖塔既保持着伊斯兰建筑特有的几何形结构的清晰严谨，又兼具波斯与印度混合装饰浮雕图案的绚烂自然风格，别具一格。

三、上帝万能：基督教

基督教是印度的第三大宗教，信徒占印度人口的 2.3%，仅次于印度教和伊斯兰教。"基督"的意思是"救世主"，基督教信仰万能的上帝及其儿子耶稣基督。

基督教是外来宗教，产生于亚洲西部的巴勒斯坦，后逐渐流传于亚非欧美澳各洲，成为世界性宗教。

相传，基督教于公元 1 世纪中叶由耶稣基督的 12 使徒之一圣·托马斯传入印度。当时，一位印度商人以 20 枚银币的价钱买下了圣·托马斯，把他带回印度。印度人有发达的宗教哲学，精于宗教探讨，因此圣·托马斯在印度传播基督教初期遇到了很大阻力，收效不大，后来逐渐在西南印度的喀拉拉地区发展了信徒，使基督教最终传播开来。现在，南印度许多教堂都有圣·托马斯的画像。

稍后，另一位传教士圣·巴托罗梅也在西印度传播基督教，并在孟买附近形成了一个基督教大本营。15 世纪，葡萄牙人第一次抵达印度时，印度西海岸的 17 个王国中流行基督教，有 50 多个据点，10 万名信徒，当时的基督教徒享有很高的地位。

17 世纪初，意大利人诺比利抵达印度果阿，传播基督教。他入乡随俗，身穿橘黄色罩袍，遵守印度教婆罗门种姓的生活习俗，酷似印度苦行僧。他活动于泰米尔地区，精通印度哲学和宗教思想，用梵语同当地婆罗门讨论宗教问题，试图从高种姓中得到支持。到 17 世纪末，诺比利及其助手已经发展了 15 万名基督教徒。

随着葡萄牙人、丹麦人、法国人和英国人在印度的殖民，这些国家的各类基督教会组织都在印度传教。印度基督教徒主要分布在南部、东北部以及各大城市。喀拉拉和泰米尔地区基督教徒最多,其他邦也都有基督教区,在部落民较集中的东北部各邦中,有几个邦基督教徒占多数。基督教分为天主教、东正教、新教三大派别,其下又有许多小教派。印度的基督教徒主要为天主教和新教。

基督教是典型的一神教。它宣称,除唯一的真神上帝之外,一切其他的神都是虚假的;人类从始祖亚当和夏娃起,就犯了"原罪",并在罪中受苦,只有信仰"三位一体"的上帝及其儿子耶稣基督和圣灵才能获救;要忍耐顺从,博爱宽容,视敌如友,"不要与恶人作对。有人打你的右脸,连左脸也转过来由他打";上帝面前,人人平等。

基督教在印度的传播,对启发民智、发展教育卫生事业以及破除印度教陈规陋习曾起过一定的积极作用,基督教的博爱宽容、视敌如友的说教对许多人的思想,特别是圣雄甘地的思想产生了很大影响。然而,基督教在印度的传播步履维艰,其中的一个原因与它的教义有关。基督教认为耶稣基督是上帝唯一的儿子,只准信仰上帝,排斥其他一切神明,这与信仰无数神明的印度教教义相冲突。而且印度人内心有一种追求超越现世的欲望,基督教无法满足他们的这一愿望,基督教徒过于世俗的生活方式使他们感到基督教无法使人超脱。此外,近代基督教在印度的传播与殖民征服联系在一起,作为一个教派,基督教徒基本上是站在殖民统治者一边的,他们与印度社会的主流保持有一定的距离,对印度人来说,基督教是与物质文明和较为强大的西方人的统治分不开的。

印度独立后,由长老会派和公理教会派组成的"联合教会"与马德拉斯、特拉凡哥尔、廷内韦利、多纳卡尔4个圣公会主教管区正式联合,成立了"南印度教会",统一领导天主教与新教各组织的活动,它还同路德教派、浸礼教派对话,谋求联合。北印度也成立了"印度天主教会议"等组织。近年来,印度基督教组织在国际上非常活跃。

印度的基督教受到印度教的影响,基督教徒的生活方式有些印度化了。在基督教徒中,也存在种姓制度,不同出身和不同职业的人不在同一个教堂做礼拜。一些贱民不甘忍受种姓歧视，个人或集体皈依基督教，引起正统印度教徒的不安。在新德里、马德拉斯等大城市，有时会看到基督教徒举行盛大的宗教活动，活动场所布置和活动方式与西方基督教徒类似。

基督教徒和伊斯兰教徒一样，为印度教的极端势力所不容，因为它们分别是殖民统治和外国征服者的产物。

2008年8月，极端印度教团体印度青年民兵在印度东部奥里萨邦展开对基督徒的大规模攻击，杀害基督徒并纵火焚烧教堂、孤儿院及信徒的家。在奥里萨南部暴力活动最猖獗的坎达马地区，当地居民约60万人，其中15万人皈依基督教，许多头绑布条的印度教徒青年，拿着棍棒当街追打任何被疑似基督徒的路人和车辆，乘客甚至被拉下车，遭到暴民无情的棍棒殴打直到倒地。据人权组织表示，"印度传教"分子全省串联，烧毁数十座教堂和聚会场所，基督教孤儿院一名老师或是学生惨遭烧死，一名修女遭到轮奸，并有数千基督信徒被迫逃至邻近山上，忍受饥寒和蚊虫叮咬，不敢下山。因担心亲友安全而下山的基督教徒，则被迫削光头发表示忏悔，并强迫重新皈依印度教。警方表示，坎达马地区发生的八月攻击事件，造成至少38人丧生。

随着2014年莫迪的上台，印度教的狂热势力开始频繁进入公众视野中。尽管莫迪一再强调印度尊重宗教自由，但这一自由似乎仅仅维系在上层建筑领域，印度教极端分子在民间发起的宗教冲突开始增多。当年圣诞节前夕，一群极端印度教徒闯入位于印度北部阿里格尔一个以印度教徒为主的村落，冲进教堂，在教堂的讲坛上摆上印度教神像，意欲将其强行改造成一座印度教寺庙。早前，阿里格尔的印度教信徒便在公共场所派发传单，警告印度教徒不要参与圣诞节相关的活动。而在其他城市，基督教徒、唱诗团等基督教组织亦遭到威胁，甚至遭到当地警察羁押。2017年12月阿里格尔的基督教徒聚集在教堂内，欢庆圣诞节的到来，一群疑似印度教徒的男人聚集在教堂外，其中一人混入教堂，对演奏圣歌的乐器大肆毁坏，并持刀攻击教堂内的教徒，尽管没有人在这场冲突中受伤，但这惊魂一刻却令一心迎接圣诞节的基督教徒们无法忘却。

四、崇尚五K：锡克教

锡克教是印度的第四大宗教，教徒约占印度人口的2%，次于印度教、伊斯兰教和基督教。锡克教徒被称为锡克人。

锡克教以崇尚五K而著称，锡克教徒的"五K标志"是：戴长梳缠头巾（Kanga）、蓄长须留长发（Kesh）、穿短裤着长衣（Kachh）、手戴铁镯（Kara）、身佩短剑（Kirpan）。这五K成为锡克教的标志性特征。

锡克教发源于印度，是印度教和伊斯兰教两大文化融合的产物。"锡克"的意思是"学生""弟子""信徒"。锡克教的创始人是那纳克，他于16世纪初在"虔诚派"（巴克提）运动影响下，吸收和杂糅了印度教的业报轮回思想和伊斯兰教苏菲派神秘主义理论，以旁遮普为基地，创立并传播锡克教。

锡克教主张一神论，只信仰唯一的真神，反对印度教的多神论；主张简化宗教仪式，反对任何形式的偶像崇拜，反对印度教的祭祀制度和烦琐的教规礼仪；主张平等友爱，反对印度教的种姓差别和男尊女卑，禁止歧视妇女的童婚制、寡妇殉葬制、面纱制和深闺制，号召消除教派对立和冲突；主张业报轮回，提倡自我修行。

锡克教徒尊称其教长和祖师为"古鲁"，即"师尊"，先后共有十位师尊。以后虽有继任者，但不再称为师尊。按照规定，凡承认锡克教义、十位师尊和锡克教经典《格兰特》者，皆可成为锡克教徒。

第四章　宗教信仰：包罗万象

　　从第一代师尊到第五代师尊，锡克教沿着和平的道路发展，敦睦友爱。锡克教逐渐有了固定的组织形式，采取了师尊权力世袭制，要求教徒们绝对服从师尊并把他奉为神明。第四代师尊拉姆达斯与莫卧儿帝国阿克巴大帝交往密切，阿克巴大帝赏赐给锡克教徒一块在阿姆利则的土地建立金庙。

图 4-4　阿姆利则金庙

　　阿姆利则金庙有大小19个圆形屋顶，皆贴满金箔，在阳光照耀下璀璨夺目，故有"金庙"之称。金庙规模宏大，总面积达10公顷，呈长方形，外具城堡格局，四周围墙高4米、宽6米，四角设有贴金的圆顶，可做瞭望台用。庙内分设圣殿、香客休息室、诵经堂、法师起居室等12个区域。朝拜者在进入大门前，必须用白布包头，脱鞋，以示对锡克教尊敬，进门后须吃一口庙方提供的斋食，以示对锡克教的善意。圣殿是金庙的中心，这是一个大金圆顶的两层建筑，里面存放着经典《格兰特》和珠宝，走廊挂满记录锡克人反对外来侵略压迫的绘画。整个金庙外观呈乳白色，坐落在苍翠高大的菩提树和榕树丛中，远眺酷似万绿丛中一颗灿烂的珍珠。

　　阿姆利则从此成为锡克教运动的圣城，金庙成为锡克教的宗教、政治和军事中心。阿姆利则金庙又称哈曼迪尔寺，被誉为"锡克教圣冠上的宝石"，是印度锡克教的最大寺庙。当发生重大争执时，无论是宗教上的还是世俗的，便在这座金庙里举行一个秘密会议，在这里通过的决议具有宗教上的神圣性。

第五代师尊阿占组成类似政权组织的机构，并编纂锡克教经典《格兰特》，其体裁与基督教《旧约》中的所罗门诗歌相仿，内容浩繁庞杂，主要包括历代师尊的生平事迹、赞歌和锡克教、伊斯兰教重要活动家的言论。阿占领导下的锡克教运动引起莫卧儿王朝的不安，莫卧儿皇帝下令处死了他，锡克教运动从此结束了和平发展时期。第六代师尊时期，锡克教团发展成为武装组织。

第十代师尊哥宾德·辛格对锡克教组织进行民主改革，清洗了锡克教团中主张与莫卧儿王朝妥协的商人和高利贷者，成立了"卡尔萨党"，制定了锡克教徒为正义而进行圣战的戒律和"五K标志"，男信徒名字后加上"辛格"（意为"狮子"），女信徒名字后加上"考尔"（意为"公主"），废除了师尊制，完成了锡克教军事化的任务，组成了一支强大的锡克军。他率领这支锡克军同莫卧儿帝国军队展开了长期斗争，并建立了第一个锡克国家。锡克人经过长期的团结战斗，宣布旁遮普独立，锡克教徒组成了由酋长领导的12个米尔斯"战士社团"，并建立了第二锡克国家。英国殖民统治时期，锡克人各种形式的斗争此起彼伏，为印度的独立做出了贡献。

印度独立后，锡克人成为印度各民族大家庭中的一员，成为印度的重要组成部分。锡克人主要聚居在旁遮普，擅长于农业、军事和商业，在政治、医务、工程、体育等行业中也有骄人的表现。旁遮普是印度农业最发达、农民较富裕的地区，收入高于全国人均收入的50%，素有"印度粮仓"之称，锡克人虽然只占印度人口的2%，但向全国提供的粮食占1/2强。锡克人身材魁梧，豪放勇武，富有胆略，具有尚武风格和传统，与耆那教徒形成鲜明的对照，现在印度军队每年有10%~14%的兵员来自锡克人。

印巴分治时，锡克人的家园被一分为二，大批锡克人改变了住地，涌进了城市，如今德里等大城市的汽车司机大多是旁遮普籍的。锡克人与印度教徒的生活方式不同，他们有进取心，不受约束，性格开朗，语言诙谐，大声谈笑，喜欢吃肉。与印度教徒视乞讨为解脱的一种手段、乞讨成俗的习惯不同，锡克人中没有乞丐，因为锡克教徒有"饿死不为乞"的信条。锡克教徒认为他们与印度教徒和其他教徒不同，他们有很强的民族自尊心。

近年来，锡克教徒也发生了一些变化。锡克人和印度教徒之间的界限变得淡漠起来，越来越多的锡克青年开始刮脸、剪发和不包头巾。锡克教神庙大都带有伊斯兰教建筑风格，富丽堂皇，许多印度教徒以在锡克教寺庙做宗教仪式而感到幸福，印度教徒和锡克教徒也乐意通婚。锡克教向印度教回归的倾向，引起了一些锡克教徒的忧虑。在锡克教徒中，一种更为尚武的思想在发展，以期保持民族的同一性，加强锡克教徒的特殊性。

锡克教徒与印度教徒的矛盾也一直存在。一些印度教徒认为，锡克人似乎四肢发达头脑简单，有钱没有文化，女人珠光宝气，喜好卖弄炫耀，甚至带有侮辱意味地说，锡克人的长发和头巾使他们头脑发热而变蠢。锡克人对印度教徒的嘲弄感到怨恨和恼火，常常提出抗议。此外，锡克人对中央政府限制他们参军的名额愤愤不平，对外地移民源源不断涌入自己的家园忧虑重重，对政府的不满日益增长。

锡克教与伊斯兰教有着相同的特点，即政治、民族和宗教三者融为一体。锡克人作为一个特殊的少数民族，有怨恨之气，一再骚乱。自20世纪20年代以来，旁遮普的局势就一直很紧张，经常发生暴力流血事件。1966年导致旁遮普邦分裂，成立了哈里亚纳邦和喜马偕尔邦，锡克人在重划的邦界内成为多数。从锡克教徒政党"阿卡里党"中分裂出来的激进派"达尔卡尔萨"，主张建立一种军事神权政体，并要求从印度分离出去，成立一个锡克国家"卡利斯坦"。一些政治上的好斗分子利用这个主张，向中央政府施加压力，以使政府更加注意锡克人的要求和不满情绪。

为了支持要求建立"卡利斯坦"的主张,极端分子在1981-1982年曾劫持过3架印度航空公司的飞机。1984年,锡克人发动"不合作运动",阻止把粮食运出旁遮普,遭到政府军队的镇压。政府军攻入锡克教的圣地和行政中心阿姆利则金庙,从而伤害了锡克人的宗教感情,英·甘地总理被锡克教徒卫兵杀害。锡克人与印度政府以及印度教徒的矛盾一直未得到解决,旁遮普不时发生恐怖活动,成为令印度政府头疼的事。

除了前面提到的位于阿姆利则的印度最大的锡克教"金庙"外,新德里的"小金庙"班戈拉·撒西比神庙也同样动人,以白色和金色为主色调。它临近购物胜地康诺特广场,是德里最大的一座锡克教神庙,曾是锡克教第八代上师去世前居住的地方,他用圣水治愈了很多霍乱病人,这儿每天都挤满了虔诚的教徒。晚间的祷告仪式圣音袅袅,圣水池中倒映着金色穹顶和大理石殿堂。神职人员唱诵着经文,教徒们坐在地毯上虔诚的祈祷,音乐声回荡在庙堂,整个场景虔诚神圣。这里的池水被锡克教徒尊为圣水,不少教徒会专门前来取水。前来参观的游客必须用头巾遮住头部,必须脱鞋,然后穿过浅水池进行清洗。向导、头巾和存鞋服务均免费。

五、普渡众生:佛教

佛教是印度的第五大宗教,信徒人数次于印度教、伊斯兰教、基督教和锡克教。佛教以拯救众生脱离苦海为己任。

佛教诞生于公元前6世纪的印度,是各种反对正统婆罗门教及其种姓制度的沙门思潮中影响最大的一个宗教派别。佛教的创始人是乔达摩·悉达多,出身于王族家庭,佛教徒尊称他为"释迦牟尼",意思是

"释迦族的圣人",他有"佛陀""如来""师尊"等十余个称号。释迦牟尼遁世苦修6年,静坐菩提树下日夜冥想,顿悟成"佛"(意即"觉悟者"),创立佛教基本教义,开始弘法传教。后来,佛教逐渐传播到世界各地,并演化为注重兼渡的"大乘佛教"和崇尚自渡的"小乘佛教"等众多教派。

图4-5 释迦牟尼头像

佛教的特征可归纳为"四重一多",即重三宝、重偶像、重教理、重中道、多神话传说和寓言故事。三宝指佛、法、僧:佛即佛祖本人,后来大乘佛教和小乘佛教又分别把菩萨与罗汉也奉为神明,和佛祖几乎相等,佛于是便指佛祖、菩萨和罗汉;法即佛祖及其弟子对一切事物的看法和佛教规定的行为规范,亦即佛教教义礼仪;僧即僧尼,指男女佛教徒或佛教团体(僧伽)。佛教认为,三宝是其安身立命之本,不可须臾忽视。佛教非常重视偶像,偶像崇拜是佛教的一大特征,所有佛教寺庙里到处都是佛祖、菩萨和罗汉的偶像。佛教很重视宗教理论的研究,即重教理,并由此导致众多佛教教派的产生,而印度教派别则是以教徒对诸神的好恶而定。佛教提倡中庸之道，既不主张极端的苦行主义，也不主张极端的享乐主义，而是主张不苦不乐的中道生活，这与既提倡禁欲又提倡纵欲的印度教大不相同。佛教产生了大量关于佛祖及其弟子的传说和经卷，其中有数量众多的文学作品和颇富哲理的寓言故事。

三宝中的法揭示了佛教教义的特点，可概括为两个方面：

（1）佛教否定神的存在，既不讲神，也不讲神创世界，所以有人说它是哲学的宗教，而不是神学的宗教。佛教"三法印说"主张，"诸行无常、诸法无我、涅槃寂静"，世上并不存在宇宙的精神"我"和个人的精神"我"，世界变化无常，人生变化无常，一切皆空。但佛教认为有彼岸世界，讲"因果报应"（三世因果）和"人生轮回"（六道轮回），这集中体现在"三世两重因果说"中。佛教宣称，一切生灵均有前世、今世和来世"三世"，都按"两重"因果关系在"六道"中不断轮回。前世造因，今世受果，今世造因，来世受果。轮回有六种形式：天、人、魔鬼、畜生、饿鬼和地狱。佛陀没有完全否定客观世界的存在，但也没有承认物质对精神的第一性作用。佛教"十二因缘说"认为，世上一切物质和精神现象都在12种互为条件和因果联系的因缘关系中"生、住、异、灭"，发展变化。

（2）佛教的宗教哲学完全以人生观为轴心，着重说明现实中的一些实际问题。佛教对人生的基本看法以及佛教的理论基础体现在"四谛"说中。"四谛"意思是四条颠扑不破的神圣真理。"苦谛"是对人世间做出的价值判断，指出人生皆苦，主要有八大苦：生、老、病、死、爱别离、怨憎会、求不得、失荣乐。"集谛"指出苦的根源，即万苦皆因欲望所致，三欲（爱情欲、生存欲、繁荣欲）导致三毒（贪、嗔、痴），三毒导致三业（身业、语业、意业）。"灭谛"指出佛教的最高境界和人生的最终归宿，即泯灭欲望，达到涅槃，"常、乐、我、净"，只有快乐，没有痛苦。"道谛"指出摆脱痛苦、达到涅槃境界的途径和方法，即"八正道"：正见、正思、正语、正业、正命、正勤、正念、正定。佛教总结这四谛的关系为："知苦思断集，慕灭乃修道"，也就是所谓"苦海无边，回头是岸"。

佛教产生后，在印度曾获得很大发展，一度几乎普及整个印度次大陆。但即使在最兴盛的时代，印度佛教也只是在统治者和城市商人阶层中较流行，可以说，印度佛教一直未在印度文化传统中占主导地位。13世纪，随着佛教的最后一支——密教的大本营威可拉马西拉寺院被穆斯林军队摧毁，佛教在印度便灭亡了。佛教为什么在它的产生地印度灭亡了，却在印度以外的地方兴盛起来了呢？为什么同样产生于印度的印度教却一直流传了下来？

第一，到了中世纪，佛教逐渐被印度教所同化。大乘佛教形成后盛行偶像崇拜，其中包括对佛陀的崇拜，这便抹杀了佛教与印度教之间的差别，使佛教丧失了本来面目，佛教的许多思想被吸收到印度教中，印度教承认佛陀为毗湿奴神的第9个化身，佛教寺院也改为印度教庙宇，佛教失去了作为独立宗教而存在的理由。

第二，佛教不同派别之间斗争不断，尤其是小乘佛教和大乘佛教之间斗争激烈，使佛教的影响减少。还有，此时佛教宗派只宣扬空洞理论，脱离当时人们的现实生活，得不到统治者的支持，佛教随转入密教时期，金刚乘和密教社团的发展玷污了社会，密教徒生活放荡，色淫泛滥，以宗教之名行享乐淫荡之实，引起了人们的不满，加速了佛教的衰微。

第三，外族伊斯兰教诸王的入侵，给佛教以沉重打击，促使佛教最后灭亡。公元8世纪阿拉伯帝国开始入侵印度，10世纪突厥人又大举进攻，12世纪阿富汗人入侵印度。伊斯兰教入侵过程中，大量佛教僧侣被杀，佛寺文物被毁被劫，佛教徒四处逃散，不少离开本国，使本已趋于衰落的佛教受到致命的一击，最终在印度消亡。

第四，与印度教相比，佛教难以对付外来打击。佛教很有组织，有正规的僧团和寺院，在外来统治者打击的时候，很容易毁灭。而印度教没有严格的僧团和寺院，婆罗门祭祀阶层住在农村而不住在寺院，更适应印度社会长期遭外来入侵、政治上四分五裂的"国情"。

第五，佛教的主张疏远了印度传统。佛教主张平等，反对种姓制度，试图触动婆罗门教的根基，在印度建立一个种族平等的宗教和社会，但这与印度千年来形成的古老宗教传统和社会现实相去甚远。佛教始终未能在广大下层中扎下根，缺乏牢固的社会基础，终难逃脱灭亡的命运。

第六，佛教没有神明，这与印度人的思维习惯和行为方式相左。印度人喜欢探究宇宙奥秘，喜欢苦行和苦中作乐，崇拜神明和生殖力，而佛教远不能满足印度人的这些需求。印度教取而代之势所难免。

佛教在印度消亡600百多年之后，于19世纪后期从斯里兰卡向印度复兴，但发展比较缓慢。直到1951年，印度的佛教徒才发展到18万左右，占印度人口的0.04%。1956年10月14日，在世界佛教徒纪念释迦牟尼诞辰2500年之际，安培德卡尔博士带领100万贱民集体皈依佛教，随后的两年内，约有1000万人改信了佛教，现在印度佛教徒把每年的10月14日定为"法轮日"。

印度新佛教徒一直为归还自己的庙产而斗争。1992年5月，马哈拉施特拉邦佛教协会与全印少数民族协会联合，发起了"夺回圣寺运动"，数千佛教徒冲入菩提伽耶寺砸毁印度教神像，殴打印度教僧侣，并与警察发生严重冲突。之后，佛教徒又发动了多次静坐示威活动。

虽然佛教现今不是印度的主要宗教，但是作为佛教发源地，印度的佛教圣地是全世界佛教徒向往之地，也是游客必达之地。佛教四大圣地，除了释迦牟尼的诞生地蓝毗尼园位于靠近印度边境不远处的尼泊尔境内之外，其余三大圣地都位于印度境内。

菩提伽耶位于印度北部的比哈尔邦，是释迦牟尼修道成佛的圣地，经典记载，释迦牟尼经历六年苦行之后，行至此地，于毕钵罗树下之金刚座上结跏趺坐，证悟十二因缘、四谛法等，而得正觉，故毕钵罗树又称菩提树，即"觉悟之树"之意。中国古代高僧法显和玄奘先后记载了菩提伽耶的历史。菩提伽耶寺2002年被列为世界遗产。在这里，除了朝觐大菩提寺外，也可以参观各国寺庙群，其中有中国寺。笔者十几年前参观的时候，门口坐着一位中国僧人，笔者和他聊了一会儿，他是青海人，腿有残疾，常年在这里乞讨为生。此外，也可以去附近朝觐佛陀修行六年的修行洞，以及尼莲禅河边供养佛陀羊乳的牧羊女村等处。

鹿野苑位于印度北方邦瓦拉纳西以北，是释迦牟尼成佛后初转法轮的圣地，原始佛教的最初僧团也在此成立。《出曜经》中记载了佛陀过去世中曾为鹿王的故事：鹿野苑原是一个美丽的地方，有许多人在此修行并达到五通境界。因为环境清幽，许多鹿也在这里栖息。迦湿国国王有一天到此狩猎，有一千头鹿被困于猎网之中。那时尚处因地的佛陀是鹿王，行持菩萨道，提婆达多也在鹿群中。眼看鹿群将遭灭顶之灾，鹿王安慰众鹿，并与国王商定，每天献给国王一头鹿，以换取鹿群的生存。鹿王把一千头鹿分成两群，自己与提婆达多带领五百。佛陀在这里向弟子宣讲四圣谛八正道。

拘尸那迦位于印度北方邦哥拉克浦县凯西郊外，是释迦牟尼圆寂的圣地，佛教徒尊该地为佛陀涅槃地，亦译为俱尸那、拘尸那、揭罗等，意译为角城、茅城，古印度末罗国的都城。公元4世纪法显来此时，已人烟稀少，大部寺院颓圮。公元7世纪玄奘到此，更是荒无人烟。1853年，英国学者发掘了这一遗址。现存主要文物有约在5世纪雕刻的释迦牟尼涅槃像（1833年发现），侧身卧于石榻之上，像与榻系一块整石刻成，并刻有阿难等弟子像和铭文，该像保存在新建的大涅槃堂内。另有大涅槃塔、安伽罗塔等，现又新修了一些佛教寺院，其中包括一座名为"双林寺"的中国寺院。

此外，位于比哈尔邦巴特那附近的那烂陀寺，始建于公元5世纪，公元7世纪时已成为全印度瞩目的大乘佛学中心，极盛时僧众常达万余，兼弘大小乘及五明，玄奘和义净等中国僧人曾留学于此。那烂陀寺规模宏大，建筑壮丽，藏书丰富，学者辈出，是古代印度的最高学府。那烂陀寺12世纪因遭到伊斯兰教教徒的侵略而毁灭，据说当时约900万册的藏书被持续焚烧了六个月。

2006年，印度时任总统卡拉姆提出重建那烂陀大学，印度政府和亚洲许多国家积极响应。作为"中印友好年"的重要专案之一，中国在那烂陀捐资兴建玄奘纪念堂。2007年，印度召集多国精英学者，组成重建那烂陀大学的"顾问团"，即那烂陀大学的董事会。这个顾问团的阵容非常豪华：主席由阿玛蒂亚·森担任，其他成员包括新加坡前外交部部长杨荣文、曾任香港大学校长的王赓武教授、日本著名画家平山郁夫等11人，时任北京大学东方研究院院长的王邦维也是顾问团成员之一。2007年1月，印度总理辛格在第二届东亚峰会上提出重建那烂陀大学的倡议，中方对此予以积极回应。2010年，温家宝总理访问印度时宣布向那烂陀大学重建项目捐资100万美元。2010年，温家宝总理在第五届东亚峰会上邀请那烂陀大学董事会来华办公。2013年10月在文莱斯里巴加湾市举行的第八届东亚峰会上，李克强总理在讲话中提到，赞赏印度为重建那烂陀大学所做的努力，愿参与签署"成立那烂陀大学谅解备忘录"，与各方一道促进峰会框架下的人文交流。2014年9月1日，荒废800多年后，玄奘的"母校"那烂陀大学重新开学，从40个国家的1000名申请者中挑选出来的首批15名学生（5名女生，10名男生）进入这所古老学府深造。开学的是那烂陀大学的两个学院，分别是生态与环境研究学院和历史研究学院，曾获诺贝尔经济学奖的校长阿玛蒂亚·森给师生讲话。到2020年，那烂陀大学将拥有7个学院，只招收硕士生和博士生，开设科学、哲学、精神和社会科学课程。

六、绝不杀生：耆那教

耆那教是印度的第六大宗教，信徒占印度人口的0.4%，次于印度教、伊斯兰教、基督教、锡克教和佛教。耆那教以绝不杀生和极端苦行著称。

图 4-6　耆那教众先知雕像

耆那教和佛教产生于同一时期、同一地域和同一背景，同是反婆罗门教的沙门思潮中的一个宗教派别。耆那教的创始人是尼犍子，即"大雄"，意为情欲制胜者，姓若提，名增益。

大雄与佛陀的创教经历相似，也出身于王族家庭，后出家修行，以一个裸体苦行者的身份云游东印度，苦修 12 年后悟道，创立耆那教，建立了一个由独身教士和尼姑组成的教团体系，这些人自称为"耆那"。大雄传教 30 多年，于 72 岁那年逝世。

大雄逝世后，教主由他的弟子担任，称为"祖师"。公元前 3 世纪，第 6 代祖师时期，北印度发生了连续 12 年的大饥荒，祖师让大弟子留守原地，他自己带领部分弟子前往南印度乞讨。跟随祖师南行的耆那教徒仍严格遵守原来的戒律，赤身裸体，而留守原地的耆那教徒戒律松弛，放弃了裸体习惯，穿上白色衣服。

后来，南行返回的耆那教徒与留守原地的耆那教徒发生争执，最后导致分裂，形成"天衣派"（或"空衣派"）和"白衣派"。两派后来又进一步分裂成若干派。"天衣派"戒律严格，生活在寺庙或远离世人的地方，以天为衣，行乞为生，走路时手持孔雀毛制作的掸子，驱赶路上的小虫，以防伤害他们。"白衣派"的戒律则不那么严格，主张男女平等。

图4-7 耆那教徒

耆那教的命运也同佛教相似。孔雀王朝时期，耆那教发展很快，但随着印度教的兴起，开始衰落，伊斯兰教传入后，受到沉重打击。不过，耆那教并没有完全灭亡，在群众中仍有影响。

耆那教拥有大量的宗教文献，最古老和最重要的经典是《十二支》。它是留守在北印度的耆那教徒在华氏城举行的第一次结集中整理而成的，记录了大雄及其他祖师的言行。对于这部经典，天衣派认为是伪造的，而白衣派认为是真传。两派传承经典不同，但基本教义是一致的。

耆那教的教义在某些方面也与佛教相似，在印度文化中属于非正统派，它反对婆罗门教的吠陀权威和祭祀杀生，反对种姓制，不提神明，主张业报轮回、灵魂解脱、非暴力和苦行生活。耆那教的最高理想是使灵魂摆脱轮回业报之苦而达到涅槃境界,其方法是谨持"三宝",即"正智"(认识真理)、"正信"(坚持真理)、"正行"(实践真理)。

耆那教主张"七谛"学说,即命、非命、漏、缚、制御、寂静、解脱。耆那教不承认神的存在,认为宇宙万物由绝对精神"命"和细微物质"非命"组成。"非命"束缚"命"(由"漏"渐进到"缚"),使人的命运在业报的支配下,在三界中轮回受苦。为了摆脱"非命"对"命"的束缚,就要通过苦行来消除业的漏入,净化灵魂,即所谓"制御"。这样,旧业排除,新业不生,"命"就会回复到清净圆满的"寂静"状态,进而脱离轮回之苦,达到"解脱"。

耆那教奉行严格的非暴力主义和苦行主义,为信徒制定了"五戒",即不杀生、不说谎、不偷盗、不淫邪、无所有。五戒中不杀生尤为重要,因为伤害天命是最大的罪恶。耆那教认为人的灵魂可以通过严格的不杀生和自我折磨、绝食、绝念等苦行考验而得到解脱。

耆那教对信徒生活上的要求比佛教要极端。关于不杀生,耆那教认为不应伤害一切生命,甚至包括植物在内。关于无所有,耆那教认为连衣服也不能拥有,应赤身裸体。耆那教还有许多严格的苦行方面的规定。

现在的耆那教徒仍遵守严格的非暴力主义、禁欲主义和苦行主义的教义。有些耆那教徒出门要戴口罩,以免吸入昆虫而杀生。虔诚的信徒天黑后就不进食,以免昆虫进入食物而被误食。他们开办鸟类医院,往蚂蚁洞里扔谷物,并且不事农业,恐怕杀死蚯蚓之类的昆虫。偶尔还可以看到天衣派信徒裸体行走,他们相信,依恋衣物之类的世俗之物,会妨碍达到解脱。他们盛赞的最高德行是绝食而死的修行。

圣雄甘地受到耆那教的很大影响,严格奉行"不杀生",并将其当作政治和生活信条,满足于几近裸体游方僧的生活,经常绝食,共计18次,其中多次宣布绝食至死,三次绝食长达21天。至今,耆那教徒还称圣雄甘地为"耆那教徒"。

耆那教徒虽然人数不多，但多从事商业活动，商人、工厂主和富有者很多，经济势力强大。他们建立了"耆那教友谊协会""耆那教青年大会""世界耆那教传教会"等几十个组织，并修建了很多庙宇、道院、文化研究机构和学校，出版宣传教义的书刊。耆那教在英国、德国等国家建立了"耆那教兄弟会"等许多国外组织。近年来，印度耆那教组织参加了一系列国际宗教会议，在印度国内外有一定影响。

耆那教寺庙被称为德拉萨尔或曼迪尔，这取决于它在印度的位置。它们通常是用大理石建造的，印度耆那教寺庙深受广大旅游爱好者喜欢，有七大寺庙尤为出名。作为禁欲宗教，耆那教寺庙大部分建在偏僻之处，有些在山上。

位于印度西部拉贾斯坦邦的拉那克普尔耆那教庙宇群是耆那教的著名圣地之一，有着印度最大型的耆那教寺庙群。寺庙群里最重要的庙宇是千柱庙，建于14世纪末15世纪中叶，共有1444根柱子，所有柱子的设计和雕刻都不一样。千柱庙是一座方形庙宇，四边均有入口，主大厅竖立着耆那教祖师的白色大理石雕像。雕像分别朝着四个不同方向，意味着耆那教祖师对所有方向的掌控，也就是对整个宇宙的掌控。除了主大厅外还有四个大神殿，有大理石像，围绕其间还有很多圆顶柱厅。所有厅的藻顶美丽之极，或圆或方，漂亮的几何图形和花边，雕刻得像蕾丝般精细，还有优雅飘逸的人物点缀其中。千柱庙由玉质感很强的乳白色大理石建造，精雕细刻的大理石温润无比，在不同光线里，柱子的颜色时而金黄，时而米白，暗处则发青，丰富了神秘感。

位于印度西部古吉拉特邦的帕利塔纳寺庙群也是耆那教的主要朝圣中心，被认为是耆那教最神圣的朝圣地。863座美丽的耆那教寺庙坐落在神圣的"沙特伦贾耶"（意为战胜仇恨和世俗事物的"胜利之地"）山顶，用大理石雕刻而成。它们是由几代耆那教徒在900年的时间里建造的，从11世纪开始，攀登3572级台阶就能到达顶端，耆那教团体认为帕利塔纳的神庙和整座山是最神圣的朝圣之地，它同时也是全世界最大型的庙宇建筑群。

位于拉贾斯坦邦阿布山（英国人建造的唯一的山丘站）附近的迪尔瓦拉神庙，是一系列白色大理石修建的耆那教寺庙群，是耆那教教徒朝圣的圣地，所有的寺庙都是由查鲁克亚王朝在11世纪到13世纪间建造的。这里一共有5座寺庙，每一座都有自己独特的地位，并以它所在的小村庄命名。寺庙的雕刻工艺精湛，是寺庙建筑的杰作，有些人认为它们是世界上最美丽的耆那教朝圣地之一，从外面看起来并没有什么特殊的地方，但是当走进去的时候，其非凡的建筑以及石刻艺术会令人叹为观止！

位于印度南部卡纳塔克邦的耆那教圣地拉瓦纳贝尔戈拉，耆那教信徒们向圣人巴胡巴利的巨大雕像泼洒朱砂颜料。巴胡巴利巨像高达17.5米，被认为是世界上最大的整石雕像之一，它是公元983年左右由冈加王国大臣创建的，已有1800年历史。雕像大约有着六百多个台阶，十分高大宏伟。游客可以脱鞋爬到顶部，站在顶部可以俯瞰全景，视野十分开阔。每隔12年耆那教信徒对巨像举行一次涂油礼，用牛奶、椰子汁、金粉、花瓣、朱砂等为神像做清洗打扮。耆那教塑像都是裸体的，与最初教义有关。

位于德里红堡对面古老的月光集市大街的天衣派耆那教寺庙，始建于17世纪，经历了改建和扩建，是德里最古老的耆那教寺庙。该庙由红色砂岩建造，因此也有"红庙"之称，并以纯金艺术品作为装饰，庙内供奉三尊大理石神像。

寺庙旁边是一座鸟类慈善医院，为受伤或生病的鸟类提供免费护理。这座医院成立于1956年，与耆那教徒的信仰相符，他们是严格的素食主义者，并且相信所有生命都是神圣的。因此很有意思的是只有素食的鸟类可以居住，肉食的鸟类只能接受医治。信徒们带来如水果、谷物、大米、蜡烛等贡品来供养这座医院，这个神圣的地方让人感受到人类与万物和平相处的氛围，尤其是在酥油灯和蜡烛的光亮下，更加能让人的神经得到舒缓。

七、崇拜焰火：琐罗亚斯德教

琐罗亚斯德教又称袄教、拜火教、二神教、阴阳教、帕西教，是印度的第七大宗教，信教人数次于印度教、伊斯兰教、基督教、锡克教、佛教和耆那教。

该教是外来宗教，于公元前6世纪创建于波斯（今天的伊朗），创始人为琐罗亚斯德，故称琐罗亚斯德教，曾流行于古代波斯和中亚等地，今天只在印度尚有信徒。

该教主张善恶二元论，认为善神阿胡拉·马兹达代表焰火、光明、清净、创造、生命；恶神安格拉·曼纽代表黑暗、恶浊、不净、破坏、死亡。善恶在不息地斗争，善和光明最终要战胜恶和黑暗。因此，该教也称拜火教、二神教、阴阳教、袄教。

O, What a Biessing! For us is born
The Divine Helper, Zarausthushtra the Spitama!

图4-8 琐罗亚斯德

公元7世纪中叶，阿拉伯的穆斯林大军攻占了波斯帝国，此后的200年间，波斯人对入侵者进行了多次反抗和战争，但终究未能阻止波斯被伊斯兰化的进程。阿拉伯征服者对波斯人实施了强制改宗的政策，波斯人要么改信伊斯兰教，要么被课以繁重的非穆斯林人头税，不从者则要被砍头。为了逃避穆斯林的迫害，为了坚守自己的传统文化和信仰，公元8世纪到10世纪，大批的波斯人迁往印度次大陆的西海岸，起先居住在卡提阿瓦半岛的第乌，不久又迁到古吉拉特。他们答应了印度当地王公提出的放弃波斯语和妇女穿印度服装纱丽的条件，在印度西部的古吉拉特定居下来，并与印度教文化融合，在那里形成一个小农业社会而生活了约800年。这些人被称为"帕西人"，是波斯人的音译，他们的宗教被称为"帕西教"。

印度的帕西社区对"帕西人"的称谓有着严格的定义。首先，帕西人一定要是波斯难民的直系后裔，仍旧留在伊朗境内的少数拜火教徒不算帕西人。一些社区规定，父母双方必须都是帕西人，而另一些较为宽松的社区承认父亲一方为帕西人即可。第二，必须是拜火教的信仰者，那些改宗自基督教、伊斯兰教或印度教的波斯后裔则自动失去了"帕西人"的身份。

帕西人信仰全能的善神阿胡拉·马兹达，火是他的象征。据说，他住在苍天的最高处，身体发射出无限的光芒。帕西教徒在祭司指导下，通过专门仪式礼拜"圣火"。但帕西人很恼火别人称他们为"火的崇拜者"、称他们的宗教为"拜火教"，因为他们作为琐罗亚斯德的追随者，尊崇火、水和土三样东西，而不仅仅是崇拜火。

由于帕西人视火、水和土为神圣之物，所以反对死后实行火葬、水葬和土葬，而是实行独特的"天葬"或"鸟葬"。帕西人死后将尸体放在所谓的"寂寞塔"上，让秃鹫啄食，此即所谓"天葬"或"鸟葬"。"寂寞塔"一般建在山丘上，塔顶安放石板，周围用石头或砖块砌成围墙，塔中央设井口，塔内外分三层，分别安置男、女和小孩尸体。尸体先放在塔顶露天石板上让秃鹫啄食其肉，剩下的骨头在烈日下晒干后投入井内。孟买附近的马拉巴尔山上，至今仍保存着 5 座"寂寞塔"。

帕西人到达印度次大陆的最初几百年间，一直以务农为主。他们不屑于印度教的种姓制度，又怀有对伊斯兰教的仇恨，所以，他们在新的家园自成社团，很少与外界交往，更遑论跨宗教通婚。就这样，帕西人低调地生活繁衍着，一直到 17 世纪，英国东印度公司开始在次大陆的西海岸殖民，帕西人才迎来了施展拳脚的大好机会。英国人对帕西人有着与对印度人截然不同的印象，他们认为印度人"消极、愚昧、无理性，外表顺从却内心诡计多端"，而帕西人"勤勉、讲道德、精明"。帕西人也不同于印度人对西方文明的强烈抵制，而是鼓励本族的年轻人进入英式学堂，学习先进的知识。于是，帕西人越来越多地进入城市，进入英国殖民政府的管理部门和工商业领域，成为英国商人的买办，也成为在英国人和印度人之间进行沟通的中间人。

17 世纪早期，英国在苏拉特及其他地方建立了贸易港口，从此帕西人的生活环境发生了根本的变化，因为在某些方面他们对来自欧洲的影响比印度人或穆斯林接受得更快，因而发展出一种商业的眼光。1668 年孟买为东印度公司所控制，不久即颁布政策对各种宗教完全容忍，于是帕西人开始从古吉拉特迁往孟买。18 世纪时孟买的扩展在很大程度上要归功于他们的工业以及商业上的能力。帕西人大举进入交通运输、船舶制造、建筑材料以及孟买的房地产业，并最终在对中国的鸦片贸易中大发横财，成为印度各族裔中最富有的民族。到 19 世纪时，帕西人已成为一个富有的社团。帕西人的数量也在殖民地时期达到了峰值，按照 1941 年的统计数据，他们的人口超过了 11 万。

帕西人在孟买形成了印度最大的帕西族群落，形成一个独特的社会群体，其中很多人还住在高大的殖民地建筑里。古老的木制家具、花边窗帘和刺绣帏帐都散发着古老世界的魅力。这里像个世外桃源，帕西人每逢节日或其他庆典，如婚礼或洗礼仪式，都会戴起本民族特有的白帽子，穿起白衬衣，聚集在孟买市的 50 座祭坛里。帕西人既是印度平均受教育程度最高的民族，也是印度最富有的民族。2012 年，孟买一家帕西人信托公司公布的针对帕西家庭的住房补助标准显示，月收入少于 9 万卢比（约合 9000 元人民币）的家庭有资格获得补助，而当年印度政府公布的城市贫困线人均收入只有 870 卢比（约 87 元人民币）。可见，帕西人的富裕程度在印度可谓是鹤立鸡群。

帕西人数虽然少，但却名人辈出，在政界、商界、军界、文化界具有举足轻重的影响。印度著名的塔塔财团的创始人就是帕西人，18 世纪塔塔财团在孟买、缅甸、中国、伦敦都建有商行，并最早经营了现代印度的钢铁、航空、汽车等工业。目前，塔塔财团在钢铁、化工、工程和车辆方面拥有 80 多家公司，总资产达 853 亿卢比，是印度的第一大财团。此外，印度第一个陆军元帅萨姆·马内克肖、英国音乐家皇后乐队主唱弗雷迪·墨丘利、印度现代政治理论家和作家达达拜·瑙罗吉、怡和洋行创始人威廉·渣甸、原子科学家霍米·巴巴、印度共和国三色国旗设计者卡玛女士也是帕西人。有趣的是，印度首任总理尼赫鲁和巴基斯坦国父真纳的女儿都嫁给了帕西人，甚至真纳的妻子也是帕西人。

帕西人与中国关系密切，早年的琐罗亚斯德教徒除流亡印度，还有相当一部分前往中亚和中国，在唐朝的敦煌、天水、长安、洛阳等地安居乐业，成家做官，祆教寺庙的遗迹和史料至今尚存。祆教教义简洁明快，组织形式严密，有点秘密结社的味道，与摩尼教、佛教、道教等融会贯通，形成了各种民间宗教流派，为宋元明清各种农民武装所用。中国人熟悉的尼采的哲学名著《查拉图斯特拉如是说》，其中"查拉图斯特拉"就是"琐罗亚斯德"的另一种音译。

19 世纪初，帕西人随传教士、东印度公司和英国官员前来中国，在广州、上海、香港等地设立洋行。据记载，1809 年，广州共有 24 家外国私人公司，其中只有一家是英国人的公司，其他大多数是帕西人的公司。鸦片战争前林则徐在广州打交道的印英商人中，就有不少是帕西人。

1852年，上海的41家外国公司中，帕西人的洋行有8家，而这些洋行大多是从事鸦片贸易的。鸦片战争后，香港被割让给英国，越来越多的帕西人移居香港，使这里成为印度本土之外最重要的帕西社区。帕西裔人罗旭和曾是前香港立法局首席华人非官守议员，参与过省港大罢工的斡旋。如今，帕西人在香港的痕迹仍然随处可见。香港街道中的摩地道、旭龢道、碧荔道都是以当年在港的帕西人名字命名的。帕西人摩地爵士出巨资创建了香港大学，帕西人律敦治创办了律敦治医院，而汇丰银行、香港联交所等金融机构的创立，也都有着帕西人的身影。然而，几年前，当美国《时代》周刊记者采访拜火教社区时发现，在香港的年轻人当中，已经没有几个人知道这些名字与帕西人的关系了。原来在香港居住的帕西人，大都在1997年前移民外国了。

2016年，全印主要城市同期举办了帕西人的历史与生活展览，新德里的国家博物馆、英迪拉·甘地艺术中心和现代艺术博物馆均有不同主题的相关展览。在新德里的展览上，可以发现很多中国元素：帕西商人绘制的反映晚清官场和社会生活的各种油画，他们拿回来的精美中国工艺品，18世纪的花瓶上多为中式仕女和花鸟，还有大肚弥勒佛形象的储钱罐，据说重视储蓄的帕西人很喜欢这个东西，几乎每家都有一个。中国广州、香港、澳门都保存着帕西人的墓地。广州长洲（著名黄埔军校位于长洲岛）的"帕西教徒墓地"在2002年被列为广州市文物保护单位，在2005年完成修缮。在香港地区，亦有帕西人墓地。在澳门仁伯爵综合医院下方，有一个白头坟场，也是祆教教徒的墓地。

随着21世纪的到来，帕西人开始出现了一系列的危机，这个拥有高度文明的民族正在走向灭亡。印度人口普查资料显示，帕西人的数量在过去数十年中稳步下降。作家苏尼·塔普雷瓦拉在一本关于帕西人的书里写道："独立以来的53年里，我们除了我们自己没有什么好怕的。在富饶的印度我们是唯一一个出生率下降的民族。"恪守教规、甚至教条化成为帕西社区人口数量下降的一个主要原因。帕西人全部都是拜火教徒，他们在到达印度后规定，不向任何民族传播拜火教，如果帕西人不信仰拜火教，或者嫁给了异族，那么就会被开除族籍。现在的帕西人的定义，是由1908年孟买最高法院的法官们确定的，一直没有做过任何改变。很多年轻人为结婚而发愁，因为毕竟帕西人太少了，越来越多的帕西年轻人开始不愿意结婚生子。根据印度的人口普查统计，五分之一的帕西男人和十分之一的帕西女人终身不婚，而即使结了婚的家庭，生育率也远低于印度的平均水平，从而使帕西社区的人口老龄化现象十分严重。资料显示，60岁以上的人口占到帕西总人口的31%，而6岁以下人口只占4.7%。2013年，印度的帕西人共有735人死亡，而只有174人出生，这个出生的人数比2012年减少了13.43%。与此同时，帕西社区内的近亲结婚现象越来越严重，一些遗传性疾病的高发到了不得不引起重视的地步，诸如癌症、血友病、乳腺癌等。据卡玛说："帕西族妇女中乳腺癌的发病率很高，同时由于她们血液中缺少G6PD而引起很多不适，有些就是致命的。"缺乏G6PD或六糖磷酸脱氢酶，会引起贫血等血液疾病。富裕和教育水平也成为这个族群逐渐萎缩的原因之一，由于帕西人的富裕，帕西社区为年轻人们提供了很好的福利，导致一些年轻男性不思进取，不愿意承担结婚生子的责任，而女孩子也不愿意嫁给家境比自己差的男性。

面对低出生率、老龄化、近亲结婚等引起的人口危机，帕西人内部近年来出现了一些不同的声音，提出了一些改革建议，以防止帕西族灭绝。孟买帕西人居住区委员会的头目们想出了一个别出心裁的招数：给予那些愿意抚养第三个孩子的家庭一些补贴。也有人建议，帕西人应该敞开大门，通过通婚让外族加入拜火教，越来越多的女性也希望，与外族通婚的女性家庭也有权力为自己的子女选择信仰，而不是像定义的那样，嫁给外族就不再属于帕西族群了。但是虔诚的帕西人领袖对任何改变传统的建议都不屑一顾，认为和异族通婚虽然会提高帕西的人口，但是会毁掉这个特别的民族。不过，还有好多帕西人定居欧洲和北美，约有2/5与不同宗教信仰的人结了婚。他们的信仰和生活习俗也受到印度教和伊斯兰教的影响，象征帕西人特点的传统帽子已经很少有人戴了，传统的"天葬"习俗也不如以前神圣，土葬和火葬也被接受。面对实施天葬所需的秃鹫数量减少、几乎绝迹的现状，2006年11月，孟买自由派和保守派帕西人成立了一个委员会，试图找出解决这一问题的办法。孟买的帕西人正在着手圈养这些"灵魂鸟"，毕竟，没有它们，信仰也就不算完整。

八、各异其趣：民间宗教

除了印度教、伊斯兰教、基督教、锡克教、佛教、耆那教、拜火教、犹太教之外，印度各地还有不少包括原始宗教萨满教在内的民间信仰，有些信仰一神教，有些信仰多神教，地方色彩浓烈，南北不同，东西有异，各异其趣。

图 4-10　虔诚朝拜

崇拜天门：奥里萨邦有"神圣之国"之称，札格纳特神庙香火旺盛。

在札格纳特布利城，有一座札格纳特神庙。印度教徒认为，札格纳特神庙是天门，每年有上万香客从印度各地来这里朝拜。奥里雅人的全部宗教生活都同这座庙联系在一起，受这座庙的影响。甚至可以说，奥里萨邦的历史也在很大程度上同这座庙有关，每当外族入侵时，奥里雅人总是首先想方设法保护札格纳特神的木像。札格纳特不仅是天神，而且是奥里雅人的民神。札格纳特神像每12年更换一次。换像前夕，庙里的僧侣先斋戒，在梦中显现雕新像用的树木方位，然后按梦里的方向寻找此树，树要双杈，长在火葬场旁边，生有海螺纹，缠着黑白蟒蛇，没有鸟巢。把树小心翼翼地运到札格纳特布利城，雕塑成新的札格纳特像，举行隆重的仪式，把旧像换下来，将新像树起。换下来的旧像，由一位专职信徒负责烧掉。

每年6月，札格纳特神的兄妹，即普里的札格纳特庙中被奉祀的大力罗摩神和苏帕德拉神，在21天中的每个晚上都要被庆祝的游行队伍供奉在那仁德拉的一艘装饰明亮的船上来回巡游。在印历三月（公历6月）满月之日，神像开放给公众礼拜，又称沐浴节。沐浴节后，要花费15天时间重新彩画神像，以准备庆祝神车节。神车节在印历四月（公历6月至7月）庆祝，神像被安放在巨型战车上送到行宫里停放九天，然后再返回原寺。太阳神的战车又称"楠迪昊骊"，有23肘尺高，共有18个轮子。大力罗摩神的战车有22肘尺高，有16个称作塔拉瓦加的轮子。苏帕德拉神的战车称德瓦达拉，有21肘尺高，14个轮子。这些两轮车每年都要根据古代的规格严格建造。巨型神车一次要有几千个虔诚的信徒推拉。其场面之壮观，情绪之热烈，使神车节成为世界上最值得观看和难以置信的节日之一。在扎格纳特庙里，可以看到一个值得注意的现象，就是不分高低贵贱，什么族或种姓的人都可以到庙里敬扎格纳特，敬神的供物都可以互相分食，不存在圣洁不圣洁的问题。

崇拜蛇神：印度各主要宗教都认为蛇象征着长寿、生殖和财富。在印度神话传说中，大神湿婆周身常围绕着群蛇，他们是大神的使者。印度各地有许多蛇庙,庙中供奉着石雕的蛇像。人们认为它是生命力的象征,能使不孕的妇女生育,使体弱的小儿长寿。那些不生育的夫妇们常带上供品到庙中求蛇神赐给自己儿女。练习瑜伽功的印度人认为人体内有一种像蛇一样盘绕着的力,称为"蛇力",只要修炼得快,就可以把这种力释放出来。印度人还认为蛇是财富的象征。蛇有自己的地下王国,里面堆积着无数的宝藏。因此,想发财致富的人必须到蛇庙中去虔诚祈祷。有些神庙中的僧侣养眼镜蛇看守神像,他们驯养的眼镜蛇就盘绕在神像前,对前来朝圣进香的信徒们昂首挺身,频频吐信,但并不向人们进攻。印度有些地方也有养蟒蛇的习惯,有的人家饲养大蟒蛇用来看护婴儿。当大人不在家时,大蟒就在婴儿身旁绕成一圈,再凶狠的毒蛇也不敢靠前。印度人一般不杀蛇,有时人们也吃蛇肉,但这是作为一种对蛇神的崇拜方式,认为吃了蛇肉,就会使蛇神的智能转移到自己身上。在喀拉拉邦自古就崇拜蛇的风俗,当地很多人认为,蛇有意识,通人性。凡是印度教徒的家门前,都有一片小树林和一个小池塘。树林里有石砌的小蛇庙,叫基德尔古德庙。庙里有石塑蛇像。每天傍晚,家里的姑娘们或青年人沐浴后就到这个小庙进行祈祷。年轻的夫妇则坐在庙前,弹着维拉琴,敲着陶罐,演唱赞颂蛇神的歌曲。喀拉拉邦有两座著名的蛇神庙,位于茂密的森林之中,一座是在摩纳尔夏拉地区,另一座在外底高德地区。在摩纳尔夏拉的蛇庙里,每年要举行一次朝拜会,上百万的信徒从喀拉拉邦各地方聚集到这里,来进行祈祷。蛇神庙和森林里有很多蛇像,每逢星期日早晨,信徒们就成群结队地到这里来祈祷,无儿无女的夫妇更是如此。他们坐在庙前,弹奏维拉琴,敲击陶罐,演唱赞颂蛇神的歌曲。他们为了生孩子,在青铜器上刻上自己的名字献给蛇神,待日后果真有了孩子,便来到蛇神庙,用他们献的青铜器熬牛奶粥招待别人。

崇拜神鼠:拉贾斯坦邦有一座鼠庙,又名卡尔尼·玛塔神庙,是印度著名文化遗产,是为老鼠女神卡尔尼·玛塔所建。相传在14世纪,有一位名叫卡尔尼·玛塔的印度教女祭司，她是杜尔迦女神的化身。有一天，一个来自她家族的孩子死了。那个孩子的母亲抱着死去的儿子来求卡尔尼·玛塔，希望能够将儿子复活。卡尔尼·玛塔立刻去了冥界，找死神亚玛罗阇理论，但死神拒绝了她的要求，因为那孩子的灵魂已经转世了。卡尔尼·玛塔一怒之下发誓所有她家族的成员死后都会立刻转世成老鼠，直到能够重新转世，并且出生在她的家族，继续当她家族的成员为止。神庙中供养保护着2万多只老鼠，它们自由穿行于寺庙之中，被信徒认为是老鼠女神马塔的化身，受到膜拜。从外面看神庙异常洁净，也无异味，银色大门刻满动物植物图案，其中一张是鸽鼠争食的合影。不仅神庙及庙里的神鼠是神圣的，就连神庙周围的地方也是神圣的，入庙不能大声喧哗，以免吓着庙里胆小的鼠神。参观者必须小心翼翼迈步，否则不小心踩死老鼠，要交纳与老鼠重量相等的白银作赔偿。在卡尔尼玛女神像前下跪叩拜，如果有老鼠从头上跳过去，则是求之不得的吉兆。在神庙里面，照顾老鼠的祭司与老鼠吃同样盘子里的食物，因为那些祭司们相信，这些老鼠曾经是他们的亲戚，而且他们自己也曾经是老鼠。六百多年来，每天都有成千上万的信徒进庙膜拜。每天都有许多餐点供老鼠们食用，光新鲜牛奶就有很多桶。为了避免猫来捣乱，当地人还特意在庙宇的周围建造密网，细心保卫老鼠的安全。很多印度教徒、学生甚至新婚夫妇都到这里来参拜，带着许多神圣的食物献给老鼠们。进入神庙之前必须脱鞋，以示对圣鼠的尊敬，老鼠们会在来客身上爬来爬去。1927年，印度流行鼠疫，死者无数，只有这里神庙平安无事，令人叹为观止。

崇拜天王：那加兰邦的那伽人崇拜鬼神，认为有一个万物之神——"天王"神指导并支配着人的生活，其地位在所有的神鬼之上，无所不至、无所不知、无所不能。那伽人不建任何庙宇或设神龛来表示对鬼和神的崇拜，而是由祭司来代行，祭司主持公众仪式和为这种仪式选定日期。他们认为鬼在丛林、河川、山谷、悬崖、岩石、河流、天空中显灵，认为打雷、闪电、地震、下雹、日食、月食、生病是鬼神发怒所致，认为晚上做噩梦、半夜狗叫、出门遇蛇、途中见黑猫是凶兆，在纺织、打猎、旅行前要看是否吉祥。

崇拜自然力：梅加拉亚邦的伽洛人崇拜神灵和自然力。他们崇拜造物主神、庄稼神、生育神、力量神，他们也认为打雷、闪电、下雨、刮风、地震、潮水、日月食等自然现象都由一些神掌管着，所以经常向这些神供奉祭品，以求消灾避难。求雨时，村子里的人每人手提一葫芦水来到一块大岩石旁，祭司念诵咒语，供奉一头羊，把羊血洒在岩石上，然后，所有的人都把葫芦里的水倒在可怜的祭司身上。

| 第五章 |

民族语言：盘根错节

印度素有"人种博物馆"之称，是一个人种、民族、语言的大拼盘，人种繁多，民族混杂，语言纷乱，人口庞大，盘根错节，蔚为奇观。在印度，可以找到世界上各种肤色、发色、长相、身材、体型的人种：有的酷似欧洲白人、有的宛如非洲黑人、有的仿若亚洲黄人；有的头发金黄、有的头发乌黑；有的身材高大、有的个子矮小；有的高鼻梁、有的塌鼻子。在印度，可以看到世界上罕见的众多民族，有十几个大民族，一百多个小民族，四百多个部族。在印度，可以领略世界上最复杂的语言，有四种语系，十五种官方语言，一千六百多种母语。盘根错节的人种、民族和语言，使印度人的社会文化生活变得多姿多彩，色彩斑斓，独具韵味，但同时也使印度人陷入了斩不断理还乱的民族和语言纠纷之中。

一、人种混杂：五大主要人种

人种与民族既有联系又有区别，人种主要是从体貌特征上界定的，而民族则主要强调社会习俗和宗教信仰等文化特征。印度的人种与民族可谓渊源多样，血统混杂。

印度历史上屡遭异族入侵和占领，因此印度人种复杂繁多，混合多样。世界上几乎所有种族在印度都能找到代表，因此外国人在印度并不特别引人注目，印度人不像中国人那样对洋人有一种特别的感觉。在印度的居民中，可以看到不同的人种特征：从西往东，人们的头型逐渐变小，由宽头型到长头型；从西往东，从北往南，人们的身材逐渐变矮，北方人的平均身高为168.4厘米，南方人的平均身高为163.74厘米，而安达曼人的平均身高为148厘米；从北往南，人们的肤色逐渐变深，北方克什米尔人的皮肤有白色、米黄色、黄色、棕色、红色及其混合色，南方达罗毗荼人的皮肤黑而带光泽，而安达曼人的皮肤是纯黑色。在印度，不同人种在很大程度上已经混合了。

那么，印度到底有几种人，印度人种是如何起源的，对此历来说法不一。一般认为，按照印度人种起源的时间顺序，分为尼格利陀人、原始澳大利亚人（即澳大利亚人种维达类型）、蒙古利亚人（即黄种人，亦称亚美人种）、地中海高加索人（即达罗毗荼人）与印度雅利安人等五大人种。

尼格利陀人（Negrito）：尼格利陀人是印度最早的居民，属于尼格罗型，也是目前印度人口最稀少的种族。尼格利陀人与达罗毗荼人有血缘关系，很可能是达罗毗荼人的祖先，有的学者断定，达罗毗荼人是尼格利陀人和欧罗巴人种混合的产物。这一人种最初是在南亚次大陆形成的还是在非洲形成的？如果是在非洲形成的，他们又怎么到印度来的？这些还是疑案。有人认为，他们是从马来西亚绕孟加拉湾到达喜马拉雅山脚，而后分布于整个印度次大陆。尼格利陀人的特征是：身材矮小，皮肤深褐，头发乌黑，鼻宽唇厚，肩窄腿短，发卷臂长，胡须和体毛不多。今天喀拉拉邦的卡达尔人、乌拉利人、帕尼扬人、穆图万人、卡尼卡尔人，阿萨姆邦的安加米那加人，安达曼和尼科巴群岛人，比哈尔邦东部山区的部落民等，均为他们的后代。他们至今绝大多数主要从事采集和狩猎等原始形式的经济活动，崇拜榕树和弓的使用很可能源于他们。在新移民到来以后，尼格利陀人多被他们屠杀、同化，或驱赶到人迹罕至的丛林以及孟加拉湾中的岛屿。

原始澳大利亚人（Proto Australoid）：原始澳大利亚人因与澳大利亚的土著身体特征非常相似而得名，由于他们早于达罗毗荼人进入印度，所以也称"前达罗毗荼人"，他们后来逐渐同化于尼格利陀人和蒙古人，成为混血人种，但仍保持着原始澳大利亚人的特征。他们起初居住在巴勒斯坦，他们是何时经由什么路线从西向东迁移的，目前尚不清楚。原始澳大利亚人的特征是：长头卷发，身材矮小，肤色深褐，嘴唇外翘。

这些混血人种散居于西起克什米尔东至孟加拉湾沿岸的广大地区，喜马拉雅山地、中印度和南印度的比尔人、杰纠人、蒙达人、奥朗人、霍人、贡德人、孔德人，以及斯里兰卡的维达人等，均属于这一人种。这种类型的人在部落民和低级种姓中居多，部族内部存在村社制度，集体狩猎共同享用，崇拜各自的树神，实施特殊法规，轻罪处以宴请部族居民，重罪则驱逐出部落。原始澳大利亚人信奉泛灵论，泛灵论可能是一些原始宗教的前身，至今依然为印度东北部梅加拉亚邦等地的若干部落民所笃信。他们轻易不对树木等施以斧斤，因而该邦还拥有很高的森林覆盖率。

蒙古利亚人（Mongoloid）：以蒙古利亚人为主体的亚洲大陆先民移居印度，形成了外来种族迁入印度的第三波。印度北部和东北部与亚洲内地相连，蒙古人从中国西北部和蒙古进入印度，开始在印度定居、繁衍、生息，形成蒙古人种成分。他们在不同时期或经由布拉马普特拉河流域南下抵达印度北部，或沿湄公河、萨尔温江河和伊洛瓦底江经缅甸抵达印度东北部。蒙古人的特征是：中等偏低身材，颧骨突出，鼻宽脸平，肩宽唇厚，肤色棕黄，胡须和体毛少。印度的蒙古利亚人可以分为两个主要族群，蒙古人和与藏族关系密切的汉藏语系民族。蒙古人的后裔为莫卧儿人，他们已经基本上融入印度主体民族之中，由于混血的缘故，蒙古人的体貌特征已经不明显。包括查克马人和雷布查人在内的汉藏语系民族则带有明显的黄种人特征。汉藏语系民族主要分布在印度的东北七邦，东北七邦在人种、语言、文化等方面都与印度本土部分有着显著区别，古代从未与印度本土统一，直到英国殖民时期才被并入印度，因此他们对国家的认同率较低，至今仍存在严重的分离主义倾向。他们大多居住在深山密林之中，与外界交往不便，文化发展缓慢，生产技术低下，至今仍保留许多原始部落的生产方式、宗教信仰和风俗习惯。

地中海高加索人（Mediterranean）：也称达罗毗荼人，是南亚使用达罗毗荼语系诸语言各民族的统称，又称德拉维达人。达罗毗荼人主要分布在印度、斯里兰卡和巴基斯坦，大约2.17亿人，他们分几支从不同时期进入印度。关于他们的来历，其说不一，有人认为他们是当地原始土著居民，有人则断定他们与美索不达米亚地区的亚美尼亚人有直接关系。地中海高加索人或达罗毗荼人的特征是：长头窄脸，大眼薄唇，肤色浅黑，中等身材，体型修长。他们分为三支：第一支是地中海高加索人，是其中最古的，分布于泰米尔语、马拉雅兰语、泰卢固语地区，安得拉邦和泰米尔纳德邦的婆罗门种姓阶层是其代表；第二支是雅利安—达罗毗荼人，分布于旁遮普和恒河上游地区，多属较低级种姓，一般从事农业；第三支是地中海东方型，分布于北方邦、旁遮普、信德、拉贾斯坦地区以及北方邦的西部。

印度雅利安人（Aryans）：与欧洲雅利安人属于同种，为了和欧洲雅利安人相区别，所以又叫印度—雅利安人。雅利安人历史上原是俄罗斯乌拉尔山脉南部草原上的一个古老民族，是世界三大古游牧民族之一。雅利安人原为白种人，长相明显具有欧洲人特征：身材高大，腿长脸长，金发碧眼，鼻梁细高，额宽须浓，肤色白皙，头发呈波浪形，但进入印度后，因混血与气候关系，大多皮肤变为淡褐色，头发和眼睛变成黑色。雅利安人后裔及其混血人种分布在印度各地，其中以克什米尔人、拉贾斯坦人、旁遮普人、马拉提人、古吉拉特人的血统较纯。古代雅利安人迁移至中亚的阿姆河和锡尔河之间的平原上定居下来。这些人被称为雅利安—旁遮普人。大约在公元前14世纪，雅利安—旁遮普人中的一支南下进入南亚次大陆西北部，称为雅利安—旁遮普人—印度人，这就是印度古代文献中所称的雅利安人；另一支雅利安—旁遮普人则进入伊朗高原地区，称雅利安—旁遮普人—伊朗人。在伊朗高原地区，他们和古代的雅利安—旁遮普人融为一体，形成了后来的波斯人、米提亚人、斯基泰人，等等。在南亚次大陆，他们往南部驱逐德拉维达人，创造了吠陀文化和建立了种姓制度，把雅利安—旁遮普语族的语言带到了印度。后纳粹歪曲了雅利安人的概念，将北欧五国以及斯堪的纳维亚半岛等地区的金发碧眼的日耳曼人定义为雅利安人的典型性状，实际上两者毫无关系，相距甚远。古雅利安人信奉太阳神，以辐射形状为其象征，如十字和卍字。雅利安人能四处征战与他们善养马和骑马有关。塞西安、撒尔马希安部族是赫赫有名的游牧民族，他们曾遍布黑海北岸的俄罗斯草原经中亚直达中国新疆。

图5-1 传说中的雅利安人

以上是印度的主要人种，此外，印度后来还受到其他民族的入侵和征服，如波斯人、希腊大夏人、塞种人、贵霜大月氏人、匈奴人、突厥人、阿富汗人、莫卧儿人、阿拉伯人、英国人等，造成种族与民族的不断渗透和融合。印度政府在20世纪初普查人口时，将印度人分为7个种族：印度—雅利安人（占总人口的75%），达罗毗荼人（占总人口的20%），蒙古人，雅利安—达罗毗荼人，蒙古—达罗毗荼人，西叙亚—达罗毗荼人，突厥—伊朗人。此外，还有几十万英—印混血人。

二、民族繁多：不下数百个

印度究竟是单一民族国家还是多民族国家，各民族间关系如何，向来有三种不同的看法和观点，各执一词，莫衷一是。

第一种是印度官方的观点，认为印度全体居民在长期历史发展和反殖民主义斗争中已经融合成为一个统一的民族，他们之间只有种族、宗教信仰和语言的差异，没有明显的民族界限和区别；第二种是大多数外国学者和一部分印度学者的观点，认为印度无论独立前还是独立后都存在为数众多的民族，存在民族差异和矛盾，存在民族压迫；第三种是大多数印度学者的观点，持中间立场，认为印度虽然存在民族差别，但强调各民族的均衡发展，因而不存在民族压迫和剥削问题。

事实上，印度人经过数千年的迁徙、融合、同化和交流的漫长岁月，形成了当今印度复杂多元的社会民族构成格局。印度人的民族构成远比中国复杂得多，中国总共56个民族，其中汉族占了90%以上，而印度的情况远非这么简单。印度到底有多少个民族，难以确说，一般认为不下数百个，而无论哪一个民族都不占多数。在印度众多的民族中，人口较多的主要民族有：

印度斯坦族：印度人数最多的民族，又译"兴都斯坦人"。中国史籍称其居住地为"身毒""贤豆""天竺""印度"等。属欧罗巴人种印度地中海类型，混有澳大利亚人种成分。一般认为印度斯坦人主要是公元前2000年—公元前1500年左右从中亚草原地区经帕米尔—兴都库什山诸山迁往印度次大陆西北部的古代印欧人种雅利安游牧民族与当地的棕肤色人种达罗毗荼人的混血后裔，故有人称之为"雅利安—达罗毗荼人"。印度斯坦人历史悠久，与其他民族一起共同创造了辉煌的印度文化，盛行父系大家族制，常由三四代人组成，历史上长期遭受殖民统治，1947年与国内其他民族一起获得独立。根据印度官方2001年人口普查统计，印度斯坦族人口约为3亿，约占印度人口总数的30%。印度斯坦族主要分布于印度北部，如中央邦、北方邦、哈里亚纳邦、喜马偕尔邦、拉贾斯坦邦、比哈尔邦的部分地区以及全国各大城市，散布在恒河中上游的印度斯坦语地区，包括印地语和乌尔都语，均属印欧语系印度语族，大部分操印地语，少数人说乌尔都语。印地语以天城体字母为基础，包含较多梵语词汇，是印度的官方语言。乌尔都语则是在莫卧儿王朝时形成和发展起来的，其中既有印地语、阿拉伯语和波斯语的借词，又有突厥语和其他语言的借词，其文字用阿拉伯字母拼写。印度斯坦族多数人信奉印度教，部分人信奉伊斯兰教、佛教、基督教和耆那教。印度斯坦族支系众多，大体可以分为雅利安人和达罗毗荼人两大类。前者主要包括阿里尔人、查特人、洛蒂人、马利人、卡迪贡比人、拉其普特人、查米达尔人等。后者有邦多人、科尔巴人、拜伽人、莫特拉人、恰布阿人、沙哈利埃人和高尔人等。其中高尔人再分出不少支系，如帕特人、牟里亚人、高亚人、波尔伽人、波罗坦人、波尔海亚人、拉吉衮德人、拉吉牟利亚人等。可见，印度斯坦族是一个总的称谓。上述各色人等的存在，保留了远古时代部落生活的信息，说明印度斯坦民族的融合还没有达到高度统一的程度。他们主要从事农业，种植水稻、小麦、玉米、棉花和甘蔗等，擅长棉毛纺织、刺绣、金属制品等手工业。他们保留了较典型的种姓制度和印度教文化特征，妇女地位低下，婚姻包办，寡妇改嫁困难。节日在他们的生活中占有特殊的地位，例如胜利节、洒红节等，每逢节日，不分高低贵贱，人人唱歌跳舞，纵情欢乐。

孟加拉族：人口在各民族中居第二位，主要聚居于西孟加拉邦，少数散布于阿萨姆邦、比哈尔邦和奥里萨邦。原盛行佛教，后皈依印度教，流行种姓制度，但不甚严格。孟加拉人历史悠久，文化发达，文学、绘画、音乐都很繁荣，主要从事农业，生产稻米、黄麻等。他们主食大米，嗜好吃鱼，鱼的种类很多，多达数百种，喜吃甜食，有一种叫"拉斯古拉"的甜食不仅驰名印度，而且畅销世界。孟加拉人的节日很多，一年12个月中有14个节日。

泰卢固族：又称安得拉人，占全国人口的8.5%，主要聚居于印度东南部的安得拉邦，部分散布于卡纳塔克邦和泰米尔纳德邦。泰卢固人身材魁梧，强壮结实，肤色多种多样，从浅灰到深黑，除土著保留着原来的纯血统外，其余都是混血人种，兼备南北各人种的特点。他们喜欢吃奶酪，喜欢喝茶，喜欢烟草，尤其嗜好辣椒，不喜欢吃甜食和糖。他们原信奉佛教和耆那教，后来大多数人改信印度教，少数人信仰伊斯兰教和基督教。他们主要从事农业和渔业，种植水稻和烟草，少数人为城市工人。

马拉提族：占全国人口的8%，主要居住在西部的马哈拉施特拉邦，部分居住在中央邦和古吉拉特邦。马拉提人是印度—雅利安人、达罗毗荼人和古希腊人的混合，肤色黄褐，身材矮小结实，鼻子小眼睛大，大部分信奉印度教，少部分信奉耆那教、伊斯兰教和基督教。马拉提人擅长体育运动，在摔跤、板球、曲棍球和羽毛球等方面有特长，他们的节日同样名目繁多，内容丰富多彩。他们主要从事农业，种植水稻、小麦和棉花，也从事手工业，近期城市工人在人口中增加较快。

泰米尔族：主要聚居在东南部的泰米尔纳德邦，部分居住在相邻的喀拉拉邦、卡纳塔克邦、安得拉邦。此外，在印度以外的斯里兰卡、马来西亚、新加坡、斐济、毛里求斯、南非等国家，泰米尔人也为数不少。泰米尔人个子较小，结实有力，肤色较黑，鼻子扁平，嘴唇较厚，头发黑浓。他们擅长诗歌、建筑和青铜雕塑，古典舞蹈和民间戏剧发达。他们原来信奉耆那教，后改信印度教，但与北印度教徒属于不同的教派。他们大部分从事农业，主要种植水稻、甘蔗，少部分从事畜牧业和渔业。

古吉拉特族：主要分布于古吉拉特邦，另有少数分布于邻近地区，如马哈拉施特拉邦。古吉拉特人是雅利安人、达罗毗荼人和塞种人的混合，多数人信奉印度教，少数人信仰伊斯兰教和耆那教。古吉拉特人大多素食，喜欢辣椒等调料，对奶油、豆粉、甜食和脆饼很感兴趣，城市居民以面饼、米饭和油煎饼为主，农村居民以高粱为主。笔者在古吉拉特邦的时候，很少见到肉食餐馆，基本上都是素食餐馆。古吉拉特人用大罐子和大桶装糖，笔者误以为是米罐子和米桶。古吉拉特人节日很多，最大的节日是灯节。过节时，万家灯火，一片辉煌。古吉拉特人主要从事农业，种植玉米和棉花等，有些人善于经商，工商业和各种手工业比较发达，印度大工商业家和金融家有相当一部分属于这个民族成员。

马拉雅拉姆族：主要聚居于喀拉拉邦，少数分布于邻近各邦。多数人信仰印度教，少数信仰天主教和伊斯兰教。马拉雅拉姆人严格遵守种姓制度，多数人属于低级种姓和贱民，社会生活中保存有较多的母系氏族制残余。他们主要从事农业，种植水稻、椰子、芒果、槟榔等，部分人从事渔业。

卡纳达族：主要分布于卡纳塔克邦，少数分布于邻近地区。多数人信仰印度教，少数人信仰天主教和伊斯兰教。他们主要从事农业，种植水稻、棉花、咖啡，少数人从事纺织等手工业。

奥里雅族：主要分布于奥里萨邦。大多数人信仰印度教，保留比较典型的印度教传统和习俗，低级种姓较多，小部分人信仰基督教。他们主要从事农业，种植水稻、小麦、高粱、油菜、甘蔗、黄麻等，主食大米，喜食鱼虾、豆制品、各种蔬菜，爱好喝酒。奥里雅人性格直率，勤劳本分，接人待物彬彬有礼，素以天真无邪著称，男人衣着简单朴素，女人喜欢首饰，穷人几乎半裸体。

阿萨姆族：聚居于阿萨姆邦。阿萨姆人的身体中，至今还流淌着原始澳大利亚人、柬埔寨人、尼科巴岛人、上缅甸人、达罗毗荼人的血液。大多数人信仰印度教，少数信仰伊斯兰教。多数人从事农业和畜牧业，少数人受雇于茶园和其他种植园，以大米为主食，尤其喜欢喝茶，绝大多数人深受压迫和剥削，沦为无地农民和雇工。

拉贾斯坦族：主要分布在拉贾斯坦邦，其次在中央邦、安得拉邦等也有分布。大多数人信奉印度教，少数人信奉伊斯兰教和耆那教。他们主要从事农业，但也擅长纺织业、制陶业和各种金属制品，手工业较为发达。拉贾斯坦民间舞蹈著名，妇女酷爱装饰品，喜欢戴项链、项圈、耳环、鼻环、手镯、脚镯和脚铃，花枝招展，美丽动人，男人注重留胡须，以留须为荣。

锡克族：主要聚居于旁遮普邦，另有少数人分布于邻近地区。锡克人的民族属性与宗教信仰是同一的，信仰锡克教。锡克人身材魁梧，胸部宽阔，肤色白中带褐，性格豪爽开放，活泼乐观，能歌善舞，民间舞蹈享有盛名。锡克人文化水平较高，经济富裕，多数从事农业，相当一部分人服役于军队和警察，少数人以放牧为生，有的则从事纺织、制陶、地毯和木雕等业。海外锡克人也不少。

如果将种族和民族结合起来，按地缘因素来考察的话，当今印度大抵可以划分为三个部分：

（1）中部、北部和西部地区，包括中央邦、北方邦、喜马偕尔邦、拉贾斯坦邦、比哈尔邦、旁遮普邦、古吉拉特邦、奥里萨邦、西孟加拉邦，是雅利安人的家园。渊源于这个种族的主要民族有：印度斯坦族、锡克族、奥里雅族、古吉拉特族、马拉提族、孟加拉族等。

（2）南部地区，包括泰米尔纳德邦、卡纳塔克邦、安得拉邦、喀拉拉邦，是达罗毗荼人的家园。渊源于这个种族的主要民族有：泰米尔族、卡纳达族、泰卢固族、马拉雅拉姆族等。

（3）东北部地区，包括阿萨姆邦、曼尼普尔邦、梅加拉亚邦、那加兰邦、特里普拉邦、米佐拉姆邦，是雅利安人种和蒙古人种的汇合点。阿萨姆族基本上属于雅利安人血统，但又具有蒙古人种的成分，其他民族则是蒙古人种占优势。

世界流浪者吉卜赛人起源于印度。吉卜赛人是迄今唯一没有建立国家的民族，在世界许多国家，都能看见吉卜赛女郎的美丽身影。世界各国对吉卜赛人有不同的称呼：英国人称他们为吉卜赛人；法国人称他们为波希米亚人；西班牙人称他们为茨冈人或佛拉芒人；俄罗斯人、德国人、意大利人、土耳其人称他们为茨冈人；荷兰人称他们为多神教徒、茨冈人；匈牙利人称他们为茨冈人或法老的部落；芬兰人称他们为黑人、茨冈人；波斯人称他们为罗哩；斯里兰卡人称他们为艾昆塔卡；希腊人称他们为阿金加诺人或阿钦加诺人，等等。这些名称都是他们流浪到该国后加的，久而久之，也就被该国吉卜赛人所承认。但吉卜赛人自称为多姆人（Rom）（亦译罗姆人、洛姆人）。现在，联合国统一采用的名称为吉卜赛人。

"吉卜赛人"（Gypsies）一词是从"埃及人"（Egyptians）一词演变而来的，这是因为当时欧洲人误认为吉卜赛人来源于埃及。据考证，大约在10世纪以后，迫于战乱和灾荒，吉卜赛人开始离开印度成群结队地向外迁徙。从13世纪起，欧洲大陆便出现了一群群以歌舞卖艺为生的流浪人。他们没有固定的家园，牲口拉的大篷车，既是他们流浪的工具，又是他们的住房。他们就是这样以大篷车为家和交通工具在一个个村镇之间游荡。许多世纪过去了，现在他们的足迹已遍及欧洲、南亚、西南亚、北美、北非、南美、澳洲各国。艰辛的流浪生活迫使他们团结起来，成为世界闻名的流浪民族。

图 5-3 吉卜赛女郎

历史学家、语言学家、社会学家经过多次实地考察，不但澄清了吉卜赛人来自埃及的误解，而且得出科学的结论：吉卜赛人是祖居印度旁遮普一带的游荡部落。古代印度教把人分为四个种姓，即婆罗门（僧侣集团）、刹帝利（贵族和武士）、吠舍（农民、手工业者和商人）和首陀罗（指被征服或处于奴隶地位的穷人）。吉卜赛人在古代印度属低级种姓（首陀罗）的民族，处于受歧受压迫的地位，他们处境艰难，为了求得生存，不得不出走流浪。

另据突厥史和印度史记载，公元10世纪后，阿富汗伽色尼王朝不断派军队入侵北印度。阿富汗军队在印度境内大肆烧杀劫掠，给印度居民带来了巨大灾难，其中受劫难最深重的莫过于多姆人。多姆人被迫离乡背井，流浪到异国他乡，形成今天浪迹天涯的吉卜赛人。

此外，在吉卜赛人中还流传着一个神话：有一个体格健壮俊美、能歌善舞的部落，不知什么原因，触怒了天神，天神施展魔法，在他们背后刮起一阵狂风，狂风把他们连人带马吹到了异国他乡。这个神话虽不可信，但却从一个侧面反映出了吉卜赛人的民族特点和历史经历。吉卜赛人擅长音乐，酷爱歌舞，吉卜赛吉他琴手马尼蒂斯、音乐家雷耶在世界上享有盛名。吉卜赛人为匈牙利、西班牙的音乐事业做出过重要贡献。

吉卜赛人不事农桑，喜欢过流浪生活，从事传统职业。男人以贩卖家畜、驯兽、补锅、修理器具和充当乐师为主，他们酷爱马，见到好马，全身热血就会沸腾起来。妇女则以编织、卜卦、卖药、行乞和卖艺等谋生，卖艺主要指表演歌舞。大篷车每到一地，吉卜赛妇女就拉开场子，敲起铃鼓，弹起吉他，跳起欢快的舞蹈。跳舞的吉卜赛女郎，面容美丽、舞姿动人、性格热情、歌声浪漫，人们把她们视为美的象征。因此，吉卜赛歌舞成了世界闻名的歌舞。他们入乡不随俗，因此这种传统的职业习俗和生活方式一直保留到今天。目前，世界上仍有四分之一的吉卜赛人四处漂泊，四分之三的吉卜赛人开始定居下来，得到各国政府的安置。

吉卜赛人非常迷信。他们喜食猫肉和刺猬肉，但不吃马肉、狗肉和各种野味，严禁捕猎。男人穿肥大的灯笼裤、皮靴、背心、短外衣、宽皮带或彩色丝腰带，喜欢饰银纽扣，在手杖上安装银质饰物。妇女喜欢鲜艳的色彩，尤其是红黄绿三色，穿花花绿绿的长褶裙，戴花头巾，特别爱戴金银首饰，大多戴项链、戒指和大耳环。实行早婚，不重视文化教育。

第五章　民族语言：盘根错节

图 5-4　吉卜赛乐队

吉卜赛人自移居欧洲以来，备尝艰辛。他们每到一个国家，几乎都被看作小偷、纵火犯、巫婆，经常受到歧视和迫害。作为外来的流浪民族，吉卜赛人在传统观念、生活习俗、宗教信仰等各个方面与所在国截然不同。因此，各国都曾禁止他们入境流动，甚至蛮横地加以驱逐。

1499 年西班牙国王斐迪南和王后伊莎贝拉曾下令，禁止吉卜赛人继续流浪，否则予以严惩。法令规定，所有吉卜赛人必须有固定住所，否则要在广场上当众鞭笞，鞭笞以后仍没有住处，就要被割掉两只耳朵，然后驱逐出境。1725 年普鲁士国王费雷德里克·威廉一世竟下令，对年满 18 周岁以上的吉卜赛人不分男女一律处以绞刑。1782 年匈牙利当局以吉卜赛人有"食人肉"陋俗为由，一次屠杀 45 名吉卜赛人。从 1499 年至 1783 年，西班牙统治者竟陆续颁发了一百多项迫害吉卜赛人的法律，对吉卜赛人严加处罚，使他们深受残害，无所适从。西班牙迫害吉卜赛人的活动一直持续到 18 世纪末才有所收敛。

19 世纪，英国曾把吉卜赛人强迫送往苏格兰煤矿去采煤。英国、法国、西班牙都曾经流放过吉卜赛人，并把吉卜赛人遣送到南北美洲。对吉卜赛

197

人的迫害，在中世纪甚至近代欧洲各国都不同程度地存在。在一些地区，吉卜赛人的奴隶身份一直延续到19世纪中叶。1845年罗马尼亚的一位贵族还在布加勒斯特的报纸上刊登广告，出售他的200户吉卜赛人。

20世纪，德国纳粹在虐杀犹太人的同时，也疯狂地杀害吉卜赛人。1937年冬至1938年，德国曾大规模地逮捕吉卜赛人，把他们关押在集中营，绝大多数吉卜赛人都惨死在集中营中。德国当时对吉卜赛人实行种族灭绝的政策，即制止出生、驱逐出境和进行屠杀。据不完全统计，在第二次世界大战期间，大约有50万吉卜赛人被屠杀。

图5-5 德国纳粹集中营中的吉卜赛人

长期以来，吉卜赛人为求得自身的生存和民族的解放，曾进行过不懈的斗争。直至第二次世界大战以后，吉卜赛人受迫害的历史才有所改变。目前，吉卜赛人主要分布在欧洲的罗马尼亚、南斯拉夫、匈牙利、保加利亚、苏联地区和美国，各有50万人，共计约300万人，占吉卜赛人总数的3/4。他们在政治、经济、文化教育等方面的待遇开始有所改善。近年来，各国政府为了消除种族隔阂，增加相互信任，减少社会矛盾，制定了一些具体政策，使吉卜赛人的生活发生了一些变化，但迄今吉卜赛人的境况未能得到彻底解决。

三、特殊群体：土著部落民

印度各地分布着许许多多形形色色的土著部落民，他们可能是印度最古老的居民群体，也是印度人中的特殊群体。

土著部落民有不同的名称，有人称他们为森林部族，有人称他们为山区部族，有人称他们为原始部族，有人称他们为落后部落，有人称他们为万物有灵部落，有人称他们为土著居民，有人称他们为原始居民，有人称他们为少数民族，印度宪法则称他们为表列部族。他们在社会和文化上有相对的独立性，可谓"少数民族中的少数民族"，他们的利益受到特殊保护，宪法把他们与一些落后的种姓集团用表列出来，在教育、选举、公共机构就职以及社会经济发展方面实行特别保护政策。

印度土著部落不同程度上还保持着原始文明，处在不同的社会发展阶段，社会风俗千奇百怪，为了解和研究人类社会发展史提供了独特的条件。因此，自18世纪中叶以来，印度的土著部落一直受到印度和国外人类学家的重视。

印度的土著部落数目繁多，是亚洲部族人口最多的国家。印度到底有多少部落，各种文件和研究调查报告说法不一。有的认为共有413个部落，有的认为共有427个，有的认为共有550个，有的认为比这更多，部族人口在5380万以上。他们信仰各种宗教，印度教徒占89.4%，基督教徒占5.5%，佛教徒占0.34%，穆斯林占0.2%，其他教徒占4.53%。

相对印度众多民族而言，土著部落人数少，各个部落人数差别极其悬殊。有的部落人数很少，只有几百人，甚至几十人，而且在日益减少，有的部族人口多达几百万，并在继续增长。据1971年统计，人口超过100万的部族有6个，分别为比尔人（占部族总人口的13.65%）、贡德人（占12.65%）、桑塔尔人（占9.56%）、奥朗人（占4.48%）、米纳人（占4.03%）、蒙达人（占3.06%），这6个部族人口合计占部族总人口的47.43%。

印度土著部族分布很广，除旁遮普、哈里亚纳、德里和本地治理等地区外，其他各邦和中央直辖区均星罗棋布地居住着各种不同的部族。其中，部族人口超过100万的邦有9个：中央邦，有834.7万，占该邦人口的20.4%和全国部落总人口的21.96%；奥里萨邦，有507.2万，占该邦人口的23.11%和全国部落总人口的13.34%；比哈尔邦，有493.3万，占该邦人口的8.75%和全国部落总人口的12.98%；古吉拉特邦，有373.4万；拉贾斯坦邦，有312.6万；马哈拉施特拉邦，有295.4万；阿萨姆邦，有273.4万；西孟加拉邦，有253.3万；安得拉邦，有165.8万。

土著部族虽然分布在印度全国各地，但他们大多数分布在山区、森林以及一些边缘地带。印度土著部族的地理分布，大体可以分为6个地区：

东北地区：包括阿萨姆邦、曼尼普尔邦、梅加拉亚邦、那加兰邦、特里普拉邦和米佐拉姆邦，这里的主要土著部族民有那伽人、米佐人、卡查里人、阿波尔人、加洛人、卡西人、库基人、梅泰人、贾因提亚人、拉克尔人、密斯尔人、拉龙格人等。他们大多属于蒙古人种，人口约占全国土著部族总人口的11%。

喜马拉雅山麓地区：包括西孟加拉邦北部、北方邦北部和喜马偕尔邦等，主要土著部族民有勒普查人、拉巴人、塔鲁人、拉吉人、博克萨人、卡萨人等。他们大部分也属于蒙古人种，人口约占全国土著部族总人口的5%。

中部地区：包括比哈尔邦、西孟加拉邦、奥里萨邦和中央邦，主要土著部族民有桑塔尔人、蒙达人、布米吉人、贡德人、卡里亚人、霍人、奥朗人、科尔瓦人、基桑人、布伊亚人、拜加人等。他们大多属于原始澳大利亚人种，人口约占全国土著部族总人口的50%以上。

西部地区：包括拉贾斯坦邦、古吉拉特邦和马哈拉施特拉邦，果阿、达德拉和纳加尔阿维利中央直辖区，主要土著部族民有比尔人、米纳人、加拉西亚人、瓦尔利人等。他们属于原始澳大利亚人种，人口约占全国土著部族总人口的25%以上。

南部地区：包括泰米尔纳德邦、卡纳塔克邦、安得拉邦、喀拉拉邦，主要土著部族民有伊鲁拉人、琴楚人、卡达尔人、科塔人、库里昌人、吉里江人、马拉约尔人、托达人、蒙达人、科隆巴人、僧瓦尔人、昆杜瓦迪安人、高雅人、阿兰丹人、楞巴迪人等。他们分别属于高加索人种、尼格利陀人种、原始澳大利亚人种、混血人种，人口约占全国土著部族总人口的6%。

群岛地区：包括孟加拉湾中的安达曼群岛、尼克巴群岛和阿拉伯海中的拉克代夫群岛，主要土著部族民有安达曼人、森蒂奈尔人、昂格人、贾拉瓦人、尚彭人、尼克巴人等。他们分别属于尼格利陀人种、蒙古人种，人口约占全国土著部族总人口的0.13%。

土著部族的社会形态处于氏族制解体和阶级社会形成的阶段，原始社会的特征非常明显，血缘关系是部族内重要的纽带，母权制和父权制在部族社会中起着支配作用。近年来的调查研究结果表明，除了东北部和南部地区少数部族仍处于母权制社会外，大多数部族已经发展到典型的父权制阶段。在母权制部族，女性是社会的主体，夫从妻住，财产按母系继承，而在父权制部族，男性部族长老主宰着部落社会，调节和组织部族居民的社会活动，调节内部纠纷，主持宗教仪式和庆典。住在靠近平原或丘陵地带与外界交往较多的部族，社会结构比较复杂，既有古代氏族制度残余，又掺和了若干封建乃至资本主义的因素和成分。

土著部族的社会生产力水平低下，生产方式差异很大。多数部族从事农业和畜牧业，其中，有的有固定的农牧场所，从事固定耕作，有的则从事游牧和刀耕火种的流动耕作。居住于深山老林或峡谷地带的部族，至今仍以采集野果或使用原始工具进行捕鱼狩猎为生。还有一部分以手工业为主要职业，从事编织、制陶、竹器和木器加工。有些部族居民从事劳工、民间艺人和小商贩职业。由于生产技术落后，生产水平低下，自然灾害频繁袭击，地方官吏敲诈勒索，再加上资本主义影响，大多数从事农业的部族民负债累累，失去土地，沦为雇农，从事手工业和小商贩的部族民失去生产资料和资金，加入失业者的行列或成为劳工。因此，大部分部落民过着勉强生存的生活，在饥饿和死亡线上挣扎，而且货币流通越来越多，私有财产日益增多，私有观念日益加重，贫富分化日益拉大，部族民逐步失去原部族的特点。

土著部族的行政体制各地也不尽相同，差异显著。北印度地区的土著部族的行政体制，有些属于民主政体，一般土地共有，私人占地很少，首领和村长通过选举产生，民主决定一切政策。有些部族的首领和村长带有世袭性质，但须通过任命手续，各村设长老会，协助村长工作。有些部族村长权力很大，负责一切事务，有些部族村长没有权力，形同虚设。中印度地区的土著部族也以村庄为最基本的行政单位，村长由选举产生，村里设有村议会，协助村长工作。村以上还设有村联会，一般由十几个村子组成，村联会主任由各村共同选举产生。南印度地区的土著部族虽然也以村为单位，但没有什么行政组织和机构，公事全由年长老人处理。长者和具有优秀品质或某种特长的人受到普遍尊重，他的意见也受到尊重，既没有法律，也没有惩处罪行的法规。

土著部族的社会习俗带有氏族社会的印记。虽然大多数部族将一夫一妻制作为家庭的主要形式，但少数部族仍保留一妻多夫制、一夫多妻制、多夫多妻制、对偶婚制、群婚制等原始氏族的特点和习俗。许多部族还保留着公房制，为青年男女参加社交活动和选择配偶提供方便场所，有的部族还流行抢新郎、抢新娘的抢亲制，有的部族还残留一些与迷信有关的习俗。

土著部族的宗教信仰保留着氏族社会的痕迹，同时也反映出其他宗教的渗透和影响。土著部族中盛行泛灵论，即认为自然界万物都具有主宰和支配人类活动的超凡力量，因而要通过祈祷、祭祀、庆典等形式，求得这些神灵的保佑。有的部族特别信奉某种或某些神灵，图腾崇拜颇为流行。一部分部族由于长期受印度教影响而接受了印度教信仰，成为印度教社会中一个低种姓集团，但他们仍受正统印度教徒的歧视，因而他们中反对印度教文化、维持自身文化统一性的情绪很强烈。还有一部分部族或部族成员接受了伊斯兰教和基督教，据调查，近年来，信奉基督教的部族居民增长很快。

图5-6 土著葬礼

印度独立以来，经过历届政府半个多世纪的努力，某些部族地区的落后面貌有所改变，但部族地区与其他地区的悬殊差别远未消除，有些地区与几十年以前几乎没有什么两样。按照一位英国学者的估计，印度部族民要用50年才能达到目前印度其他居民的水平，而在这50年中，其他居民将以更快的速度发展，因此他们之间的差距不仅消除不了，而且将进一步扩大。

2015年4月《华东在线》报道："安达曼群岛原始部落与世隔绝真实生活，以狩猎为生，没有任何形式的农业。"位于安达曼-尼科巴群岛首府布莱尔港以西40公里的北森提奈岛（亦译北森蒂纳尔岛、北森蒂内尔岛），是一个拒绝与外界接触的遥远的小岛。岛上约有250名原始部落成员，以狩猎为生，自石器时代以来，生活方式几乎没有变化，是地球上最后几个拒绝与外部现代世界接触的族群。他们与其他安达曼岛人一样，属尼格利陀人种，祖先在大约6.5万年至7万年前从非洲迁移至这里，后因海水上涨而被困在这些岛屿上，过着原始、与世隔绝的生活。他们皮肤黝黑，身材矮小，头发卷曲，只用树叶及植物纤维来遮掩身体的重要部位。北森提奈岛属热带气候、植被茂密，但森提奈人不懂生火、也不懂种植，一直只以狩猎维生，以岛上的椰子及海鱼为主食。由于长年与周边民族分离，他们的语言极其独特，没有人能明白，人类学家至今仍未能深入了解他们的文化习俗及生活习惯。岛上没有天然港口，周围被珊瑚礁环绕，把访客拒之门外，也把自己锁在里面。他们警惕地保护着自己这种与世隔绝的生活，任何外人在岛上登陆都可能遭遇土著人的万箭齐发。

1880年，英属印度的一位行政官莫里斯波特曼率领着一行人对这座岛屿进行了第一次已知的探岛之旅。经过几天的探险，波特曼和他的团队抓住了6个土著人（两个成年人和4个孩子），并把他们带到安达曼群岛的首府布莱尔港。然而，这次行动却因两名土著人死于疾病而以悲剧告终。他们把剩下的4名孤儿送回岛上，还送给这些孩子不少礼物，算是对他们失去家人的补偿。

20世纪60年代后，所有与森提奈人进行接触的努力都没有取得什么成果。1974年一个纪录片摄制组被袭击，导演的大腿被箭射中。20世纪80年代和90年代，造访该岛屿的失事船只不计其数，他们与当地人发生冲突并杀害了不少部落岛民。经过多年尝试并为土著人送去了大量的礼物后，1991年外界才得以与当地人进行了初次友好接触。印度人类学家Triloknath Pandit可能是世上唯一一个受到森提奈人欢迎的人，1991年，他人未上岸，就先向北森提奈人扔大批鱼类，又送上大量椰子，成功令他们释出善意，众人还拍下合照。然而，森提奈人最后怀疑Triloknath Pandit打算留在岛上，因此用刀指向他，吓得Triloknath Pandit立刻登船离去。

当地人因接触外界常见岛上没有的疾病而死亡，因而与群岛上其他土著居民接触的类似努力（包括与大安达曼人和加洛瓦人的接触）都以悲剧告终。由此，一些团体呼吁不应强行接触森提奈人。印度政府于1996年放弃了与当地人接触的计划，并建立了一个三英里隔离区，禁止游客等人靠近。几个世纪以来这座小岛一直未被现代文明入侵。

2004年的南亚海啸过后，印度政府曾派遣了一架直升机去视察这些原始部落的受灾情况。在经过北森提奈岛时，一名部落男子一边在海滩上奔跑，一边朝直升机射箭。安达曼土著能够避过南亚海啸一劫，却难敌城市化扩张。印度当局大兴土木，建造铁路、军事设施、道路等，使土著居住的树林遭大规模砍伐。

2006年2月，两名印度渔民误入安达曼-尼科巴群岛原始部落区，被部落成员杀死。印度政府高级官员内吉说，来自安达曼-尼科巴群岛首府布莱尔港的这一老一少两名渔民，可能是在没有意识到的情况下，误把渔船漂到北森提奈岛的。海岸警卫队发现北森提奈岛沙滩中埋有两具尸体，约20名原始部落成员环绕着尸体，"部落成员赤身裸体，拿着弓箭"。内吉说："死者亲属希望亲眼见到尸体。我们只能通过望远镜指给他们看，我们能做到的就只有这些。我们不能找回尸体……没有人被获准接近这个部落"。国际维护土著权利组织负责人斯蒂芬·科里说，附近岛屿的居民时常到森蒂内尔岛捕捉龙虾，"如果印度政府加强禁令执行力度，就可避免这起惨剧的发生"。印度政府禁止任何人靠近这座岛屿。

据《每日邮报》2018年报道，印度安达曼群岛为多个原始部落的聚居地，惟土著的生存空间屡受现代文明威胁。政府虽有立法规管，但限制甫于今年9月放宽后，即发生外来者被土著杀害事件，再次引起原住民习俗与现代化碰撞的争议。

岛上与世隔绝的土著与外界接触，可引发外来疾病、文化影响、家园破坏等影响，令不少部落的规模愈来愈小，甚至消失。不过，游客对部落的独特风土之旅乐此不疲，多年来不惜贿赂官员，以开办游览岛屿的"活人探险之旅"。其中以加洛瓦（Jarawa）部落最受影响，族人有如动物园里的表演鸟兽。他们不似北森提奈人般对所有外来者抱有敌意，故每年引来18万游客非法进入其聚居地。游人会向土著大叫、投掷食物，又要求他们载歌载舞，以拍照留念。年轻土著受影响下，甚至开始主动接近道路，向游人乞讨食物，部落风俗荡然无存。

2017年7月24日，一些来自阿德瓦斯部落的学生在印度古瓦哈提举行游行，要求政府尊重阿德瓦斯人的权利。但在游行过程中，学生们遭到当地居民的残暴殴打。一位名叫拉西米-奥兰的女学生甚至遭暴民剥光衣服殴打。这是拉西米第一次出远门，她乘车从258公里外的村庄来到古瓦哈提参加游行，却不想遭遇了厄运。

2018年据CNN报道，Peter Bos是荷兰的一位肖像摄影师，他拍摄了原始猎头部落土著人的照片。照片中的人带着着骄傲和渴望的表情，但是又显得非常的温柔、善良。而他们却曾是可怕的猎头者，脸上的纹身象征着他们斩首的敌人。此猎头可不是帮忙跳槽的职场伯乐，而是一种真正以人头为猎物的彪悍民风。他们是Konyak猎头部落的成员，该部落居住在印度那加兰邦的偏远山顶村庄里，约有23万人，他们习惯在身上画上纹身来庆祝、纪念人生具有的里程碑的事件。然而，面部的纹身只有战士才有资格拥有，而且是在取得了敌人项上头颅后才能纹上去。Bos四次来到这个地区，拍摄了这些照片。"我见到他们从未感到过害怕"，Bos在电话采访中回忆道，"我们认为猎头是粗暴邪恶的，但对他们而言只是为了生活下去"。Bos说，"我们走进他们的房子，与他们在一起，询问他们的历史——包括他们的诗歌、谚语和歌曲——这使他们在镜头前很放松"，"但是老人们都非常脆弱，看起来有些悲伤"。"每个纹身图案都代表纹身主人的生活状态或生命周期"，38岁的Phejin Konyak在接受那加兰的电话采访时说，"我把所有现有的纹身图案记录下来，以免它们丢失，我还记录了口头文化传统，如歌曲和诗歌，争取在它消失的之前把它们记录下来"。Phejin Konyak 用了四年的时间记录这个原始部落文化的变迁与消逝，写出了一本书名为 The Konyaks: Last of The Tattooed Headhunters，详细介绍了部落的习俗、仪式和社会结构，还描绘了英国传教士的到来以及万物有灵论信仰和萨满教的消失。Phejin Konyak 基于自己的成长经历，说自己对基督教有一种所谓的"复杂情感"。Phejin Konyak 4 岁时离开了这个 700 人的村庄，在距离 300 英里的 Dimapur 的一所修道院学校接受教育。"如果我没有接受过现代教育，我根本不可能写出这本书"，她说，"但在那加兰邦，皈依基督教和接触现代化的速度太快了，一切像是突然发生的"，"我们刚结束猎头者的生活方式，就开始拿起来 IPad"。Phejin Konyak 的使命有些讽刺：她的曾祖父 AHON，通过与英国殖民者合作促成了交战部落之间的和平，结束了野蛮的猎头行为。但是随着而来的是，部落的其他东西也一起被扫除了。Phejin Konyak 认为，传统纹身的命运是文化侵蚀的象征，如果能够把过去的美好事物与新的生活方式结合起来就好了。原始部落不能保持孤立，必须适应不断变化的时代，但是如果失去了对自己传统的认同，那么改变的目的又是什么？"

四、千差万别：生活方式丰富多样

印度各民族的社会发展和生产力水平很不平衡，千差万别：从氏族部落、原始公社到现代文明，各种社会形态都有，展示出人类社会发展的不同历程；从原始的弓箭石斧到现代的电脑导弹，各种技术同时并存，显示出人类智慧演化的不同阶段。印度各民族由于居住地区和自然条件各异，生活方式也不尽相同，林林总总，丰富多样。王树英先生将其归纳为以下几个类型：

采集狩猎型：这类民族至今还处在依靠天然资源维持生活的阶段，其中绝大多数人不懂农业生产，或对农业不感兴趣，靠采集植物或狩猎动物为生。他们主要是柯钦的伽德尔人，泰米尔纳德邦的伊鲁拉人、高雅人、昆杜瓦迪安人、马拉约尔人，喀拉拉邦的卡达尔人、阿兰丹人、帕尼扬人、科隆巴人，安得拉邦的楞巴迪人、杰纠人、中央邦的贡德人、布伊亚人、拜加人，比哈尔邦的卡里亚人、霍人、科尔瓦人、拜加人，马哈拉施特拉邦的克达利人，北方邦的拉吉人，安达曼群岛的森蒂奈尔人、昂格人、贾拉瓦人、尚彭人、尼克巴人等。

他们分成许多群，住在山林或海滨，多数以家庭为单位，有时也几家合作谋生。住在山林者，靠采集野果、野花、野菜、块茎、蜂蜜、鸟蛋以及猎获野猪、猴类、野鸡、野鸽等为生，另外也采集一些可以用来交换的蜡、兽角和兽牙。住在海滨和河流湖畔者，主要靠捕捉鱼、虾、龟、贝、蟹等为生，同时也采食野果、捕捉鸟兽等。他们使用的工具非常简陋，采集或狩猎用棍棒、标枪、弓箭，捕鱼用渔网、笼子、标枪、弓箭。近年来，商人和他们有了较多的联系，用酒类、大米、布料、衣物等换取他们的蜂蜜、蜡、胡椒、藤条、兽皮等山货，因此他们的生活发生了变化，开始吃大米、穿衣服了，但同时也出现了卖淫现象和各种性病。

图 5-7 渔猎生活

游牧畜业型：有些少数民族完全以放牧为业，只靠游牧和畜牧为生，主要有南印度尼尔吉利地区的托达人、喜马偕尔邦的古贾尔人、北方邦的婆迪亚人等。托达人只养水牛，牛分两种，一种叫圣洁牛，属于各家私有财产，由各家男子经营，男孩放牧；另一种叫最圣洁牛，归全村所有，由全村选出专人管理，负责牛奶的挤取、保存和使用。他们的私有财产只有圣洁牛、首饰和住宅，财产全归男子所有，分财产时，长子和小儿子多分一头牛，女子只有获得陪嫁的权利，没有继承财产的权利。古贾尔人主要饲养黄牛和水牛，以卖牛奶为主，夏季，他们全家出动，带着牲畜和家中的财产，到高山地区或森林地带放牧，冬季，再返回山下的平原住区。由于他们同商人有了联系，他们的牛奶和奶制品大部分到了商人手里。婆迪亚人住在山上，有固定的村落，他们虽也称为牧民，但放牧只是一种辅助手段，他们既务农又经商，还从事畜牧业。他们饲养的牲畜主要是绵羊和山羊，吃羊肉、喝羊奶、用羊毛，同时也出售羊奶和奶制品，有时也出售牲畜。

刀耕火种型：印度80%以上的人口从事农业生产，但不同地区不同民族采取的生产方式不同。其中有一些少数民族从事刀耕火种的不固定生产方式，这种刀耕火种的方法主要盛行于阿萨姆邦和曼尼普尔邦的洛哈达人、安加米那加人、古喀人，孟加拉邦的莫尔巴哈里亚人，比哈尔邦的阿苏尔人，奥里萨邦的沙奥拉人、纠昂格人，北方邦的高拉瓦人，中央邦的贡德人、拜加人中间。他们居住在固定的村子里，在村子附近选好一片树林，征得祭司或占星家的同意，按照宗教仪式，在雨季到来之前，将树木砍倒，晒干后放火烧掉，然后撒种或点种。有些地方，一块地种一茬或两茬庄稼后休耕，有些地方则连种三茬后休耕，这些种过的地直到长出树木，形成森林之后，再去伐木造田，进行耕种。这种伐林造田的做法，严重危及生态平衡，造成水土流失，暴雨成灾，印度政府已经采取措施限制这种乱砍滥伐现象。

固定耕作型：印度大部分民族已经跨过了刀耕火种阶段，采用了固定的耕作方法，耕种固定的土地。主要有比哈尔邦和西孟加拉邦的桑塔尔人、霍人、奥朗人，北方邦的塔鲁人、克西亚人、高拉瓦人，中央邦的比尔人、米纳人、贡德人，拉贾斯坦邦的比尔人，奥里萨邦和泰米尔纳德邦的沙奥拉人，尼尔吉利邦的巴达伽人。今天，这些人虽然还有刀耕火种的现象，但主要是耕种固定的土地。他们在农业耕作和管理方面已经相当进步，既使用牛、犁、耙、锄等犁田耙地，也利用水渠和水堰浇水灌溉。他们在一定的地域范围内从事农业生产，同时还兼搞其他一些副业，以增加收入，补充生活上的需要，但不同地区的不同民族所搞的副业不同。近年来，各邦政府为保护他们的利益，采取了一些措施，如分给无地人土地，禁止高利贷人逼迫他们用土地或牲畜抵债还钱，高利贷人手里的借据由政府的专门人员检查后才有效。此外，邦政府还帮助他们解决耕牛、种子、农具、住房以及其他同生产、生活有关的困难。政府采取的上述种种措施，对发展土著地区的生产、改善他们的生活条件起了一定作用。

畜耕灌溉型：印度大多数民族的耕作属于这种类型，是一种比较发达的农业生产方式。印度各民族对农业都比较重视，直到近代以前，印度民族的文明一直走在世界的前列，其深厚的基础就根植于发达的农业。印度所有较大的民族均从事这种类型的农业生产。

现代农业型：随着科技和工业的发展，科学技术也进入了农业生产之中，使农业走向机械化和科学化，不少民族开始使用现代农业机械和耕作方法，科学种田，不仅节省了劳动力，而且提高了劳动生产率。目前，印度农业现代化的步伐已经迈开，前景广阔。

劳工谋生型：有许多民族从事各种劳工谋生。之所以从事劳工，原因不同，情况各异，有的是因为丧失了土地或土地不足，生活无着，有的是因为所住地区有了工业等。这样，一些原来从事农业的民族现在为人打短工，当农业工人或在工业部门当勤杂工。据统计，约有五分之一的工人为农业工人。其中，有的做季节工，有的在林场、牧场、渔场、茶园或果园中工作，不少人在矿山、工厂、铁路、公路和建筑行业中干活。在阿萨姆邦茶园做工的人大多来自孟加拉邦、比哈尔邦、中央邦和奥里萨邦等地的桑塔尔人、蒙达人、贡德人、卡里亚人、奥朗人，他们迫于生计来茶园做工。有些地区由于工业的出现和发展，住在附近的人便大量涌进了工人的队伍，有的成为钢铁工人，有的成为煤矿工人，有的成为锰矿或云母矿工人等。孟加拉邦、比哈尔邦、中央邦、奥里萨邦、安得拉邦等地的矿工，基本上都是少数民族，贾姆歇德普尔邦的塔塔钢铁厂的工人几乎全是桑塔尔人和霍人，中央邦的大部分锰矿工人是少数民族，比哈尔邦的云母矿工中有上百万工人来自少数民族，喀拉拉邦和中央邦的山林中的伐木工人主要也是当地的少数民族。这些工人从不同程度上已经接受了现代文明，他们的思想和生活自然是另一番情况。

图5-8 卖艺为生

民间卖艺型：有些少数民族生活飘忽不定，以卖艺为生。他们擅长各种民间艺术，以唱歌、跳舞、弹奏、魔术、杂耍、耍蛇等为生。安得拉邦的帕尔丹人和奥贾人卖唱，多马拉人和比努卢人演杂技，帕卢库姆吉拉人、帕丁提高拉人和巴胡鲁帕人耍魔术，拉贾斯坦邦的卡尔拜里亚人耍蛇，北方邦的纳特人和萨培拉人等以弹唱及跳舞等谋生。总体上说，这类人数量不大。

五、世界之最：四种语系

印度是世界上语言最为复杂的国家，有 4 种语系，1652 种母语，179 种语言，544 种方言，15 种官方语言，货币上的文字达 15 种之多，堪称"世界之最"。复杂的语言环境训练了印度人独特的语言能力，但也带来了无尽的麻烦和纷争。

图 5-9 货币上的文字达 15 种之多

按照大英百科全书的分类，印度语言从广义上可分为四个语系：南亚语系、达罗毗荼语系、印欧语系和汉藏语系。

南亚语系是印度最古老的语言之一，目前使用南亚语系各种语言的人口近千万，占印度人口的 1.3%，主要流行于印度东部、东北部和中部部分地区，有桑塔尔人、蒙达人、布米吉人、卡里亚人、霍人、加拉西亚人、科尔瓦人、比尔人、科尔人、科尔库人、比罗尔人、卡西人等。

达罗毗荼语系也是印度最古老的语言之一，目前使用达罗毗荼语系各种语言的人口约占印度总人口的 22%，主要流行于印度南部的泰米尔纳德邦、卡纳塔克邦、安得拉邦和喀拉拉邦 4 个邦，属于这一语系的主要语言有泰米尔语、马拉雅拉姆语、泰卢固语和卡纳达语。此外，在中央邦、马哈拉施特拉邦、安得拉邦和奥里萨邦部分地区流行的贡德语，在孟加拉邦和比哈尔邦一些地区流行的奥朗语，也属于达罗毗荼语系。

印欧语系，也称印度-伊朗语系或印度-雅利安语系，目前使用印欧语系各种语言的人口约占印度总人口的75%，主要流行于德干高原以北的广大地区，属于这一语系的主要语言有梵语、印地语、孟加拉语、马拉提语、乌尔都语、古吉拉特语、比哈尔语、奥里雅语、拉贾斯坦语、旁遮普语、阿萨姆语、陀格拉语、克什米尔语、帕哈尔语、信德语、孔卡尼语、尼泊尔语等。这些语言覆盖的地区包括阿萨姆邦、旁遮普邦、北方邦、喜马偕尔邦、比哈尔邦、西孟加拉邦、奥里萨邦、中央邦、拉贾斯坦邦、古吉拉特邦、马哈拉施特拉邦、哈里亚纳邦和克什米尔印控区。

汉藏语系流行于印度东北部和北部地区，目前使用汉藏语系各种语言的人口不到印度总人口的1%，主要流行于印度与缅甸、中国和孟加拉国交界的地区，包括阿萨姆邦、曼尼普尔邦、梅加拉亚邦、那加兰邦、特里普拉邦、米佐拉姆邦，以及喜马偕尔邦等喜马拉雅山麓部分地区，属于这一语系的主要语言有泰语族和藏缅语族，方言很多，那伽人、米佐人、卡查里人、阿波尔人、加洛人、卡西人、库基人、梅泰人、贾因提亚人、拉克尔人、密斯尔人、拉龙格人等均属这一语系。

鉴于印度语言复杂，数量繁多，印度政府确定15种语言为官方语言。简介如下：

印地语：是印欧语系印度语族的一支，属于印度斯坦语。印地语以西部方言为基础，另有多种方言，文字采用天城体字母，自左而右书写，通行于印度中部和西北部的北方邦、中央邦、比哈尔邦和旁遮普邦，为印度国语，使用人口占印度总人口的29.67%，居第一位。

孟加拉语：是印欧语系印度语族的东部语支，文字采用梵语天城体变体的民族字母，语音悦耳动听，语法复杂曲折，为西孟加拉邦官方语言，使用人口占印度总人口的近8.17%，居第二位。

泰卢固语：属于达罗毗荼语系，文字采用天城体字母，为圆形，有一组卷舌辅音，发音悦耳动听，有东方意大利语之称，为安得拉邦官方语言，使用人口占印度总人口的近8.17%，居第三位。

马拉提语：属于印欧语系印度语族，以蒲那市的语言为标准语，有许多方言，文字采用天城体字母，为马哈拉施特拉邦官方语言，使用人口占印度总人口的7.71%，居第四位。

泰米尔语：是达罗毗荼语系中最古老的语言，也是世界上历史最悠久的语言之一，有地区方言和社会方言、文言文和口语之分，使用两种文字，发音和其他达罗毗荼语一样，有一组卷舌辅音，为泰米尔纳德邦官方语言，使用人口占印度总人口的6.88%，居第五位。

乌尔都语：属于印欧语系印度语族，与印地语合称印度斯坦语，文字采用阿拉伯字母，自右而左书写，乌尔都语是巴基斯坦国语，通行于印度的北方邦、比哈尔邦、马哈拉施特拉邦和卡纳塔克邦，使用人口占印度总人口的5.22%，居第六位。

古吉拉特语：属于印欧语系印度语族，文字采用草体梵语天城体字母书写，语法复杂，变化繁多，为古吉拉特邦官方语言，使用人口占印度总人口的4.72%，居第七位。

马拉雅拉姆语：属于达罗毗荼语系，有多种地区方言和社会方言，也有文学语言和口语之分，是达罗毗荼语系四个主要语言中最年轻、最小的语种，为喀拉拉邦官方语言，使用人口占印度总人口的4%，居第八位。

卡纳达语：属于达罗毗荼语系，有许多地区方言，还有正式语言与非正式语言、文学语言与口头语言之分，为卡纳塔克邦官方语言，使用人口占印度总人口的3.96%，居第九位。

奥里雅语：是印欧语系印度语族的东部语支，文字采用孟加拉语的天城体变体书写，字母为圆形，为奥里萨邦官方语言，使用人口占印度总人口的3.62%，居第十位。

旁遮普语：属于印欧语系印度语族，生动活泼，富于表现力，采用两种书写形式，一种源于天城体字母，一种源于锡克教祖师创造的字母，为旁遮普邦官方语言，使用人口占印度总人口的3%，居第十一位。

阿萨姆语：是印欧语系印度语族的东部语支，文字采用孟加拉文字母，语音和词汇受到藏缅方言的影响，语法变化复杂曲折，为阿萨姆邦官方语言，使用人口占印度总人口的1.63%，居第十二位。

克什米尔语：属于印欧语系达尔德语族，文字采用波斯字母和梵文天城体字母，通行于查谟和克什米尔印度实际控制区，使用人口占印度总人口的0.44%，居第位十三位。

信德语：属于印欧语系印度语族的一支，书写形式多样，通行于西部的卡奇沼泽地带和卡提阿瓦半岛，包括古吉拉特邦、马哈拉施特拉邦、拉贾斯坦邦和中央邦，使用人口占印度总人口的0.31%，居第位十四位。

梵语：属于印欧语系印度语族，是印度最古老的语言，变化曲折繁复，采用天城体字母书写，目前仍有少数人用梵语进行文艺创作、学术交流和宗教庆典。

六、国语纷争：印地语

印度国语一直是一个复杂而敏感的问题，自独立至今，朝野上下，纷争不已。

独立之初，印度议会就国语问题，以及与此相关的英语的地位和地方语言的合法权利问题，进行了激烈的辩论。一派赞成将印地语定为国语，一派反对将印地语定为国语。赞成派认为，在印度，使用印地语的人数最多，国大党在印度独立前曾长期进行印地语为国语的宣传，印地语与其他语言都吸收了梵语的许多成分。反对派认为，印地语只是一种地区性语言，它的文学成就与威望远不如孟加拉语、泰米尔语、泰卢固语和卡纳达语，把印地语定为国语会使讲这种语言的民族在国家政治经济生活中处于支配其他民族的地位。

辩论的结果，赞成派占了上风。1950年，印度宪法规定：印地语为国语；英语作为官方语言，可继续使用15年，即到1965年，由印地语代替；承认其他14种语言为有关邦的官方语言。宪法还规定，在宪法实施5年和10年之后，总统将任命一个由各语言集团代表组成的委员会，就逐渐增加印地语官方使用范围、限制英语和可以用于官方目的的其他语言提出建议。同时，议会将选举一个专门委员会，就上述建议进行考察并向总统提出报告，供决策参考。

整个20世纪50年代，在中央政府的大力倡导和支持下，相继成立了各种致力于宣传和推广印地语的机构和组织，如"宣传和普及印地语协会""印地语科学技术名词委员会""印地语文学协会"，并有计划地开展了各种旨在推广印地语的活动，包括举行全国性的"印地语日"、举办印地语图书展览、加强印地语电影生产和发行、增加印地语广播等。

然而，印地语并未沿着中央设想的方向发展，由于各邦都强调自己的地方语言，语言争端成为迫切的政治问题。1963年，印度议会再次讨论语言问题，通过确定印地语为国语的官方语言法案，但又规定英语可以在1965年以后继续用于官方目的和议会事务。这个法案在非印地语地区，首先在南部达罗毗荼语各邦引起了强烈的抗议。泰米尔族政党"德拉维达进步联盟"领导人安纳杜拉伊指责说，该法案在所有非印地语邦引起"最大的失望和悲伤"，并宣布"整个南部地区将揭竿而起"，反对"强行推行"印地语。"德拉维达进步联盟"决定在泰米尔纳德邦全邦范围开展反对官方语言法案的群众性运动，安纳杜拉伊和其他领导人因此被捕，紧张形势持续了一年多。

1965年，印地语正式成为国语，印度爆发了大规模的抗议活动，罢工和暴力示威游行遍及各个角落，泰米尔纳德邦、卡纳塔克邦、安得拉邦、喀拉拉邦和西孟加拉邦都发生了大规模的群众运动。在短短的20多天里，就有150多人被警察开枪打死，几百人受伤，35000人被捕，5人自焚，被毁公私财产达数千万卢比。

同时，在政府和议会中，关于国语和其他语言地位的争执也愈演愈烈。非印地语民族的官员和议员公开谴责"印地帝国主义"和大民族主义企图利用语言为工具控制和奴役其他民族。语言运动最为广泛和激烈的南印度各邦态度尤其坚决，有人甚至提出，如果联邦政府在国语问题上固执己见，南印度将宣布脱离中央，成立独立的国家。印度语言问题不仅仅是一个使用何种交际工具的问题，它已经牵扯到国家的稳定和统一。

1967年，印度政府颁布官方语言法令，最终确认了以印地语为国语、地方语言和英语长期并存的"三种语言方案"。直到1983年，在印度首都新德里召开的世界印地语大会期间，在一次分组讨论会上，在要不要推广印地语问题上，台上台下争执激烈，群情激昂，几乎打斗起来。见此情景，会议主持者立即宣布散会，才避免了一场事故的发生。

尽管印度政府努力推广印地语，但至今仍未能在全国普及。实际上，英语一直在充当着国语的角色，是印度全国的官方语言，也是印度唯一的一种各个民族和各个地区都能接受的语言。印度的英语出版物数量很多，仅次于美、英，居世界第三位。每年出版的英文书籍，比用所有地方语言出版的书籍加在一起还多。在2万多种已登记的报纸中，近4000种是用英文出版的，在数量上仅次于印地文报纸。广播电视都有固定的英语节目和新闻广播，电视每日有一个钟头的英语教学节目，英语广告比比皆是。现代印度知识分子绝大多数都会讲英语，印度演员也用英语演电影、演戏。英语也是民政官员、公私营经济部门经理和各种职业高级雇员的交际语言。

在印度旅游，即便是在偏僻的乡村，用英语仍能交流。

英语是英国殖民主义统治的一个遗产，但今日它却成为印度各民族相互交流和理解的有效工具，对印度人民起着巨大的凝聚作用，同时也是今日印度吸收西方先进技术、毫无障碍地与外界交流的一个巨大优势。英语作为官方语言的地位在今后仍不会丧失，仍将是印度广大地区进行交流的主要媒介。

但有必要说明的是，印度流行的英语中，夹杂了不少印地语词汇，甚至有的词汇由两种语言构成。此外，印度人所讲的英语与欧美人所讲的英语发音差异很大，刚开始很难听懂。笔者2001年9月参加"WTO与中印经济发展"国际学术会议期间，结识了印度"政策研究中心"的Nimmi Kurian博士和Charan Wadhva博士，以及"国家科技与发展研究所"的Abrol Dinesh Kumar博士，与他们建立了良好的友谊，笔者将硕士学位论文著作《尼赫鲁研究》和博士学位论文著作《尼赫鲁与甘地的历史交往》赠送给他们，并在会余时间与他们一起喝酒聊天。笔者发现，印式英语发音很有特点，如不仔细听，会以为讲的不是英语，而是另外一种语言，因为有些音中夹杂了德语和俄语一样的颤舌音，有些音"坡""波"和"特""德"互换，如印度人发"聚会"（Party）的音酷似美国人发"身体"（Body）的音。2005年1月到10月，笔者在尼赫鲁大学国家关系学院东亚研究中心从事福特基金项目《尼赫鲁与中国》研究，最初一个月是语言适应期。有一次，去北门外半山坡上的网吧上网，在校园碰到一个学生，问他North Gate怎么走，他愣是听不懂我在说什么。我口头逐字拼读，他仍然听不懂。于是，我只能写下来，他恍然大悟。原来，他英语字母的发音和我们不一样。之后的几个月，笔者慢慢适应了印度人的英语发音。2013年和2018年再去印度，基本上没有语言沟通问题了。

图 5-10　笔者与印度朋友在一起

2007年，31岁的印度宝莱坞当红女星希尔帕·谢蒂（Shilpa Shetty），参加了英国最有名的真人 TV 秀 Celebrity Big Brother 的比赛。谢蒂受到了其他英国本地参加者的嘲笑，在该节目走红的英国喜剧演员古迪（Jade Goody）和男友杰克（Jack Tweed）、前英国小姐丹尼勒（Danielle Lloyd）和 S Club 7 前成员奥马拉（Jo O'Meara）模仿嘲讽她的口音。印度人怎么也没想到，他们的国宝级影星，在印度受千人宠爱、万人膜拜的谢蒂竟会在英国受到如此的待遇。谢蒂受辱，印度报章都以头条报道。一些谢蒂的"粉丝"走上德里街头，焚烧 Celebrity Big Brother 的宣传广告和代表节目监制的假人。印度外交部的一位副外长表示，印度政府将会针对英国的有关行为采取适当的措施。英国首相布莱尔在议会"质询时间"回答问题时有议员谈及此事，尽管布莱尔本人没有看过这个节目，但他不得不强调："我们反对任何形式的种族主义。"当天晚上，布莱尔的发言人又进一步表示，谢蒂受到侮辱是令人遗憾的事情。英国财政大臣"英国默认的下一任首相"布朗在印度的访问也被那里铺天盖地的由 Big Brother 事件引起的反种族歧视的呼声淹没了。为了防止事态的扩张，布朗也不得不在印度媒体前频频谴责 Big Brother 中的种族歧视行为。几天后，Big Brother House 几个歧视谢蒂的英国参与者也纷纷向谢蒂道歉，那个当众辱骂谢蒂的古迪被高达 82% 的观众投票逐出了 Big Brother，而谢蒂最终赢了这一届的 Celebrity Big Brother。

七、自主潮流：地方民族主义

由于错综复杂的民族和语言关系，印度自独立之日起，以地方民族主义为表现形式的民族自主潮流，就以迅猛之势向前发展。

印度地方民族自主潮流的第一个表现，是要求按照语言重新划分邦界。初期，要求建立语言邦运动的重心在地方民族力量比较强大的南方。首先发难的是东南部的泰卢固族人，该族深孚众望的老国大党人斯里拉姆卢为争取建立语言邦而绝食至死，这一事件将要求成立语言邦的斗争推向了高潮。在这种情况下，印度中央政府只好做出让步，于1953年成立了以泰卢固语为主的安得拉邦，安得拉邦的建立开创了以语言为基础重新划分行政区域的先例。1956年，印度政府根据邦改组委员会的建议，决定重新划分和调整行政区域，建立了以马拉雅拉姆语为主的喀拉拉邦、以卡纳达语为主的卡纳塔克邦和以印地语为主的中央邦。

1956年语言邦的建立，在一定程度上缓和了敏感的南方地区各民族与中央政府以及它们之间的矛盾。此后，要求建立语言邦运动的重心从南方转移到了北方。孟买邦的马提拉人和古吉拉特人要求把该邦划分为马哈拉施特拉和古吉拉特两个语言邦，并发生了大规模的骚乱和流血冲突。1960年，中央政府做出让步，将孟买邦一分为二，成立古吉拉特邦和马哈拉施特拉邦，孟买成为马哈拉施特拉邦的首府。这时，锡克族和印地语族也为旁遮普语言邦的建立发生冲突，抗议集会、示威游行和暴力事件此起彼伏，迫使印度政府于1966年以语言为基础改建旁遮普邦，将旁遮普邦一分为四，成立以旁遮普语为主的旁遮普邦、以印地语为主的哈里亚纳邦、山区县并入喜马偕尔邦、原旁遮普首府昌迪加尔市改为中央直辖区。同时，根据建立语言邦的原则，从阿萨姆邦先后划分出那加兰邦、梅加拉亚邦和米佐拉姆邦。

以语言为基础建立行政单位，是印度地方民族主义的一个胜利，语言邦的建立是建立民主政治的一个内容，也是实行民主政治的一个政治实体，它开始了权力从中央到地方转移的过程，中央政府的控制与统治遭到一定的削弱，邦政府的权力得到一定的加强，印度联邦制真正具有了实际意义。语言邦的建立是印度解决民族纠纷的一个独创，它在某种程度上缓和了民族与民族之间、邦与邦之间、地方与中央之间的紧张关系。但是，建立语言邦也带来了新的问题，成为毒化邦与邦之间关系的新的根源，地方民族势力的增强也助长了地方孤立主义，使中央政府与各邦之间以及邦与邦之间政治、经济和文化联系遭到削弱。

图 5-11　印度各邦略图

印度地方民族自主潮流的第二个表现，是要求民族区域自治。在印度，争取民族区域自治几乎是除印地语地区之外所有民族邦的普遍要求和趋势，语言邦的建立进一步助长了这一趋势。首先明确提出民族区域自治要求的是南印度的泰米尔纳德邦，要求缩小中央权力，扩大各邦自主权，除国防、外交、交通和货币权力归中央外，其他职权均交给各邦管理。接着，旁遮普邦也提出了同样的要求，甚至要求赋予各邦制订邦宪法的权力，以保障本民族的特殊利益。

之后，西孟加拉邦提出，中央政府的职能应当是协调各邦活动，而不是对各邦实行统制。克什米尔印控区也掀起了要求真正实施宪法第370条、恢复自治权利的运动。土著部族聚居区也要求实行区域自治，掀起了"贾尔坎德运动"，"贾尔坎德党"和"贾尔坎德解放阵线"在一些激进政党和矿工组织的支持下，提出将比哈尔邦、奥里萨邦、西孟加拉邦和中央邦中土著部族聚居的16个县联合成一个"贾尔坎德邦"。

印度地方民族自主潮流的第三个表现，是要求脱离印度联邦，成立独立的主权国家。要求单独建立主权国家的运动持续时间最长、最有群众基础、对现有国家政权最具威胁的是锡克族的"卡利斯坦运动"，第四章第四小节中对此已经做了论述，这里不再赘述。

泰米尔族也要求脱离印度联邦，建立独立的国家，先提出建立包括南部四个邦的独立的"德拉维达斯坦"，后来要求建立独立主权的"泰米尔纳德国家"，再后来提出建立独立的"德拉维达纳德共和国"。在中央政府的压力下，"德拉维达进步联盟"放弃了脱离印度联邦、建立独立的德拉维达国家的要求，代之以在印度主权和领土完整的结构内建立包括南部四个邦的拥有充分自治权力的"德拉维达联邦"。

印度东北部各邦的土著部族长期以来也一直要求尊重他们的自主和自治权利，有些部族为争取脱离印度联邦、建立独立的主权国家而开展了各种形式的斗争，包括武装斗争，其中最突出的是那加人、米佐人和廓尔喀人的斗争。

印度地方民族自主潮流的第四个表现，是跨国界居住的民族与邻国民族纠纷缠结在一起。泰米尔人居住在印度南部和斯里兰卡北部与东部，在斯里兰卡，主体民族是僧加罗人，占总人口的74%，泰米尔人属于少数，仅占18.2%，泰米尔人在各个时期曾提出实行自治、建立联邦甚至建立独立国家的要求。印度南部的泰米尔人与斯里兰卡的泰米尔人同属一个民族，同操一种语言，同处一种地位，在宗教信仰、社会经济生活等方面联系也很密切。因此，南印度的泰米尔人与隔海相望的斯里兰卡泰米尔人同病相怜，互相支持，给印度和斯里兰卡政府制造了很大麻烦。

克什米尔人分别居住在克什米尔地区的印度控制区和巴基斯坦控制区，绝大多数信奉伊斯兰教（其中伊斯兰教徒77%，印度教徒20%），即使在印度控制区，穆斯林也占大多数。印巴分治后，印度成为印度教徒为主的国家，巴基斯坦则成为穆斯林的故乡，因此印度控制区的穆斯林要求脱离印度，回归巴基斯坦，有些主张实行自治乃至独立。孟加拉人聚居在印度的西孟加拉邦和孟加拉国，他们同源同族，有些人主张恢复孟加拉建制的历史，将印度的西孟加拉邦和孟加拉国重新合并。

由跨国界民族引起的纠纷，成为印度与巴基斯坦、斯里兰卡和孟加拉国三个南亚重要国家间十分敏感的棘手问题。

八、众生芸芸：人口众多

印度人口众多，总数已达13亿多，仅次于中国，位居世界第二。

印度人口增长迅速。1951－1981年的30年间，印度人口增加了3.2亿，这个数字远远超过人口位居世界第三的苏联和第四的美国。仅1971－1981年的10年间，印度就增加人口1.6亿，这个数字超过人口位居世界第六的巴西和第七的日本，相当于澳大利亚人口的10倍。20世纪，世界人口从30亿增加到60亿，增加2倍，而印度人口从2.38亿增至10亿，增加3.2倍。根据2011年3月31日公布的人口普查的初步结果，印度人口达到12.1亿。至2016年终，印度人口达到13.26亿，占世界总人口的18%。根据印度最新人口数据显示，2018年印度人口总人数约为13.53亿人。印度人口年增长率为1.2%，印度人口自然增长率远比中国高，印度势将取代中国成为世界人口第一大国。联合国报告称印度人口2024年将超越中国，成为名副其实的第一人口大国。

印度人口性别悬殊。几十年来，性别比例男性多于女性。1981年，男性为3.5亿多，女性为3.3亿。仅奥里萨邦一邦女性略多于男性，男性1000，女性1034，其余各邦均男性多于女性，尤以那加兰邦为最，男性1000，女性867。在大都市中男性多于女性的现象颇为明显，1971年，德里男性与女性的比例为1249∶1000，加尔各答男性与女性的比例为1438∶1000。2018年，印度男性人口数量698783442，女性人口数量654591941，男性占51.6%，女性占48.4%。

印度人口分布很不平衡。印度人口高度集中在恒河与沿海平原：恒河平原占全国总面积的13.8%，人口占全国总人口的33.3%；沿海平原占全国总面积的9.4%，人口占全国总人口的18.8%。边远山区和干旱潮湿地区人烟稀少，面积占63.3%，人口只占13.5%。

图5-13 恒河平原

印度城镇人口增长加快。独立前50年，城镇人口共增长2660万，而1951-1981年30年间，则增长9400万，其中1971-1981年新增加4710万，10年内增长的人口约等于独立后30年城镇人口增长的一半。大城市人口增长异常突出，小城镇则逐渐衰退，十万人以上的城市占城镇总人口的比例由1901年的25.71%上升到1981年的60.37%，而一万人以下的小城镇由6.18%下降到0.5%。印度的城镇化是人的城镇化，由于农村人口不断涌入城市，造成城市人口增加，城市商业、工业、教育、医疗事业随之发展。随着印度人口的增长，印度的城镇化速度大大加快，印度经济增长速度也随之加快。印度城镇化早期出现了大量的贫民窟，这是正常的。在印度这个有财产税的国家，住好房子交税多，刚进城的农民随便搭个窝棚，房子越破交税越少。印度的城镇化历程预期将长达30多年，将持续到21世纪50年代。

印度人口密度过大。1995年，世界平均人口密度为43人/平方公里，亚洲平均人口密度为123人/平方公里，就是人口第一大国中国也只有126人/平方公里，而印度则达到312人/平方公里。印度人口占世界总人口的18%，但印度国土面积只占全球的2.4%。2017年，印度的人口密度为355人/平方公里，是中国的三倍。

印度人口综合素质偏低。据联合国2000年人力发展报告，1998年印度的人文发展指数在174个国家中居第128位，不仅大大落后于发达国家，而且落后于许多发展中国家，如斯里兰卡居84位，中国居99位。印度人口识字率低，文盲率高，1990年，印度男女识字率分别为62%和34%，而韩国为99%和94%，中国为87%和68%。

印度人口爆炸给社会发展带来了严重影响，生活水平降低，住房条件改善缓慢，人均寿命低于多数国家，贫困人口众多，人口、资源和环境失衡，失业问题严重，人才流失居高不下等。印度面临的首要问题是控制人口，提高人口素质，把经济搞上去，方能充分利用人力资源，走向繁荣富强，使印度人在世界民族之林中昂首阔步。当然，也有人认为印度人口众多，特别是年轻人多，是一个红利，即人口红利。《经济时报》认为，相比很多国家，印度整体劳动力十分年轻，但就业市场没有足够的工作，许多劳动者又缺乏必要的技能，令印度"人口红利"大打折扣。

|第六章|
衣食住行：妙趣横生

印度人的衣食住行妙趣横生，别具风姿。五彩缤纷的服装、飘逸俊俏的纱丽、宽松惬意的陶迪、五光十色的首饰、幸运吉祥的额痣等，无不展现出印度人衣着打扮的特色；香气扑鼻的食品、风格各异的佳肴、无时不有的热茶、无处不在的冷水、无日不食的米饭、烤饼和菜汤、独特的用手抓食和树叶盛饭等，无不显示出印度人饮食用餐的特点；豪华典雅的洋房别墅、摩登入时的高楼大厦、破旧矮小的窝棚、阴暗潮湿的茅屋、独特的居住方式等，无不透射出印度人住宅家居的特点；纵横交错的铁路、星罗棋布的公路、四通八达的航运、便捷顺畅的海运等，无不给印度人带来外出行旅的方便。

一、缠头披纱：衣着打扮极具民族特色

　　印度人的衣着打扮具有极其鲜明的民族特色，不同于其他民族。印度人顽强而自信地坚持着自己在服饰上的悠久传统和审美习惯，并自豪地向外部世界展示着印度服饰的美丽与雅致。

　　印度人在新石器时代就学会了"纺线织布"，有了棉织品。进入印度河文明时期，除棉织品服装外，也出现了麻织品、毛织品和丝织品衣服。到了吠陀时期，服装趋于考究，分内衣、外衣和斗篷三部分，五颜六色，用棉花、鹿皮或羊毛制成，外衣用金线刺绣，有了纱丽和陶迪。波斯人和莫卧儿人进入印度后，萨尔瓦、衬衫、短上衣、男长裤、帽子等外国服装也随之传入，但仅限于王公贵族和城市居民穿戴，一般人大多穿陶迪，披围巾、缠头巾等。欧洲人大量进入印度后，又输入了西服、领带等欧洲服装。随着时代的进步、社会的发展，有的服饰已经发生了变化，但有些传统服装至今仍然流行不衰。

　　现在，印度男子平常大多身穿无领或圆领的长衫和宽松的围裤陶迪，

头上缠上厚厚的头巾。长衫一般长不过膝，围裤垂至脚面以上。头巾长达几米，包法各式各样，有十几种，从头巾的不同包法上一眼就可以看出谁是印度教徒，谁是锡克教徒。头巾的颜色不一，有白色、红色等颜色，其中以拉贾斯坦人和锡克人的头巾最为艳丽。印度教徒缠头巾是一种传统，也是为了防止阳光的直接照射，纯属个人行为，不愿意缠可以随时摘下来。而锡克教徒缠头是他们民族的特征，也是必须遵循的教规，不能轻易摘下来，如果别人要他们摘下头巾，无疑是对锡克人的侮辱和挑衅。笔者在参加食盐进军75周年纪念活动时，曾请一位缠头巾的拉贾斯坦人当场表演了一下缠头巾的技巧，数米长的头巾他很快就缠好了。

图6-1 缠头的新郎

　　印度男子在一些比较正式而又要求体现民族特点的场合，多数都穿尼赫鲁服。这种服装是印度民族独立运动时期象征印度民族精神的服装，即"民族服装"。笔者买了两件尼赫鲁服，在印度参加活动时，曾多次穿过。另外，在现代城市，西装革履打领带的人逐渐增多。但农民仍以穿围裤陶迪、三角裤和赤脚为主，印度中部和北部地区，冬天天气较冷，在单衣外面披一条线毯或毛毯，即可御寒过冬。

　　印度妇女的服装则比较艳丽，主要有裙子、纱丽和紧身上衣等。裙子各式各样，五颜六色，有些绣上花，爽心悦目，有些镶上镜片，光彩照人。纱丽是印度妇女最钟爱的传统服装，不仅印度人喜欢，就是外国人也为之陶醉。在穿纱丽的时候，首先要穿上紧身上衣，将双肩和胸脯紧紧地包裹起来，而小臂和腰部完全裸露在外，下身要穿短裤或衬裙，然后将纱丽披在身上，一直到脚踝处。由于纱丽本身非常轻薄，容易透光，所以衬裙的颜色与纱丽要相配。印度妇女有个习惯，就是肚脐随便露，但大腿小腿则万万不能露。

图 6-2　妇女着装图

　　纱丽布料长度一般5—8米，宽度1.25米，质地从普通棉布到闪光丝绸等，刺绣图案不拘一格、变化无穷。披戴方法雅致多样，因不同地区和个人爱好而有所不同，有的缠绕全身，有的连头裹起，有的看起来好像是穿长袍，也有的地区的妇女把纱丽披到两腿之间，而最普遍的方法是从肩膀上缠着全身披戴和打折。妇女们喜欢随着季节的变化而更换不同颜色的纱丽，夏季纱丽的颜色多为浅黄色、浅蓝色、浅绿色等，冬季纱丽的颜色多为深红色或浅红色，雨季时多为深绿色。

纱丽受到印度各阶层妇女的喜爱，不管是上层社会的显贵夫人，还是终日忙碌的农家妇女，都穿着相同式样的纱丽，不同的只是质地。名门贵族往往身穿丝绸纱丽，有的上面还镶嵌无数宝石或玻璃镜片，光耀夺目，她们往往有几十条、上百条颜色不同、图案各异的纱丽，根据自己的心情、爱好和场合选择穿戴。而平民百姓大多穿戴棉布或棉纱纱丽，件数也比较少。因其端庄含蓄、雅致大方，纱丽也受到国际服装设计大师的青睐，他们设计出新颖别致的纱丽，向全世界人民展示印度传统服饰之王纱丽的无穷魅力。

印度穆斯林妇女习惯头戴面纱，有些人甚至在吃饭或喝水时也不摘下来，北印度的穆斯林尤其如此。从前，穆斯林妇女不戴面纱不能出门，即使坐在轿子和马车里也要戴面纱。现在，印度穆斯林妇女戴面纱的情况有所变化，有些较为开化或发达的地区，妇女并不戴面纱，但就多数地区而言，妇女仍然戴面纱。印度穆斯林讲究穿戴，穆斯林服装式样很多，根据不同地区和不同季节的变化，衣服和帽子的种类及样式不尽相同，其中以德里、勒克瑙、海得拉巴的服装最为闻名。

加洛山区的土著加洛人穿衣服很少。绝大多数男子只穿一条三角裤，遮住下身，妇女在腰间围一块齐膝长的黑布，上身穿一件护胸衣，一些妇女裸露上身。非基督教男女头上缠一条家织的布带子，在特殊场合，戴一条镶边的红绸子，头巾裹成一圈又一圈，露着头顶。有文化的加洛人和基督教徒，则穿英国式衣服。

二、穿金戴银：装饰打扮珠光宝气

首饰在印度人的日常生活中占有极其重要的地位。印度人不仅仅满足于身体的自然美，还用各种饰物打扮自己，穿金戴银、珠光宝气，无论男女，古今皆然。

远在印度河文明时代，印度男女就有佩带各种装饰品的习惯。尤其是女子，戴耳环、戴手镯、戴项链、戴臂镯、系腰带。富人的首饰多用金银、宝石或象牙制作，穷人的首饰则多系铜制品、陶制品和贝壳制品。此外，很多人梳好头发后用发卡和发针结牢，还有的人将头发从中间分开，在头发上插花。

吠陀时期，时兴发卡。男女头上束有发辫，姑娘头上梳四根辫子，扎在一起，用发卡把整个头发拢在一起。史诗时期，饰物质量提高，数量增多，耳环、项链、手镯、脚镯、脚铃、腰带等，种类繁多。有夫之妇时兴留发缝，即把头发从中间分开，头上梳辫子，大多一至三根，前额点吉祥痣。

笈多王朝时期，装饰品更多。头饰、臂饰、腰带等，品种剧增、名目繁多。佩带项链成风，不分男女，全都如此。男人头上梳有发辫，用线或金丝结扎，有些把头发从中间分开，披至两肩。女子也梳有发辫，或把发辫盘在头上，或向后垂至脖子上，或将头发从中间或偏右分开，前额上的头发或梳向后边，或向前卷曲，发缝和发髻装饰着昂贵的镶嵌宝石的饰品。

戒日帝国时期，同样重视装饰。唐玄奘在《大唐西域记》中记述："头上戴着花环，身上佩着璎珞"，"花环宝冠，作为首饰，镯子、璎珞挂在身上。有的富商大贾，只戴镯子"，"耳上穿孔"，"身上涂各种香料，所谓旃檀、郁金就是"。男人留长发，女人发型多样，发辫梳向后边，辫子上扎有香花，或系有小花环，美观大方，芳香扑鼻。穆斯林进入印度后，带来了鼻饰。

今天，印度男女都很喜欢穿金戴银。女子头上戴头饰，脖子上戴项链或项圈，耳朵上戴耳环，鼻子上镶鼻饰，手腕上套手镯或手链，手指上戴戒指，脚腕上系脚镯或脚铃，脚趾上戴趾环。不少地区，男子也戴耳环、手镯、戒指或项链等装饰品。每逢节日或喜庆活动，一个个打扮得富丽高雅、珠光宝气、花枝招展、美丽动人。

土著部族加洛人无论男女都喜欢佩戴首饰，脖子上挂一条用白银、虫胶、珍珠或竹签做的项链，两耳挂有耳环，妇女戴的耳坠更多，有的甚至多达50多个，耳朵往往被撕裂出血，只好把耳环用一根绳子串起来，拴在头上。如果男人去世，寡妇必须把耳环摘下。

印度人对首饰情有独钟，结果使印度的黄金销量居世界前茅，也使印度的珠宝行业和首饰加工业蓬勃发展。在吸收外来文化的同时，印度首饰保留了印度河流域流传下来的主要文化特征，形成了永恒的传统。今天印度首饰的制造艺术就是由此而来，这种艺术既有传统发扬，又有新时代条件下的艺术更新，满足了人民新的追求和爱好。今天的首饰，除了装饰作用外，还有很好的保值作用，尤其是金首饰。为满足这两种需求，既生产保值作用的贵重首饰，又生产美化生活的精美首饰。印度的珠宝行业有：钻石毛坯、镶嵌珠宝钻石、黄金白银饰物、彩色宝石和半宝石。

如今，传统的艺术和古老的工艺已经远远不够了。人们除了喜欢传统的形式外，还喜欢色彩绚丽的首饰，所谓"半真宝石"和新工艺开始在首饰业中崭露头角。以半真宝石代替真宝石，做工精细、价格适宜的首饰，越来越受到人们的欢迎。首饰的材料也有所变化，过去认为不合时宜的白银、白色金属和合金，如今也得到了广泛使用。今天改造传统模式以适应新的市场，是首饰商和工匠的新潮流。通过不断革新，与古今风格相结合的印度首饰已打入国际市场。印度的首饰精细雅致，深受国际市场欢迎，印度成为国际市场上珠宝出口最多的国家之一，美国、日本、德国、西班牙、意大利、比利时、瑞士、东南亚等国家和地区都是它的主顾，出口量也呈上升趋势。

印度妇女除了身穿艳丽飘逸的纱丽、佩带琳琅满目的首饰之外，还在前额中间点吉祥痣，这是印度妇女最具特色的传统装饰，象征着喜庆

第六章　衣食住行：妙趣横生

吉祥。从前，吉祥痣大多使用红色，是印度教女子已婚的标志。姑娘结婚时，除了发缝涂朱红外，还要在前额中间点上红色吉祥痣。未婚女子和寡妇则不能点吉祥痣。

随着时代的发展，吉祥痣也发生了变化。现在，不管是印度教徒还是其他教徒，不管是已婚者还是未婚者，都开始点吉祥痣了。吉祥痣的颜色也不限于红色，也有黄色、紫色、绿色和黑色等，以便与身上所穿衣服的颜色协调一致。吉祥痣的样式也从原来的圆点发展成多种形状，有三角形、五角形、孔雀开屏式、水滴式、火苗式、钻石式、向日葵式、三叉戟式等，以个人喜好而定。吉祥痣的做法也有改变，从前用几种颜料合成，多半用贝壳粉、水银、植物液汁和昆虫翅膀等，现在有许多现成塑料制品，可随时贴在额上，既方便省时又卫生。笔者在参加食盐进军75周年纪念活动时，每到一地，都有好多少女手拿红色颜料，给每个人额头涂抹吉祥痣。

图6-3　美丽的吉祥痣

在印度，你会发现不少妇女的手、脚等处画有各种红色的图案，当地人叫它"迈何迪"。迈何迪历史悠久，自古有之。从前女子在结婚时才画，现在无论婚丧嫁娶，还是节日庆典，总有不少女子喜欢在手上、脚上等处画上迈何迪。迈何迪也是印度的一种传统艺术，从前只流行于北印度的局部地区，今天，在印度的北方邦、比哈尔邦、孟加拉邦、哈里亚纳邦、古吉拉特邦、奥里萨邦等地区甚至南印度有些地方也很流行。迈何迪随时可画，但随着季节的变化和节日的不同，所画的图案有所区别。当然也有不少人根据自己的兴趣和爱好而选择不同的图案。迈何迪原料简单，用一种树叶的汁液，涂在手心、手背、脚心、脚背，以及手指甲和脚指甲上即可。人们还往往在这种汁液中加有少量的柠檬汁、糖水、茶水，滴几滴煤油，有的还加有少量的香油，等等，混有这些物质，目的是为了增加光泽，更加鲜丽，而且不易褪色。随着历史的前进，这种迈何迪的艺术也在不断发展。今天，除了保持传统的图案外，还出现了新的时髦图案。迈何迪除了表示吉祥、美丽外，还象征着花、太阳、月亮、欢乐和忠贞的爱情等意思。涂迈何迪既无种姓高低之分，也无贫富贵贱之别，凡有条件的，只要乐意，都可以画。

三、美味佳肴：食物多种多样

印度的食物同印度本身一样，多姿多彩。从北方的克什米尔到南方的喀拉拉，从西部的孟买到东部的加尔各答，各地区均有不同风味的美味佳肴。

印度食物多种多样。早在印度河文明时期，人们以小麦、大麦等为主食，以肉类、鱼类、蛋类和各种水果等为副食，同时也种植蔬菜、瓜果和油料作物。在吠陀时期，除大量食用上述食物外，还有烙饼、布洛塔、阿布巴、格冷坡、耶瓦吉等比较讲究的食物。在《梨俱吠陀》中虽然没有提到大米，但在后来的《阿达婆吠陀》中提到了五种大米。有的史书还记载，当时有把牛奶或芝麻同米饭混在一起的吃法，可见当时大米是人们的主要粮食之一。

雅利安人初到印度时，仍以狩猎为主，不善于农业，故吃肉较多。在《梨俱吠陀》中提到"用马、牛、羊等肉向火神祭祀"的事情，直到吠陀后期，据《百道梵书》中记载，还有"招待客人要杀一只羊或杀一头水牛"的风俗，以后随着农业的不断发展，肉的重要性逐渐减少，甚至还有禁止食肉之俗，例如《百道梵书》记载："谁吃什么肉，死后他将变成什么，而最后被吃。"所以到了后来，祭祀活动有所减少，食素者增多，食肉者减少。

在史诗时期，对于食素更加重视。例如毗湿摩向坚战强调指出："一个人要想美丽，长寿，力大无比，智慧聪明，记忆力强，那么他应该不杀生。"这说明了食素的重要。后来佛教和耆那教也宣传净化食物，禁止食肉。著名的阿育王（公元前3世纪）特地颁布了限制杀生的法律。他自己以身作则，厨房里不做肉食。虽然法律规定如此，但实际上食肉者仍大有人在。在《本生经》中就有吃鱼的记载，并且有了做干肉和储存肉的方法，干肉在当时是很受欢迎的，不少人爱吃干肉。据有的史书记载，当时为了招待客人，肉是必不可少的。至于粮食的种类也很多，在《利论》中除了提到小麦、大麦、水稻以外，还提到了高斗（一种粗粮）、印度黍、菜豆等农作物，这些在当时都普遍生产，已成为人们的主要食粮。

笈多王朝时，中国僧人法显提到：人们一般食素，大多数人以大米、小麦、大麦等作为主要口粮。当时已出现了各种甜食，例如古德维迦尔、莫德醒德等。每逢节日庆祝，还做些巴耶希吉鲁、昌德格、希柯里刮等特别食物。当时的主要调料有盐、辣椒、丁香、豆蔻等。公元7世纪时，玄奘提到，食物丰富，牛奶、黄油比比皆是，白糖、红糖已很普遍，芝麻油、菜籽油被广泛食用。

印度食品在世界饮食文化中独树一帜，印度饭菜的最大特点是浓香刺激。印度自古就以"香料盈野，黄金遍地"著称，印度人自古就喜欢吃香料，他们的食品中加入的调料各种各样，有几十种之多。常吃的香料有：咖喱、生姜、大蒜、丁香、肉桂、姜黄、茴香、芫荽、孜然、豆蔻、辣椒等。尤其是咖喱，无论吃荤者还是吃素者，都喜欢以此为调料。印度人在做饭做菜时，都要放入黄色的咖喱，使饭菜充满浓香刺激的诱人味道。咖喱粉是用胡椒、姜黄和茴香等20多种香料调制而成的一种香辣调料，呈黄色粉末状。印度人对咖喱粉可谓情有独钟，几乎每道菜都用，咖喱鸡、咖喱鱼、咖喱土豆、咖喱菜花、咖喱饭、咖喱汤……每个餐馆都飘着咖喱味。1993年，哈佛大学人类学博士生 MARIS BOYD GIL-LETTE 女士与丈夫一起来中国做博士学位论文，她丈夫叫努尔，是位印度人，在哈佛大学任音乐教师，他们赠给笔者一袋黄澄澄的咖喱粉，笔者用它作佐料，炒出的菜果真鲜美可口，独具风味。

印度的美味佳肴有咖喱羊肉（rogan josh）、辣肉球加奶酪乳（gushtaba）、鸡或羊肉加橙汁饭（biryani）、鸡鱼等肉加上香料在陶锅烹煮（tandoori）、印度烤肉串（kebab）、咖喱素菜（abhu）、印度煎饼包泡菜及咖喱扁豆（jisamba）、鲑鱼（pomfret）、椰汁咖喱虾（malai）、冰淇淋（kulfi），其中最驰名的一道菜大概是"燉杜里鸡"，其名声犹如北京烤鸭，做法是把鸡腿、鸡块沾满香料，放在炉子里用炭火烧烤而成，出炉时味鲜肉嫩，十分可口。

印度的蔬菜主要有花菜、圆白菜、西红柿、黄瓜、豆角、土豆、洋葱、冬瓜等，每样菜都烧得烂糊糊的，且放了不少咖喱粉，全是清一色的黄色。长时间的熬煮使维生素尽失，令人觉得可惜。印度人的早餐已经西化，一般是一杯牛奶，几片面包，果酱、黄油，但中午饭和晚饭则是地道的印度风味，每餐都有豆子汤。印度的豆子种类繁多，有大如蚕豆的红豆，还有黄豆、豌豆等，这些豆子都加上香料和盐，用来做汤。印度人的晚餐也晚得名副其实，最早的在晚上8点左右，晚的在10点左右。

印度人的饮食习惯，由于地域、民族和宗教信仰不同，而存在着很大的差异。印度南北方的主食与中国相似，南方人以米饭为主食，北方人以面食为主。米饭有两种，一种是纯粹的白米饭，一种是加入各种咖喱和蔬菜的炒米饭。烧饼也有两种，一种是干脆的烤饼，将薄饼放在锅里烙熟后，再放到火上烧烤，两面稍焦，中间鼓起；一种是松软的烧饼，将土豆煮熟后弄碎，掺和在面粉里做成烙饼。印度南北方饮食味道则与中国不同，南方饭食味道辛辣，北方饭食味道平和，北方人对南方食物的辛辣望而却步,南方人对北方食物的平淡感到索然无味。

印度教徒以食羊肉为主,绝不吃牛肉,穆斯林则以食牛肉为主,绝不吃大肉,锡克教徒喜欢吃称为"大祭品"的羊肉、猪肉和鸡肉,而拜火教和基督教等教徒对肉类无所禁忌,什么肉都吃。印度人因宗教关系和气候原因,素食者很多,有些人不仅嘴不沾肉,而且连鸡蛋也不吃,但印度山区的居民则以肉类为主要食物。

由于印度教徒占人口的多数,牛肉是禁忌,因而,在欧洲市场上价格最贵的牛肉,在印度则是最便宜的,10至15个卢比一公斤,价格之低廉令人咋舌。大肉也比较便宜,因为穆斯林和高种姓的印度教徒都不吃大肉,低种姓的印度教徒和基督教徒才吃大肉。羊肉价格最贵,因印度教徒和穆斯林都吃。

伊斯兰教对穆斯林的食物做了严格的规定,有些属于可食,有些属于禁食。可食的动物肉有牛肉、羊肉、鹿肉、骆驼肉以及鸡、鸭等各种家禽肉等,禁食的动物肉有大肉、狗肉、虎肉、豹肉等。打来的猎物中,野禽和用爪而食的各种鸟肉,如乌鸦肉、鹰肉等,绝不能吃。在屠宰动物之前,要进行祈祷,然后再杀,不经祈祷而屠杀的动物肉不能吃。穆斯林不能喝酒,哪怕作为药用也被禁止。

穆斯林喜欢一家人坐在一起吃饭,铺一块白布,全家围在一起,一些富人更是如此。而印度教徒不一样,男人和女人分开吃,男人先吃,女人后吃。穆斯林吃饭时,几个人合用一个饭盘,相互间不嫌弃别人吃剩的东西,宴请客人剩下的饭菜也不扔掉,由主人吃掉。穆斯林吃饭时,不分种姓和贫富,大家同桌而食,平等相待。而印度教徒吃饭时,有种姓之别和高低之分。

印度人吃饭不用刀叉,也不用筷子,而是用手抓食。饭菜一般盛在盘子里,有些地区则盛在树叶里,用右手抓取。印度人喜欢将各种蔬菜,特别是豆类熬制成的菜汤浇在米饭上,他们只用三四个手指,不但能抓食米饭,而且将菜汤同米饭搅拌在一起,一一送进口里,甚至连稀粥也能用手抓食。笔者参加"食盐进军"75周年活动时,曾多次席地而坐,用手抓吃盛在树叶里的饭菜。

在印度,不管是南方人还是北方人,不管是印度教徒还是穆斯林,不管是大人还是小孩,吃饭都用右手。之所以如此,原因之一是,印度人认为手是人身体的一部分,是"内在之物",而刀叉和筷子是"外在之物",人的手比"外在之物"更洁净。之所以用右手吃饭、递东西,还有一个原因是,印度人大便后不用手纸擦,而是用清水冲洗,冲洗时只用左手,不用右手,因此他们认为,左手肮脏,右手干净。

印度人喜欢吃甜食,每顿饭后要吃一道甜食,包括极甜的甜点或冰淇淋。印度的甜食可谓"副名其实",甜得发腻。甜食种类很多,有煎的、炸的、烘的、烤的,一应俱全,但每一道甜食都甜得要命,无一例外。多数印度人都嗜食甜食,印度人容易发胖,大概与嗜食过多的甜食有关。对甜食的偏爱,使印度胖人日益增多,也使印度糖的消费量与日俱增,跃居世界第一。印度水果丰富而廉价,一年到头水果不断。印度牛奶丰富充足,人人每天都喝牛奶。因此,不管吃素还是吃荤,印度人吸收的各种维生素成分齐全,营养充足。

四、热茶冷水:饮品各取所需

在印度,虽然汽水、咖啡、可乐等饮料充斥市场,然而,印度人依然以茶为主要饮料。印度人酷爱喝茶,与茶结下了不解之缘。

印度人称茶为"贾",系汉语茶的转音,因为茶是从中国传到印度的。中国茶叶在印度久负盛名,古时候中国茶叶传到斯里兰卡或波斯,而后传到印度。因此,印度人喝茶的历史也很悠久,并且盛产茶叶。印度东部阿萨姆邦的茶叶非常有名,笔者认识了一位来自阿萨姆邦的外教,他家就是经营茶叶的，生意兴隆，非常富有。

印度人终日不可无茶，一天之中要喝好几次茶：起床后第一件事是喝茶，一日三餐之后要喝茶，上午 10 点左右和下午 4 点左右是固定的喝茶时间。印度人在许多场合都讲究喝茶：招待客人要用茶；朋友邂逅要去茶馆喝茶，边喝茶边聊天；学生课间休息时，三三两两一起席地而坐，一边喝茶，一边谈笑；各种聚会中间休息时，也要喝茶；车站和各种公共场所，到处都有茶摊，有各种年龄的卖茶人。

印度人喝茶很有特点，不像中国人那样喝冲泡的纯茶，而是喜欢喝煮得浓浓的加入佐料的红茶。他们把茶叶放入铜制或铝制的茶壶中煮沸，加入适量牛奶和白糖，茶水较浓，呈稀糊状，味道香甜可口，富有营养。也有一些人在茶水中加入香叶或挤上柠檬汁，味道别致，消暑提神。这种饮茶方法对于身处炎热气候、体能消耗大的印度人来说，可谓裨益无穷。

由于气候原因，印度人形成了一年到头喝冷水的习惯。印度法律条文也规定，不管什么人到什么地方，只要说喝水，随便去什么地方找水，别人无权拒绝和阻止。

图 6-5　打冷水的姑娘

在印度，所到之处，热情的印度人都会首先用一杯冷水招待人：有客人来访，主人会先递给客人一杯冷水；去饭馆用餐，服务员会先端上一杯冷水；在机关食堂，炊事员会在桌上摆上好多杯冷水；去旅馆住宿，服务员会马上送来冷水；到医院住院，护士也会先送来冷水。

印度人喝冷水的技巧无与伦比，天下无双。他们可以嘴不沾杯，将水杯举过头，仰脖喝完一杯水，就像中国小品演员潘长江表演的喝矿泉水一样。当然，用杯子喝要比用矿泉水瓶子喝难得多。几乎每个印度人都可以用这种方法喝水，因此，几个人、十几个人、甚至更多的人在一起时，往往只用一个杯子，仰脖轮流喝水。

印度人有时也直接端起盛水的罐子，用同样的方法喝水。这种罐子状如葫芦，上面小下面大，上面有一个细口，装在里面的水冰冷透心。印度人家家都有这种水罐，里面盛满冷水，相当于冰箱。

还有一种喝水方法，仰头张嘴，右手手指并拢，指尖向下插在嘴里作漏斗状，左手用勺子舀水倒在手上，水顺着手流进嘴里。

外国人无不对印度人这种嘴既不触杯罐水又不外洒，既不呛鼻子又不呛嗓子的喝水技巧称奇叫绝。这种喝水方法既省时省杯又不影响他人饮用，对于不同宗教和不同种姓的印度人来说，非常实用。笔者在尼赫鲁大学学生食堂吃饭时看到，一张张大餐桌上，摆放着几个盛满水的不锈钢大杯子，学生们拿起杯仰头往嘴里倒。

五、豪宅窝棚：居住方式千差万别

印度人因贫富悬殊、地区差异和民俗差别，居住方式存在着天壤之别。

印度人的居住传统可追溯到印度河文明时期。当时，人们居住在城市里，城市布局分为上城和下城两部分。上城为城堡区，是政治和宗教中心，周围有高大的城墙和塔楼。下城是商业区和居民住宅区，由环绕一个长方形庭院建筑的房屋组成，房屋鳞次栉比，街道棋盘型排列。宽敞舒适的二、三层高楼房为富裕市民所拥有，而雇工和奴隶等穷人则住在简陋的宿舍和低矮的茅棚内。像这种"井"字形布局，在北印度不少地方仍然可以看到，从中可以看出古代建筑的痕迹，也可看出今人对这种传统的继承。

今天，印度城市住房一般比较讲究，不是高楼大厦，就是漂亮的小洋房，要么就是印度式房屋建筑。富人一般住在独门独院的别墅式住宅里，四周有院墙，院内有草坪和鲜花，环境优雅，有些人还在避暑胜地拥有别墅，随意举家度假。中产阶级白领大多住在比较讲究的住宅里，拥有许多房间和车库，条件舒适。公务员和教师住在租用的公房里，房屋宽敞，带有车库。不少住房为上下两层的"复式"结构，上层是雅致静谧的书房和舒适温馨的卧室，下层是宽敞明亮的客厅、干净整洁的厨房、厕所和洗澡间。室内通风透光，爽心悦目，既有古式传统装饰，也有现代化先进设备。

图6-6 高楼大厦

城市也有许多困难家庭和穷人，大多住在十分拥挤的旧屋里，其中不少人住在贫民窟——矮小破旧、阴暗潮湿的窝棚里。贫民窟是用废铁皮、破布片、旧纸板、塑料布、烂砖头、硬土块、朽木棍之类材料搭建起来的窝棚茅屋，一丈来高，没有窗户，潮湿阴暗，一家老小，一年到头，挤在里头。由于印度贫困人口太多，贫民窟随处可见，在一些大城市的边缘地带或市内偏僻地方，甚至在城市中心地带，包括首都新德里的五星级饭店旁边，都可以看到这种贫民窟，形成鲜明而强烈的对比和反差。贫民窟里住的大多是因为种地无利或无地可种而举家流浪到城市里的乡下人，他们以行乞或打零工为生。

　　印度农村，特别是平原地区，大多数人住在土房和砖房里，富裕村庄建有洋房。一般住宅是四方形，中央有一个开放的院子，正对大门有一个平台，用来供奉神像和定期举行各种宗教仪式，院子左右两侧是房子，房子的中央一间开有后门，以便通风凉快，也有的通向院子后面的另一个院子，不过这个院子比较小。不少房子的屋顶是平的，砌有上房用的阶梯，天热时，在屋顶上休息或睡觉。这种由房子围成外院和内院的住宅，在北印度乡村比较典型和常见。

　　在山区地带，有些村庄的房子建在山脚下，以便互相照顾和来往，抵御狂风和野兽。有些村庄的房子则建在山坡上，一排排，一层层，状似阶梯，各家既自成一体，又能彼此照应。有些村庄的房子建在高出地面几米的地基上，房子用石头、竹子或木头搭成，房顶用草盖成。有些房子建在木台或竹台上，台下是猪圈或牛圈，台上房子四面无墙。一般而言，每家大都有住房三间，前面是走廊，中间和后边是卧室，屋内只有一个窗户。有些屋子外面呈椭圆形，房子的右边或后边还有一间偏房。有些房子除了一个入口外，既没有其他出口，也没有任何窗户，光线阴暗。男女结婚后，一般要另修新房，单成一家。

　　印度人的传统居住方式既不同于西方，也不同于中国，体现出鲜明的印度特色。尚会鹏先生对此做了深入比较，可谓入木三分，颇有见地：

　　"同西方式住宅相比，印度人多数住宅没有明显的个人居室，或者虽然有个人住室，但分隔不严格。个人住室通常对集体活动和每个人都开放，无须事先打招呼便可进入任何人的房间。个人活动对家庭所有成员都是公开的，没有个人秘密。这种居住方式适合大家庭生活而不适合核心家庭生活，适合集体交流而不强调保护个人权利。这种家庭居住环境不利于个人主义的成长，这一点和中国的传统家庭居住环境相似。"

　　虽然中国人的住宅和院落与印度一样，不重视家庭成员之间的分割，没有明确的个人住室，但却比较强调家内与家外世界的区别，把家庭与外部世界用高大的"院墙"严格地分隔开来。而印度人的住宅院落一般不设高大的院墙，既不重视家庭成员之间的分隔，也不强调家内与家外世界的区别。也就是说，中国人的住宅对内部是开放的，对外部不开放，而印度人的住宅对内对外都开放。

虽然印度人（特别是印度教徒）的住宅与中国一样，不大强调内部的分隔，但却比中国人的住宅似乎更强调性别的隔离，至少在中上层阶级中是如此。住宅有妇女的专门活动场所，女眷们在家中同男子接触很少，深闺制在印度比在中国执行得更为严格。

印度人的住宅更强调"圣"与"俗"的区别。神龛在印度教徒家庭中具有重要的位置，富有的印度教徒通常辟一专门敬神的房间，贫穷人家至少也要设一神龛。家中必有出于宗教上洁净的考虑而不许他人接近的部分。

印度人的住宅重视种姓的隔离。印度人的村落按种姓分区居住，同一种姓居住在同一居住区，不同种姓区隔离开来，各种姓的建筑式样和房屋排列也不一样。低种姓不可进入高种姓区。

图 6-7　城市住宅

六、纵横交错：铁路网分布均匀

印度铁路纵横交错，分布均匀，是印度人的主要交通工具之一。

印度的铁路系统在世界上名列前茅。印度铁路网总长 6 万多公里，曾经雄踞居世界第二位，亚洲第一位，现在被中国和俄罗斯超越，位居世界第四位。截至 1996 年 3 月，印度有机车 6909 辆，客车 33450 辆，其他专用列车 5654 辆，货车车厢 280791 个。截至 2014 年，印度铁路里程数超过 65000 公里，位列全球第四，仅次于美国（25 万公里）、中国（124000 公里）和俄罗斯（86000 公里）。以印度不到 300 万平方公里的国土面积，铁路的覆盖率绝对让所有国土面积大国艳羡。

印度铁路的发展，历史悠久漫长，始于英国殖民统治时期，是亚洲最早拥有铁路的国家。1853 年，为了加速掠夺印度的资源，英国殖民者在孟买和塔那之间尝试着铺设了印度第一条铁路，这段铁路只有 34 公里，列车运行 1 小时 15 分钟，这是亚洲第一条客运火车线，比中国第一条铁路吴淞铁路早了 23 年。后来，随着英国棉织业的发展和对棉花需求量的增加，为了掠夺印度的棉花，英印总督提出大量修筑铁路的建议。19 世纪中叶，英国国内出现了"铁路热"，带动了印度铁路的建设。与此同时，印度 1857－1859 年民族大起义给英国殖民统治以沉重打击，英国当局为了镇压叛乱，迅速调遣军队和运输军需物资，深感在印度发展铁路的迫切必要。

英国殖民统治时期，印度铁路的发展非常迅速，由 1857 年的 288 英里增至 1871 年的 5077 英里，由 1881 年的 9819 英里增至 1901 年 25371 英里。随着火车轮的滚动，大量宝贵的资源源源不断地流向了英国，同时，也使印度的铁路事业有了雄厚的基础。到英国殖民者撤出印度时，印度已经拥有了 54000 公里的铁路，8000 台车辆，2 万节客车和 20 万节货车，铁路职工达 90 多万。独立后，印度的铁路事业继续稳步发展。截至 20 世纪 90 年代末，印度每天有 10000 辆客车和 5500 辆货车在纵横交错的铁路网上运行，运载旅客 1360 万人，货物 120 万吨。

进入 21 世纪，印度铁路每年承运旅客数超过 80 亿人次。据统计，2015－2016 年度，印度铁路约承运旅客 81.07 亿人次，平均每天超过 2200 万人次。与之对比，2017 年中国铁路承运旅客数约为 30 亿人次，2017 年为期 40 天的春运期间，全国铁路系统发送旅客 3.57 亿人次，平均每天 893 万人，2017 年 2 月 2 日，全国铁路旅客发送量创造历史记录，达到 1096.6 万人。而印度铁路每天都比中国春运还拥挤。目前，印度每天有 12000 列火车运送 2300 万人次，相当于把整个澳大利亚国家人口都拉走。根据印度官方的数据，印度火车站数量有 7200 个左右，但是部分小车站并未统计在内，因此也有超过 8000 个的说法。截至 2017 年底，中国火车站数量为 5752 个。印度有固定铁路职工 170 万，非固定工人 30 万人，运费收入 2962 亿卢比，净收入 214 亿卢比。印度火车数量、车站数量和长途旅行人数均居世界第一位。

印度的铁路分为三种不同的轨距：轨距为 5.6 英尺的宽轨，轨距为 3.3 英尺的中轨，即"米轨"，轨距为 2 英尺的窄轨。目前，印度有宽轨 44216 公里，中轨 15178 公里，窄轨 3415 公里，电气化路轨 14579 公里。今天，印度自己能够制造各种铁路机车，90% 以上的部件均为自己生产。印度不但制造自己所需车辆，而且向南斯拉夫、马来西亚、叙利亚、坦桑尼亚和尼日利亚等国家的铁路系统出口铁路车辆，并提供各项服务。

印度的火车分为五等，等级不同，票价不同，车体的新旧也不同。既有豪华车厢，也有次等车厢，还有普通车厢。普通车厢设备不同，价格不等。豪华车厢设备齐全，坐卧舒适；次等车厢设备简陋，座位很少，大部分人只能站着。印度的火车也分为特快、快车和慢车几种。印度最快火车时速也接近 200 公里。2017 年 5 月 22 日起，印度陆续开通多条 TejasExpress 特快豪华列车，内饰甚至比中国高铁还要土豪！据说最高时速能达到 200

公里，但是平均时速仍然不到100公里，目前线路也非常少。

车票也分为很多级别。有2nd Class Chair（硬座）；2nd Class Sleeper（硬卧）；2nd A/C（空调硬卧），和1st A/C（空调软卧）等。2nd Class Sleeper比较经济，由于不配备卧具，舒适度较差，尤其是冬季的夜间寒冷难耐，多数是印度国内旅客乘坐。空调车舒适度好，但价格是2nd Class Sleeper的2—3倍，车上提供饮料和餐食，通常是印度富裕人士和外国游客乘坐。

火车售票分为售票处（BOOKING OFFICE）和预售处（RESERVATION OFFICE），一些大站（如新德里）有专门的外国人售票处（International Tourist Bureau），可是有的International Tourist Bureau不售票，只提供咨询和休息，买车票去RESERVATION OFFICE，比如焦特普。有的车站有外国人售票窗口，比如瓦拉纳西。在外国人售票处或窗口买票，可以避免普通窗口的拥挤，但有时需要支付美元或提供换汇证明。在不通火车的旅游城市，比如卡久拉霍，有联网的火车票预售处。很多宾馆提供代购火车票服务，一般收手续费50卢比/张。车站内有按车票等级分类的候车室、食堂，还有女性专用候车室（Lady's waiting room）。候车室里面有厕所和洗澡间。虽然车站内外人山人海，但是分类的候车室里却很清静，人们都在自觉地遵守着分类制度。

印度铁路实行实名制：印度火车票的实名制已经有100多年的历史，主要是由于印度火车票一直处于紧张状态，实名制有助于杜绝"黄牛囤票"。印度火车购票容易，无需提前排队买票，随到随买随走，但卧铺需提前买票。印度火车乘客上车前要找到相应的车厢，需要查看车厢外面贴的告示，上面写着乘客的名字和具体的铺位。印度火车上乘客随身可带许多行李，多得令人吃惊，难以置信，但印度乘客对此互相通融，习以为常，上下车有许多"苦力"帮忙，只需支付一些小费。中国铁路网络购票始于2010年，而印度铁路的网络购票服务始于2002年，印度铁路网络购票已有近20年历史，比中国早了近10年。如今，印度每天通过网络售出的火车票数量超过40万张。

印度铁路有两项世界遗产：1999年，联合国教科文组织把印度大吉岭-喜马拉雅铁路等山区铁路列为世界遗产，2005年和2008年又扩大范围；2004年，位于马哈拉施特拉邦的维多利亚终点站（现名贾特拉帕蒂·希瓦吉终点站）也被列入世界文化遗产。印度有世界上停站最多的火车：从西孟加拉邦豪拉到贾伊纳加尔的53041次列车，全程723公里，却要停靠119站，平均每6公里就要停一次；耗时29小时25分钟，平均每15分钟就要停一站，平均时速只有25公里！

印度的火车有许多和中国不同之处。印度火车多数为无门火车，旅客上上下下非常方便，但也常常造成一些伤亡事故。印度火车上没有服务员，清洁卫生全靠乘客自觉，有些车厢比较脏乱，尤其是次等车厢，有时乘客去厕所都有些困难。印度火车上没有乘务员报站，站台上标有名字，靠乘客自己观察，但是在夜间看不到站牌名字，常常会出现麻烦。印度火车上没有供水设备，由乘客自己想法解决，因此，不少人只好自己用陶制水罐或玻璃瓶自带冷水。印度火车各车厢之间彼此隔绝，不是互相连通，各车厢的乘客若想彼此来往，只有等到火车到站停车以后。

图6-8 无门火车

在2016年独立日演讲中，莫迪总理强调加快扩大铁路网的重要性。他表示，印度铁路网的扩张提速了，过去两年印度开通了3500公里铁路，而在之前的10年才开通了1500公里。目前，印度每天铺设7.8公里铁轨。按照计划,来年铺设铁轨的速度会提高到13公里。谈到项目审批的速度,莫迪总理说:"以前铁路项目的审批需要2年时间,现在只要3—4个月,最多6个月就获批。"他也强调,"我们在讨论火车生态厕所的同时,也梦想引入高铁"。印度铁道部门设定了到2019年在所有车厢配备生态厕所的目标,以改善铁路的卫生,加强火车的整洁。同时,在日本的帮助下,印度第一条高铁,从孟买到艾哈迈达巴德的高铁项目也在进行当中。

2018年3月,印度铁路公司发布招聘广告,招聘9万名基础岗位职工,其中包括2.65万名铁路司机助理、技师、木匠、吊车司机等高技能要求人员,以及6.29万名铁路养护工人、扳道工等低技能职员。前一类岗位的月工资为1.9万印度卢比(约合人民币1800元)至6.32万印度卢比(约合人民币6000元),后一类为1.8万印度卢比至5.6万印度卢比。有统计称,该公司员工月平均工资折合成人民币约为2000元至2300元。报名至3月31日截止,有超过2800万人应聘,其中包括不少研究生、博士。应聘者将先通过一轮笔试,并进行身体素质考核,竞争之激烈可想而知。

据印度媒体报道,此轮招聘原本主要针对高中毕业、接受过相关技能培训的印度年轻人,但应聘者中却有不少高学历者。《爱尔兰时报》网站援引一名印度铁路公司官员的话称,面对这么多应聘者有些"不知所措",许多应聘者是硕士生和博士生,远超岗位要求。印媒称,印度铁路公司还计划增招2万人,今年招聘规模将超过11万人。铁路公司目前有130万雇员,据称员工规模是印度公共部门中最大的。印度属于混合经济体制,国有企业占据很大一部分。印度国企掌握很多经济资源,工资待遇并不高,但很稳定,有很多福利,工作强度也不大。在很多印度年轻人看来是"活少、油水多"。特别是铁路在印度国家经济中占据重要地位,铁路公司成为印度人心中名副其实的"铁饭碗"。

据悉,此次印度铁路公司大规模招聘是为填补铁路系统长期以来的人力不足。过去几年，由于印度铁路部门削减开支及员工工资上涨，许多岗位未及时填补。另外，近年来，印度发生多起列车脱轨事故，印度铁路部门希望加强人力，保障铁路安全。不过有分析认为，此次印度铁路公司大规模招聘原因并不是那么简单。为年轻人创造就业，这是印度总理莫迪2014年带领印度人民党参与竞选时的重要承诺。《印度时报》称，印度铁路公司的招聘计划被认为带有政治目的，印度反对派一直批评执政的印度人民党未能有效创造就业。

七、星罗棋布：公路网密布全国

　　印度公路网密布全国，公路系统发达，交通十分方便。目前公路承担全国客运的80%和货运的60%。至1996年，公路网全长332万公里，居世界第三位。

　　印度公路的历史也不短，在英国殖民统治时期，就修筑了不少公路。独立后，印度公路建设有了更大的发展，成了世界上公路最发达的国家之一。印度政府非常注重公路建设投资，第四个五年计划中投资近82.7亿卢比，第五个五年计划中投资134.8亿卢比。1995年，印度修改公路法，允许私营公司参加公路建设，将外国在公路建筑和维修工程上的控股上限由74%提高到100%，自动核准。按国土面积、人口比例计算，印度的公路密度虽然低于发达国家，但它的公路网已成为世界上最大的公路网之一。

　　印度政府同马来西亚、加拿大、法国在公路建筑、维修和管理方面进行合作，引进技术，此外还向世界银行、亚洲发展银行和日本海外合作基金申请公路建设援助贷款。印度在引进外国先进技术的同时，结合本地地理和气候特点，公路耐高温的程度令外国人惊叹，夏季气温高达

48至50摄氏度,但柏油公路照常使用,路面上的沥青并不熔化。自1950年以来,公路总长增加了两倍,由25万英里增加到80万英里。

印度公路分为国家级公路、邦级公路和地方级公路三种。国家级公路有49条,长34300公里,占全国公路网的1.03%,15%为单行道,承受公路货运和客运的40%。国家级公路质量好,路面宽阔平坦,路标齐全醒目,路旁设有里程碑,拐弯处设有明显标志和路障,不管白天还是黑夜,汽车可放心行驶,比较安全,也不会迷路。国家级公路通向全国各主要城市,是联结各大城市的交通要道,对于旅客和货物的运输发挥着主体作用。邦级公路一般也比较好,是国家公路的支线,是各邦内的交通干线,总长10万公里以上,但比国家公路窄,其中75%为单行道。地方级公路归当地管辖,是邦内各区县之间的交通网络,它们同穷乡僻壤相连接,主要是土路,很少铺设柏油路面,大多是非全天候公路,在这样的公路上长途旅行,免不了风尘仆仆,蓬头垢面。

图6-9 无处不有的三轮车

印度公路上行驶着各种各样的车辆,除了形形色色风驰电掣的汽车外,还有不同型号的拖拉机、奋蹄疾驰的马车、慢慢吞吞的牛车、昂首阔步的骆驼拉车和无处不在的三轮车等。印度机动车总数自1947年独立以来,增加了16倍,现在超过了410万辆。各种公路车辆印度都能自己制造,包括卡车、轿车、摩托车、拖拉机、自行车等,不但自给自足,而且向亚洲和非洲一些国家出口。印度非常注意保护本国汽车工业，对外国进口车辆卡得很严，包括总理在内都乘坐印度的国产汽车。从城市到乡村的公路上，奔驰的大多是国产汽车。印度也重视引进外国先进技术，并与外国合资制造汽车，但对外国技术进行消化吸收，与本国国情相结合，因此所有汽车产品都带有印度特色。

图 6-10　无门出租车

在城市，交通工具主要是公共汽车、小汽车、出租车、摩托车、各种人力车。大部分人出行时乘坐公共汽车，印度公共汽车有其特点：一是拥挤，由于人多车少，车内往往拥挤不堪，特别是到了周末和节假日或上下班交通高峰期，更是令人难以忍受；二是无车门，印度的公共汽车只有门框而没有车门，只要车速放慢或路口遇到红灯停车，乘客马上可以跳下车，上下车很方便，但由于乘客太多，在拐弯处，容易甩下车，酿成事故；三是车速快，印度的公共汽车速度很快，即使在拐弯处也不减速，一路颠簸，车每到一站，速度放慢，缓缓行进，乘客或跳下车或跑着跳上车，跳下车后要顺着惯性朝前跑几步，否则会摔跤，也有被摔下来摔死的；四是后上前下，售票员坐在后门的靠左边，乘客从后门上车，先买票，然后向前移动，到站时从前门下车。这种秩序，人们都自觉遵守，若你"反其道而行之"，会遭到司机的批评，甚至他会拒不开车，直到你下车从后门上车为止，同时车上的其他乘客也会说你几句。有一次，笔者和一位尼赫鲁大学的中国留学生同乘一路公交车，由于她初来乍到，不习惯印度公交车的速度，在拐弯处没有扶稳，结果摔倒在地。

图 6-11　牛拉车

印度不少中产阶级已经拥有了自己的小汽车和摩托车，上下班、访友或郊游都是自己开车去，既快捷方便，又省去了等车和挤车的麻烦。出租车和三轮摩托车很多，不仅车站有，公路两旁和大街路口到处可以见到。你若手提着行李站在路旁观望，出租汽车发现了，会主动开来；你若看到有黄顶汽车从身边路过，只要向它招手示意，它会马上停下。车价以行程多少计算，车内装有计程器。每公里的价钱由国家规定，出租者不得随意向顾客要价。当然，个别例外也是有的，尤其对待外国人。这时顾客可以讨价还价，双方同意，交易才能做成，这是一种习惯。也有些司机见钱眼开，不按套路出牌。笔者有一次乘出租从尼赫鲁大学去市中心，由于身上没有零钱，给了出租司机一张大面额，结果他直接装进口袋，不顾打表数额，以各种借口不找钱。三轮摩托车在各个大中城市里大行其道，价格便宜，深受一般民众欢迎。笔者在尼赫鲁大学学习期间，经常乘坐这种无门的三轮出租车。城市里也有不少人力车，主要是为那些收入微薄的人提供服务的。在老德里狭窄拥挤的街道，人力车大行其道，笔者有一次曾乘坐这种人力车，看到车主费力地踩踏蜗牛般前行，不禁心中顿生地主老财剥削贫下中农的愧疚感。在一些中小城市或乡镇，还可以看到不少牛拉的车、骆驼拉的车或大象拉的车，缓缓地行进在并不宽敞的马路上，优哉游哉。

印度车多、人多，车祸也多。据有关部门统计，事故死亡率比美国、法国、西德和日本都高。以贝拿勒斯城市为例，那里给人印象是，人、车不分上下道，简直横冲直撞，可谓"见缝插针"。再加上"圣牛"在街上摇摇摆摆，自由行走，影响交通，难怪有很好的小轿车四轮朝天躺着。这类事情不乏其例，印度朋友风趣地说，"这就是印度的古老文明"。在印度，汽车、马车、神牛、摩托车、三轮车、骆驼车、人力车并驾齐驱，是常见的马路奇观。

八、四通八达：航空和海运迅捷便利

印度的航空和海运四通八达，迅捷便利。

印度航空发达，航线分布均匀，乘坐飞机出行，快捷方便。截至20世纪90年代，印度拥有民航飞机120架，飞机场103个，其中85个大机场，23个小机场，6个国际机场，机场遍布全国各地。

印度的航空业起步较早。早在1917年，为了满足邮政的需要，英印政府委托交通公司管理发展航空业务。1920年，建立航空委员会，修建机场，开辟从孟买到加尔各答和加尔各答到仰光的航线。不久，塔塔航空公司和印度国家航空公司发展起来,生产小型飞机,并出现了大型飞机制造业,开办了许多航空业务。

独立后,印度的航空业发展很快。现在,印度已经同世界上50多个国家建立了航空联系。印度国内乘坐飞机旅行的人数越来越多,而且随着国家交往的扩大和旅游业的发展,来往于印度和世界各地的人们也越来越多,乘机到印度参观文化名胜和自然景色的外国游客逐年增加,如1980年为800150人次,1981年增至853148人次,外汇收入由48亿多卢比增加到56亿多卢比。为了吸引更多外国游客,印度进一步加强了旅游投资,并在世界各地建立了18个旅游部,开展业务活动,还出版了英文、德文、法文等大量外文刊物,配合宣传。

图6-12 印度航空

印度的航空公司原来由国家垄断,经营不善,缺乏足够的活力。近年来,政府开始允许私人公司经营航空业务,使航空市场出现了可喜的竞争局面。私营航空公司不断以良好的服务赢得顾客,国营航空公司在激烈的竞争中也注入了活力,整个航空市场出现了很大改观。自从1993年印度实行"开放半个天空"政策以来,国营印度航空公司、印度国际航空公司等垄断航空业的局面已经打破。目前,私营公司有两个正规国内航班和41个非正规航班。新政策允许私人投资,外商可控股40%。到1996年9月,私营航空公司有34架飞机,占国内航空运输的41%,私营航空运载的旅客由1990年的1.5万人增至1998年的491.4万人。

2010年，印度国内旅客运输量增长19%，达9000万人次，在世界排名第四，仅次于美国、中国、日本。预计2020年，其国内旅客运输量将达4.5亿人次。印度在民航领域投资超过1100亿美元，其中300亿美元用于机场的基础设施建设，800亿美元用于新飞机。

在航空安保领域，印度于2011年2月举办了地区安保会议，审议第37届大会安保宣言和路线图的执行情况。在国际民航组织的协助下，印度致力于安保信息的共享，并主持了亚太地区航空安保项目。在航空环保领域，印度航空业在近10年中，燃油效率提高14%，减少了二氧化碳排放，维持了较新的机队，在机场和空管方面采取了环境友好型措施。印度致力于航空环保，支持国际民航组织协调一致的环保行动，反对任何以航空环保名义采取的单边行动。在航空运输领域，印度将于2011年10月举办国际民航组织航空谈判大会，促进双边和多边协议的形成，促进航空运输的可持续发展。

在全球合作与援助领域，印度民航部长于2011年5月24-25日在埃塞俄比亚举行的第二届印度-非洲论坛峰会上宣布：（1）为非洲援建一个航空培训学院，耗资约5500万美元，具体计划和选址将与非洲民航委员会和非洲联盟共同商定。这将是国际民航组织历史上单个国家承担的最大的一个援助项目。印度将承建并管理该学院，几年后移交给合作方。（2）在印度的航空培训机构为非洲培训100名安全、安保和航空管理专家，印度承担旅费及生活费等各种费用，此项目约350万美元。（3）印度将向非洲民航委员会的合作监察计划提供技术顾问。（4）印度将在2011年国际民航组织航空谈判大会期间，举办与非洲国家的特别会议，协商双边和多边协议。

2011年6月29日，印度民航部常务秘书扎依迪博士（Dr. Zaidi）在国际民航组织总部举办招待会，宣传印度民航业的发展以及对国际民用航空所做出的贡献。在航空安全领域，印度采取积极措施，在民航运输量迅速增长的情况下，保障航空安全。（1）遵守国际民航组织标准，支持国际民航组织持续监督做法。（2）启动立法程序，成立独立的民航局，包括独立的事故调查委员会。（3）实施了国家安全方案。（4）致力于促进地区安全，将在2011年12月与国际民航组织共同举办地区安全会议，侧重于跑道安全、持续监督做法和电子申报差异等。

现在，印度航空业在稳步发展。印度各航空公司为了争取客源，提高竞争力，纷纷引进外国先进的机种机型，特别是美国的波音系列飞机。原来只有国际航线采用波音飞机，现在国内航线也开始装备波音飞机。此外，印度政府还采取各种措施，学习发达国家的经验，改善基础设施建设，加强人员培训，使印度航空业满足日益发展的需要。

近年来，得益于印度国内经济快速平稳增长，印度民航迎来了快速发展的新时期。特别是在低成本航空公司快速发展和国际航空公司持续扩张的推动下，印度航空旅客流量迅速增长。另据印度经济发展咨询机构印度品牌证券基金会（IBEF）报告，印度的民航业正处于高速发展阶段，报告预测未来5年印度国内和国际客运量年均增长分别为12%和8%，预计到2020年印度将成为世界第三大航空市场，到2030年成为全球最大的市场。

根据印度民航局公布的数据，2014年、2015年印度航空旅客吞吐量同比分别增长7.3%、17.5%；2016年，印度民航完成旅客吞吐量2.55亿人次，同比增长19.5%。2016年，印度排名前十的机场完成旅客吞吐量1.97亿人次，占总量的77.5%，其中排名前三的新德里英迪拉·甘地国际机场、孟买贾特拉帕蒂·希瓦吉国际机场和班加罗尔国际机场，占总量的近50%。印度航空运输客流集中度非常之高，客流主要集中在几个大城市中。根据预测，2030年印度将有两座机场进入全球机场排名TOP10。

印度民航快速增长的主要驱动因素包括低成本航空公司的发展、现代化的机场建设、外国直接投资国内航空公司、先进的信息技术的介入，以及重视各地区间的地面交通。国际航空运输协会总干事兼首席执行官托尼·泰勒认为："从制造业、旅游局、航空公司及其全球业务，到具体的旅行者、运货商和生意人，全世界都在关注印度航空。"全球两大航空业巨头均看好印度民航业的发展。波音公司预测，未来20年内印度民航将增加1740架新飞机，其中包括1460架窄体客机、260架宽体客机和20架支线客机，总价值约为2400亿美元。波音强调，印度低成本航空公司的数量与规模将大幅增长，占据印度民航30%的市场份额。

空中客车公司预测，在下一个10年中，印度的航空业年增长将超过10%，几乎等于全球航空业平均增长率的两倍。空客紧盯着来自印度航空公司的大额订单，今后5年中累计价值可达到20亿美元。

印度有40%的民众是使用机动车的中产阶级，这是该国航空运输发展的重要因素。考虑到印度航空业的强劲发展潜力，越来越多的外国厂商进驻印度，参与民航市场的投资与开发。预计到2020年印度需要500个机场（包括简易和正规机场）。印度政府鼓励私有企业采取各种私募合作模式，积极参与机场建设，政府则采取融资、土地优惠配发、设定免税期和其他激励措施予以大力支持。不过，和中国相比，印度地面快速交通还有很大发展空间。此外，基础设施建设能力还有差距，这些都可能成为制约印度航空发展的因素。

自2014年当选以来，印度总理莫迪一直十分重视航空旅行业的发展。随着印度国内航空业在三年多时间里实现两位数增长，印度政府正在计划加强国内民航基础设施建设，助力经济增长。在2018年2月的国家预算中，印度财政部长阿伦·贾特里向印度机场管理局拨发了6.13亿美元的款项用于机场扩容建设。据报道，2018年7月7日，兼任商业部长的印度民航部长苏雷什·普拉布表示，印度正在制定一项旨在促进民航业发展的2035年全面综合计划。这个计划包括在印度制造飞机和无人机，在未来几年，印度至少需要1000架飞机。9月4日，苏雷什·普拉布表示，印度计划在未来10到15年投资近600亿美元建设100座新机场。他介绍，这些机场将通过公私合作的方式建设，需要私营部门的参与，欢迎任何对基础设施或机场感兴趣的人我们。印度还启动了一项通过航空服务提升印度偏远地区连通性的计划，鼓励航空公司增加支线机场的连通性，通过补贴航空公司飞往二三线城市的部分成本，降低人们在国内出行的成本。此外，莫迪政府计划出售最大的国营航空公司印度航空多达76%的股份，助推印度航空完成私有化，出售这家极具影响力的公司，充分说明莫迪政府正在严肃认真地实现国有部门私有化。

国际航空运输协会预计，到2037年，每年将有近5.2亿人次往来印度。印度报业托拉斯称，预计在未来十年内，印度将超过德国、日本、西班牙以及英国，成为仅次于中美的全球第三大航空客运市场。

印度地处亚洲、非洲和澳洲的海上交通要道，具有发展海运的优越条件。据1996年统计，印度拥有一支由484艘船只组成的海洋运输船队，共计705.1546万登记吨位，居世界第17位。另外，沿海有233艘船只，共计69.45万吨位。印度95%的对外贸易通过海运，1992–1993年度海运贸易量为1.12亿吨，1996–1997年度为1.7亿吨。印度有11个大港口和148个小港口。11个大港口中有5个在东岸，6个在西岸。1998–1999年度，11大港口货物吞吐能力为2.517亿吨，实际能力利用达到100%。

图6–13　印度海运

印度政府于1991年颁布一项海运政策，扩大私营和外商投资，以此提高海运在印度对外贸易中的创汇能力。这项政策简化了买船、卖船和租船手续，允许海运公司购买可以使用5年以上的旧船，已出售的船只不受已超过船龄限制，向外国公司出租船只不必事先得到政府批准，允许海运公司有两倍于实收资本的储备金，并免交所得税，外商在海运公司中可持有51%的股份，建1万吨位以下的船只自动核准。向私营公司开放的项目有：允许私营公司建造船坞、货运泊位、集装箱集散地、仓库、储藏设备；允许私营企业租借设备、场地、参与新港口的设计和开发。

近年来，印度港口吞吐量稳步增长，年增长率为10%—12%。印度信用评级机构ICRA的研究报告称，在商品出口增长、石油和煤炭进口上升以及世界经济强劲增长的推动下，印度港口吞吐量节节攀升。2007－2008年度，印度所有港口的货物吞吐量为6.29亿吨，2012年达到10.08亿吨。印度11个主要港口的货物吞吐量为5.19亿吨，约占同期印度港口总吞吐量的82.5%。

为进一步提高港口吞吐能力和完善内陆交通网络，印度国家海运发展规划针对11个主要港口推出276个建设项目，总投资约合140亿美元，其中有10个项目于2008－2009年陆续开始招标。这些项目大多采取公私合营的运营方式，内容包括建设新泊位、扩建和改造现有泊位、浚深航道、更新设备以及完善公路和铁路基础设施等。金奈港百万TEU级集装箱码头、科钦港国际邮船码头、根德拉港多用途泊位和维沙卡帕特南港码头泊位是印度2008年的重点港口建设项目。

保护性的市场政策与语言文化方面的固有优势为未来印度航运业的迅速发展奠定了基础。过去东北亚地区经济发展已经充分证明了"国货国运"与"国轮国造"对于本国经济发展的重要性，未来印度也将在很大程度上继续秉承这一航运业的发展原则。

根据印度修改后有关税收政策的要求，自2017年1月22日起，所有出口到印度的预付和第三地付款的货物需征收4.5%的运费税。尽管根据规定印度将针对船舶进行收税，但这部分税款最终依然会由外贸企业承担。对于目前经济处于转型阶段的印度而言，运费税的征收无疑将助力未来印度制造、金融特别是航运业的发展，争取本国航运企业在进出口贸易货运方面的主动权。目前印度地形与工业格局决定了未来印度航运市场中其国内海运将占到相当部分的比重，而目前印度的运费税政策在某种程度上决定了未来印度沿海运输市场很可能被印度航运企业所垄断，保护性的市场政策为印度航运业的迅速发展奠定了基础。

与亚洲其他国家相比，历史上长期的殖民地时代让印度在语言、文化和思维方面都更容易融入目前由英美国家所建立的国际贸易与航运文化体系。对于高度国际化的航运业而言，印度这一独特的优势让其国内航运企业未来更容易进入国际市场，在参与国际竞争方面拥有了先天性优势。与此同时，与国际海员市场上来自其他亚洲国家的海员相比，语言与文化方面的优势，能够用英语进行复杂交流的印度海员，在国际高端海员市场上更受航运企业的欢迎。

不少国际航运巨头都倾向于雇佣印度海员团队驾驭船舶，其中不乏以 VLCC、VLOC、超大型集装箱船和 LNG 运输船为代表的高技术船型，这支拥有丰富实践经验的优质海员队伍为印度未来航运业的发展奠定了坚实的人力资源基础。如果完全排除市场方面的因素，未来印度航运企业在驾驭国际航运市场上的主流船型方面基本不会存在技术障碍。从这个角度来看，未来印度航运业的迅速发展对于国际航运市场的冲击依然不容小觑。

| 第七章 |

人文习俗：五花八门

第七章　人文习俗：五花八门

　　印度人的社会人文景观和民风民俗可谓五花八门，异彩纷呈。洒红节、胜利节、灯节、保护节、杜尔迦节等各种宗教性节日、历史性节日、政治性节日、季节性节日有上百个之多，五彩缤纷，绚丽多彩，使印度成为节日的海洋。视牛如神、待象似宾、奉猴若圣，孔雀、狮子、老虎等飞禽走兽，无不受到崇拜和喜爱，使印度成为动物的天国。神圣之河恒河每天吸引无数善男信女，前来洗罪超度，人山人海，熙熙攘攘，成为世界上最大的聚会，场面之壮观，令人叹为观止。印度人的人生礼仪、生活习俗、行为方式、思维方式、价值观等，更是多姿多彩，独具特色。

一、绚丽多彩：五彩缤纷的节日

　　印度节日繁多，令人惊叹，较大的全国性节日有上百个，再加上各邦的小节日，节日数目多不可数。有人说，一年有365天，而印度节日就有366个。印度节日主要分为宗教性节日、历史性节日、政治性节日、季节性节日，其中以宗教性节日为主，各种节日格调各异，绚丽多彩。

图7-1　欢度节日

洒红节：又名霍利节，是印度教的四大节日之一。相传，从前有位国王，暴虐无道，骄傲自大，下令臣民不敬天神，而他儿子对天神依然虔诚不疑，遂遭到国王的残酷折磨。国王令人将儿子推下万丈悬崖，令人用大象踩踏，但都无济于事。在种种招数失败之后，国王叫他妹妹霍利抱着他儿子坐在火中，将他烧死。出乎国王意料，儿子毫毛未损，而抱着他的霍利却化为灰烬。为纪念此事，每年人们用柴草堆象征霍利，将其焚烧，以示正义战胜邪恶，并说脏话骂人，以示对付坏人。

每年3月份，举行洒红节，举国上下，同欢共庆，相互祝贺，彼此洒水，洒红取乐。但各地城市和农村庆祝的时限与方式不尽相同。一般城市庆祝两天，第一天焚烧霍利（柴草堆），第二天洒红。大都市一般庆祝一天，上午八九点钟开始，下午五六点钟结束，有的持续到夜里十一点。农村庆祝时间较长，有的长达一个月左右。

节日期间，人们手提装满五颜六色粉末的口袋，走街串巷，相互拥抱恭贺，嬉戏对骂，讲下流话，往对方脸上、头上、身上洒各种颜色的粉末，没有男女之别，老幼之分，种姓之隔，就连平日有些敌意不和的人，也要相互祝贺，彼此拥抱嬉闹一番。人群熙熙攘攘，川流不息，个个花脸彩衣，翩翩起舞，有的跳民间舞，有的跳迪斯科舞，有的敲打手鼓，有的敲打废油桶，有的击掌，还不时发出"嚎嚎"的欢呼声。

有的城市除了洒红跳舞外，妇女们还手持木棒或把衣服浸过水后拧成一股绳，追打男子，男子不能还手，只能挨打。有的城市洒红不仅用各种颜色的粉末，而且用各种颜料的水，劈头盖脸，逢人就泼。有的城市人们成群结队，上街游行，所有男子都手持一根木制林加（即阴茎），林加长短大小不一，用油漆漆成各种颜色，有的人打扮成湿婆模样骑着驴，人们边走边呼口号，大多是骂人的口号。女子都躲在家中，有些出于好奇，开窗伸头偷看，一旦被游行的男子看见，便是一阵辱骂，言辞之难听，不堪入耳。

在农村，节日之前，人们便粉刷房屋，清理垃圾，制作洒红颜料，忙乎不停，不亦乐乎。节日期间，洒红是主要的内容，但不是洒水，也不是洒各种颜色的粉末，而是就地取材，相互往对方的脸上、头上和身上，投掷和涂抹泥巴与牛粪，有些人故意往对方嘴里抹点牛粪。此外，也在木棒上涂上颜色，手持木棒集体跳舞和唱歌。除此以外，男女之间互相打情骂俏，这种机会在农村很是难得，一年到头，男女之间只有这时才能讲话，尤其是无所顾忌地大胆说些情话，得以充分发泄淤积长久的情欲。

笔者2005年3月参加食盐进军75周年纪念活动时，顺便过了一次霍利节。大家彼此涂抹和喷洒红颜六色的颜料，满头满脸满身都是颜料，差点就认不出你我。晚上，大家一起围绕着篝火堆，将柴草做成的人像扔进火里。

胜利节：也称德喜合拉节，是印度教的主要节日之一，主要是纪念罗摩在神猴哈奴曼率领的猴子军和狗熊军的援助下，与十首王罗婆那及其儿子迈克纳特和弟弟恭婆迦罗那大战10天，最终获胜，救出被抢走的妻子悉达的节日。

胜利节每年9月底开始，10月初结束，时间一般为10天，有些地方则长达一月之久。对胜利节的庆祝，不管农村还是城市都很隆重，主要是在舞台上表演罗摩的生平故事，故事以十首王罗婆那及其全军覆没而结束，人们把每年表演罗摩衍那的故事称作《罗摩里拉》。

在农村，节日之前，五老会走街串巷，募捐筹集表演节目的经费，在广场上搭舞台，找演员排练，准备各种服装和舞台布景，诸如猴子军、狗熊军、十首王的队伍、弓箭等。节日期间，每天傍晚时分，舞台上表演罗摩的主要故事，最后一天，焚烧三个巨型纸人，这三个假人是十首王及其儿子和弟弟，用以象征罗摩的胜利。

在城市，节日之前，同样募捐集资，挑选演员，搭建舞台，制作假人，一片繁忙。但女子不能参加表演，剧中女子的角色均由男子担任，假人大小不一，有30—60米高。节日期间，每晚都表演罗摩的故事，最后焚烧假人。在首都德里，总统和总理也出席最后一天的烧假人活动。

这时，音乐声、喧哗声、鞭炮声、欢呼声和叫卖声混成一片，震耳欲聋，气氛格外热闹，几十米的假人顿时化为灰烬。焚烧假人是节日的高潮，也是最后一个节目。

灯节：印度教的四大节日之一，由来已久。罗摩战胜十首王返回阔别14年的首都阿逾陀城时，阿逾陀人全都点上油灯，昼夜庆祝欢迎，从此，印度教徒把这一天看成是罗摩战胜十首王、正义战胜邪恶、光明战胜黑暗的节日。

灯节在每年10-11月份举行。节日之前，人们打扫房舍，粉刷墙壁，各门口及院落四角都清扫干净，装饰一新。商店、市场、住宅、庭院都用彩布或镍拉花搭起造型各异的彩棚和拱门，门窗、阳台都用彩灯镶嵌。贫穷人家则买上几只小灯或几根蜡烛。节日那天傍晚，家家户户张贴罗其密女财神像，摆放各种供品，有水果、甜食和玩具，屋顶悬挂彩带和银纸，墙头和门口点上一排排油灯，密密麻麻，如同天上的繁星，商店门口点缀五颜六色的电灯泡，耀眼辉煌，如同白昼，为的是给罗其密女财神照明引路。不少人家在祈祷时，家中门窗全部打开，就连箱子和柜子的门也全打开，好让罗其密女财神畅行无阻地进去，甚至敞开门窗睡觉。灯节晚上，不仅张灯结彩，灯火通明，而且鞭炮齐鸣，礼花齐放，焰火不断，家家户户通宵灯火，以迎接天上的财神罗其密女神的降临。此时万家灯火宛如银河繁星，明珠璀璨，灯红烛黄，摇曳生姿，整个印度沉浸在涌动着的光的海洋之中。

灯节仪式由走街串巷的婆罗门祭司主持，在场的人随着祭司时而双手合十，两手贴在脑门前，时而头触地板，鼻子着地，屁股撅起。祭司给每个人发一些供品，其中有一种牛奶状的供品，必须喝光，如果有剩余，要涂到头上，由头顶前边涂起，逐渐往后。接着，祭司给每个人前额上点朱红，由下而上抹起。在场的人一一向祭司道谢，仪式到此结束。祭司将供品装进口袋全部带走，给罗其密女神吃。仪式结束后，主人请在场的客人吃点心和水果，并同邻居交换甜食和水果，相互祝贺，希望招财进宝。

杜尔迦节：即拜杜尔迦女神的节日，是印度教的主要节日之一，也是孟加拉邦最大的节日。杜尔迦女神为了拯救众神，经过一场恶战，杀死了凶神阿修罗，印度教徒为了感谢杜尔迦女神驱邪扶正的功绩，便过杜尔迦节。

杜尔迦节每年12月2日开始，连过5天。节日的前半年，人们就开始塑造杜尔迦女神像，她勇敢而美丽，骑在一只雄狮背上，身上长着10只臂膀，手持各种兵器，用一个三叉戟戳进一只水牛的肋下，阿修罗从水牛体内钻出，现出原形，杜尔迦女神将他杀死。过节的前几周，家家户户添置衣服，修理房屋，打扫卫生，采购礼品。

图7-2 杜尔迦女神大战阿修罗

节日期间，热闹非凡，神像林立，神棚遍地，人海如潮。神棚两侧是小商店和排队吃祭品的人群。神棚里面正前方是一个高台，并排竖着高达3—7米的杜尔迦等神的巨幅塑像。台上一角祭司在做祈祷，台下人群双手合十，低头静听，虔诚拜神。神棚另一边的高台上，表演各种节目，有动人的话剧，优美的舞蹈，悦耳的歌曲和音乐，深更半夜则放映电影。

参加节日的人，穿戴一新，妇女身穿五彩缤纷的纱丽，鲜艳夺目，男子身穿白色围裤和上衣，一片洁白。整个节日期间，就连神棚的场地和树木，也披上了节日的盛装，用各种颜色的灯泡点缀起来，辉煌耀眼。路上行人，成群结队，熙熙攘攘，谈笑风生。

节日活动结束时，将神像从台上抬下，用汽车或拖拉机运往圣河边，投入水中，送回娘家。沿途，一路敲鼓奏乐，载歌载舞，欢喜若狂。把神像投入水中后，在回家的路上，同样锣鼓喧天，歌声阵阵。

保护节：也称手镯节，是印度教的四大节日之一。相传，从前神仙和恶魔激烈交战，恶魔连连取胜，众神节节败退，神仙的妻子给神仙手腕上戴上"保护圈"，再战时，恶魔果然被神仙手腕上的"保护圈"吓得抱头鼠窜。保护节因此而来。

保护节在每年的7-8月份月圆日举行。节日前夕，女子们兴致勃勃地穿上漂亮衣服，去商店买五颜六色的拉凯（手腕上绑的东西）。节日那天，她们早早起床，洗澡、梳妆、打扮、供神、祭祖，然后用盘子端上用纸包好的拉凯和糖果，来到兄弟面前，给兄弟右手腕绑上拉凯，并在前额点上吉祥痣，表示保护兄弟平安无事。兄弟给姐妹们赠送鲜花，以表示兄弟姐妹之间的情谊。

罗其密节：又名财神节，是重要的宗教性民间节日。印度历法6月8-24日举行。节日第一天，人们起床后洗16次手脸，用16股细线拧成线绳，在线绳上打16个结，烧香、点灯、献花后，把线绳绑在自己的右手上。第16天，进行沐浴，礼拜罗其密神像，从手腕上取下线绳，放在神像前。整个节日期间，人们过苦修生活，只吃水果，最后一天，彻夜不眠，通宵庆祝。

湿婆之夜节：是印度教徒崇拜大神湿婆的节日，每年2-3月份举行。节日里，所有湿婆神庙都装饰一新，人们起床后沐浴，祈祷，斋戒一天，然后向湿婆林加供奉曼陀罗花、檀香和新陶罐装的圣水。如果附近没有湿婆林加，可以用湿土临时制作。夜里，人们通宵不眠，唱赞歌，讲湿婆的故事。第二天，沐浴后用大麦、芝麻、牛奶粥上供，然后施舍给婆罗门。

罗摩诞辰节：是印度教的重要民间节日之一，每年3-4月份举行。节日里，人们进行斋戒，白天，载歌载舞，祈祷膜拜。夜里，通宵不眠，高唱赞歌，讲述罗摩故事。人们相信，罗摩的名字比罗摩本人威力更大，因此，无论是节日庆祝，还是平日相逢，嘴里总说"罗摩，罗摩"。

克里希纳诞辰节：又称黑天神节，是印度教的重大节日之一，每年8月份庆祝。节日里，妇女斋戒，唱有关黑天神和他女友的歌曲，男人聚集在一起，谈论黑天神的故事。

二、动物天国：飞禽走兽皆是宝

由于宗教信仰和气候原因，印度不仅动物种类繁多，而且所有动物都受到格外优待和崇拜，印度因此享有"动物天国"之美誉。

印度不仅是世界上牛最多的国家，而且是牛的天堂。牛出生在印度，算是走了鸿运。古今中外，世界各国，对牛崇拜与爱护至深，以印度为最。印度教徒视牛如神，视牛粪如宝。牛在印度教中被视为最神圣的动物，享有优越地位。相传，牛是印度教三大主神之一破坏神湿婆的坐骑，湿婆骑着一头白牛，手执一柄三股叉，可以降伏一切妖魔鬼怪。

除了宗教原因外，牛还有各种实际用途和经济价值，与印度人的生活息息相关。母牛可以产崽，一个拥有了一头母牛的农人就等于是拥有了一家制造公牛的工厂。公牛尤为吃苦耐劳，即使在周期侵袭印度各地的长时期干旱灾害中，仍能生存无恙。公牛是水稻田和干旱地耕作的最佳畜力，也是乡间货物运输的主要工具。

母牛能够产奶，源源不断地提供牛奶。牛奶是印度人重要的食物来源，牛奶可以提炼黄油和酥油等重要营养品。印度人主要靠喝牛奶补充蛋白质，他们喝的大都是鲜牛奶，现挤现喝。许多人牵着母牛，挨门逐户送奶上门。许多咖啡馆旁边，都养着一群牛，它们为咖啡馆提供奶源。许多牛奶供应站，旁边站着一大群奶牛。没有了牛，就断了蛋白质的主要来源。笔者在印度学习的时候，每天都去奶站排队购买鲜奶。

母牛能够产粪便，提供肥料、燃料、涂料和神料。印度每年回收7亿吨牛粪，其中一半被用做肥料，余下的一半被用做烹调膳食的燃料。牛粪每年释放出的热量等于2700万吨煤油，3500万吨煤炭或6800万吨木材，成为不可替代的燃料。用牛粪烧饭，美味可口。大多数印度菜肴都添有一种当地称之为GHEE的经过净化的奶油，而牛粪是烹调这种菜肴的理想燃料，因为牛粪燃烧时，干净无灰，火势文微，燃烧时间较长，食物不易烤焦。主妇们只要点燃牛粪，就可以几个小时不去管它，在此期间，可以照料孩子，下田帮忙，或忙碌其他事情。

牛粪还可以做涂料和神料。将牛粪用水调和，制成糊状，可以用作居室里的地面材料。在肮脏多尘的泥土地面，涂抹上这种涂料，待其变干变硬后，表面光滑结实，这样，地面上的灰尘便可以用扫帚轻易清扫干净。人死以后，用牛粪焚尸，可以使灵魂圣洁。有些地方，把泡有牛粪的水洒在地上，以示敬神，然后人们才可以开始吃饭。牛尿被看成是一种神圣的液体，可以洗净一切内外的污秽，净化肉体和灵魂。

笔者参观过一个不可接触者村庄，屋外整齐地摆放着一排排的干牛粪，圆形中间带孔，远看误以为是饼干。茅屋外表简陋破烂，但屋内地面和墙面光洁干净，都是用牛粪涂料涂成的。

图7-3　视牛如神

正因如此，牛在印度从古到今，受到了百般崇敬，万般保护。不管在什么情况下，都不能杀牛，不能吃牛肉，不能用牛皮做衣物和鞋子等，杀牛为罪大恶极。印度古代认为，国家统治者的任务就是保护母牛和婆罗门，牛的地位和人间至尊婆罗门相提并论，足见对牛的重视与崇敬。《摩奴法典》曾明文规定："犯误杀母牛这种二等罪恶者，应当剃光头，披他所杀的母牛的皮，吞大麦稀粥并栖身在母牛牧场内一个月"，"要每天尾随牧场其他母牛身后，直立，吞食大量牛蹄扬起的尘埃，夜间伺候这些母牛并敬礼后，坐在它们旁边守卫着"。就连偷牛和偷牛粪也要受到严惩，《摩奴法典》中规定，"偷牛者应被切断半只脚"，"偷牛粪者被罚款"。

印度国父圣雄甘地曾说过："在我看来，保护牛是人类进化史上最惊人的现象之一，它使人类超脱了自己的种族。在我看来，牛象征着所有次等的人类世界，人通过牛，晓得他和一切生命的同一性。牛是印度千百万人的母亲，它是一首怜悯的诗篇。保护牛，意味着保护上帝赐予我们的不会说话的兄弟。"印度宪法中也包括了母牛的权利，禁止对母牛进行任何非法方式的宰杀，一些邦则干脆禁止屠宰母牛。1966年11月，十万人的浩荡队伍在赤身裸体、身佩花环、高吟颂歌、遍体涂着牛粪和灰土的虔诚信徒的率领下，在印度国会大厦前示威游行，抗议屠宰母牛，虔诚的信徒绝食抗议，其浪潮席卷全国。

也正因如此，牛在印度享受着神仙般的待遇。每个湿婆庙里都敬奉着牛的塑像，每个城市广场、每个印度教家庭，甚至公共汽车和出租车司机座位的左前方，都供奉着牛像。饥肠辘辘的印度教徒宁可饿死，也绝不吃牛肉。衣衫褴褛的农夫倒毙路边，而尸体旁肥壮的母牛却悠闲自得，安然无恙。在印度城镇，随处都可以看到四下游荡的牛群：它们大摇大摆地徘徊于繁华闹市，逍遥自在地漫步于街头巷尾，无拘无束地往返于集市菜市，目空一切地闯入琳琅满目的百货商店，目中无人地横闯私人宅院，趾高气扬地驻步于繁忙的十字交通路口，四处张望，无忧无虑地横卧在大街上，津津有味地反刍打盹。在乡村，公路两侧，成群结队的牛群更是比比皆是，而且众多的牛群常常会拥向铁路，沿着铁道线怡然漫步，久久不肯离去。

印度政府部门为牛开设养老院，无偿地为那些滴奶不产、年老体衰的母牛提供食物。在马德拉斯，警察将那些流离失所、身染重病的母牛收容下来，精心服侍，让它们在警察所附近的一块专用的田地里，终日饱食，直至病体痊愈。农人们把母牛视为家庭成员，对它们百般装饰，花环冠首，红缨垂地，一旦母牛患病，他们总是虔诚地祈祷上苍保佑平安，一俟小牛出世，他们又会邀来亲朋好友和祭司，热闹地庆祝一番。在印度全境，印度教徒们总要在墙上挂上年历，上面画有天姿国色、珠光宝气的少女玉首，而身体却是肥壮庞大的母牛躯体，这些半人半牛的女神的乳头，正向外喷涌着奶汁。

在印度城镇，每天清晨可以看到捡牛粪的人群。有些是专事清扫工作的下层百姓，把四散闲荡的牛群的粪便划归己有，他们专靠向家庭主妇们出售牛群粪便为生。也有些妇女三三两两，头顶大盆，四处寻找牛粪，一旦发现，便如获至宝，大步上前，用手把牛粪抓进盆里。然后，她们把捡到的牛粪统统带回家，做成粪饼，贴在墙上，或晾在地上，干后用作燃料。乡村牛群更多，一进村，便能闻到一股很浓的牛粪味，村中的小孩整日尾随自家的母牛，以便把母牛当日的粪便拾回家。

猴子在印度也是备受保护和崇拜的圣兽。在印度著名史诗《罗摩衍那》中，神猴哈奴曼曾帮助罗摩战胜魔王，救出罗摩的妻子悉达，至今印度许多地方都有哈奴曼神猴庙。每年3月份，印度各地都要过哈奴曼的诞辰节。每到这一天，人们清晨起来沐浴祈祷后，来到哈奴曼神猴庙，在哈奴曼神像上涂朱红，抹酥油，供奉祭品，人来人往，熙熙攘攘，拥挤不堪。哈奴曼神猴庙有很多猴子，跑来跑去，跳上跳下，当人们走进神庙，它们便成群结队，蜂拥而至，嬉戏拦截，有的抱腿，有的抢包，翻看包内有没有吃的。

第七章 人文习俗：五花八门

印度猴子很多，到处都有它们的身影。在旅游地，它们与人合影、嬉戏，向游人讨吃的。住旅馆，一定要关好门窗，以防猴子进屋，因为猴子经常随便闯入人家，偷吃东西。开车在公路上疾驰，有时会突然窜出一群猴子，很有可能猴伤车翻。在大城市的车站或影剧院附近，经常有十几只猴子夹杂在乞丐当中，向旅客或行人索要食物。

蛇也是印度教的崇拜对象之一。在印度，蛇是杀不得的，杀蛇会冒犯天神。有些印度人一旦发现蛇的洞穴，就恭而敬之地在洞穴口上放上牛奶、香蕉以及各种蛇喜欢吃的食品。如果在房子里发现了蛇，不但不赶走，反而给它大量食物，有时还会为它举行献祭仪式。在印度旅行，会在许多地方看到耍蛇人，见外国人来了，他们便吹起笛子，眼镜蛇会翩翩起舞。

印历每年5月5日，当雨季来临，阴雨连绵，不少蛇洞被水浇灌，迫使蛇纷纷出洞，另找新居，在田野、花园、树丛，可以看到大批蛇出来活动，因此这个时候举国上下举行拜蛇节。拜蛇节前一天，人们只吃一餐。节日当天，人们在蛇神像面前，呼唤着蛇神的名字，燃香点灯，供奉各种祭品，如牛奶、牛奶粥等。拜蛇之后，请婆罗门吃甜食和牛奶粥，向他们献黄金或母牛。这天，忌讳犁地，心要虔诚，不能对蛇有任何恶意。

大象也是印度教的崇拜对象之一。在印度教的神话中，提到大象的地方很多，大象不仅充作一些神祇的坐骑，而且还是一些神祇的化身。财富女神罗其密四周围绕着大象，智神是象头人身，智力非凡，是印度教所崇拜的神之一，在印度教的祭神游行中，常有装饰华丽的大象作前导。在古代，印度人作战用象军，在今天，印度每逢国庆或其他大型喜庆活动，总有象队参加游行。印度大象性情温和，听人使唤，能用鼻子卷扫帚扫地，运送柴草。农民用大象驮着一家老小和农具，下地干活。有些人用大象照看孩子，哄着孩子不哭。

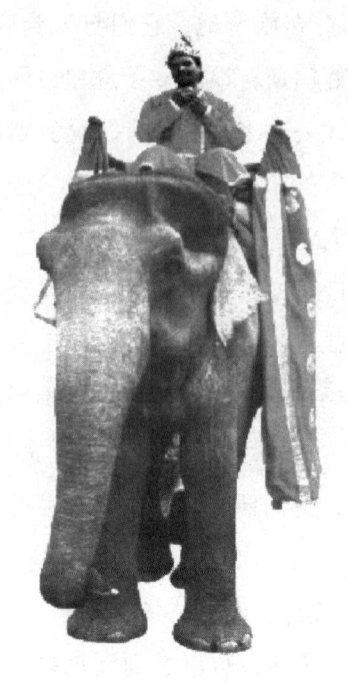

图7-4 大象　　　　　　　　　图7-5 老虎

　　虎是印度的国兽，它动作优美、敏捷、强壮有力，因此赢得人们的珍爱。印度虎的种类很多，据统计至少有八种以上，其中以孟加拉虎最著名。孟加拉虎除印度的西北地区以外，全国各地均可看到。从干旱的丛林旷野，到潮湿的四季常青的森林，到布满红树的植物沼泽，都有孟加拉虎的出没。印度虎曾一度减少，到1972年减少到仅剩1827只。于是印度对虎采取了保护措施，从1973年起，一个大规模的保护计划即"老虎工程"开始实施，在全国建立了19个老虎保护区，约占29715平方公里森林面积。从此，虎的数量逐步增加。据1989年调查，印度全国老虎的数目已上升到4334只。

　　孔雀是印度的国鸟和神鸟，严禁捕杀，深受崇拜。印度政府于1963年1月宣布孔雀为国鸟，列为国家保护对象之一，和神牛一样，严禁伤害与捕杀。几千年来，印度有无数关于孔雀的神奇动人故事，流传民间，脍炙人口。传说湿婆神的儿子迦尔迪盖耶骑孔雀云游四方，耆那教祖以孔雀为其交通工具，印度教大神因陀罗命孔雀为鸟王。印度人世世代代还把孔雀的形象刻在器皿上，雕在建筑物上，塑在庙宇里。

印度孔雀之多，几乎到处可见。无论是在城市还是在乡村，经常可以看到五彩斑斓的孔雀翩翩起舞。不管是在平原和高山，还是在森林和湖畔，都有孔雀留下的足迹。有时成双成对，有时三五成群，有时成群成片，有时昂首阔步，有时低头伸颈。清晨，放声高歌，哇哇欢叫，日间，觅食嬉戏，开屏斗艳，富丽堂皇，五彩缤纷，光彩照人。孔雀7－9月间脱毛，每到这一时期，地上便有脱落的孔雀毛，人们小心地将它们一一收起，做成笤帚或扇子，或者做成各种装饰品和艺术品，供人欣赏。也有人把它们收集起来，根据长短不同，一一捆起，到自由市场偷偷叫卖。不过，孔雀毛也受国家控制，政府禁止个人把它带出国外，一经海关发现，一律没收。因为孔雀属于国鸟，受到国家保护。

图7－6　孔雀开屏

三、圣河洗罪：印度的母亲河恒河

印度有许多河流，其中以恒河最为神圣，它有许多大小支流，把广大的土地造成了肥田沃土，人们很感谢恒河，尊敬恒河，誉之为"圣河"。在印度文明的整个发展历程中，恒河起过十分重要的作用。它既是甘露，无声地滋润着流经过的这片沃土，同时又是乳汁，哺育了生生不息的印度子孙，因而印度人又称它为"母亲河"。

恒河有两个较大的源头，即阿勒格嫩达河和帕吉勒提河。两河上游急流汹涌，奔腾于喜马拉雅山间，地势由 3150 米急降至 300 米。两河在代沃布勒亚格附近汇合后始称恒河。穿过西瓦利山脉后，在古城哈德瓦附近进入平原，与其著名支流朱穆拿河结伴并排而行，流至阿拉哈巴德时聚会一堂，地势再降至 120 米。由于恒河到此已沙多水浊，而朱穆拿河水深且清，结果褐色的恒河水与青色的朱穆拿河水形成十分明显的水线，以后逐渐交融混合。恒河接着气势磅礴地流向印度宗教圣地瓦拉纳西，又集纳了许多支流（如哥格拉河、宋河、干达克河、古格里河等），河面宽阔，水流浩荡地奔向下游。

进入孟加拉国后，恒河被称为帕德玛（意为荷花）河，分成数条支流，并汇合于布拉马普特拉河，形成"丫"字形，最后注入孟加拉湾。就在这里，形成了世界上最大的三角洲——恒河三角洲。它的面积达 56980 平方公里，地势低平，海拔仅 10 米。这里河网密布，土壤肥沃，农业发达，是南亚次大陆水稻、小麦、玉米、黄麻、甘蔗等重要种植区。布拉马普特拉河长约 2900 公里，水量充沛，河道亦极其稳定，上游即雅鲁藏布江。恒河河口部分是大片红树林和沼泽地，称"松达班"，梵文意为"芳林"。

从长度来看，恒河算不上世界名河，但她却是古今中外闻名的世界名川。她用丰沛的河水哺育着两岸的土地，给沿岸人民以舟楫之便和灌溉之利，用肥沃的泥土冲积成辽阔的恒河平原和三角洲，勤劳的恒河流域人民世世代代在这里劳动生息，创造出世界古代史上著名的印度文明。历史学家、考古学家的足迹遍布恒河两岸，诗人歌手行吟河畔。至今，这里仍是印度、孟加拉国的精粹所在，尤其是恒河中上游，是经济文化最发达、人口最稠密的地区。恒河，印度人民尊称它为"圣河"和"印度的母亲"，众多的神话故事和宗教传说构成了恒河两岸独特的风土人情。

在印度神话中，恒河原是一位女神，是希马华特（意为雪王）的公主，为滋润大地，解救民众而下凡人间。女神既是雪王之女，家乡就在对门山上缥缈的冰雪王国，这与恒河之源——喜马拉雅山脉南坡加姆尔的甘戈特力冰川相呼应，愈加带有神话色彩。加姆尔在印度语中是"牛嘴"之意，而牛在印度是被视为神灵的，恒河水是从神灵——牛的嘴里吐出来的清泉，于是便被视为圣洁无比了。

而根据宗教传说，恒河之为"圣水河"乃是因恒河之水来源于"神山圣湖"。恒河的上游在我国西藏阿里地区的冈底斯山，冈底斯山的东南坡有一个大而幽静的淡水湖，叫玛法木错湖，湖水来源于高山融化的冰雪，所以湖水清澈见底，平如明镜。

相传，这里的山中就是"神中之神"湿婆修行的地方，印度教徒尊它为"神山"。湿婆的妻子乌玛女神是喜马拉雅山的女儿，玛法木错湖是湿婆和他的妻子沐浴的地方，印度教徒尊它为"圣湖"，由于恒河水是从"神山圣湖"而来，所以整个恒河都是"圣水"。千百年来，虔诚的印度教徒长途跋涉，甚至赤足翻越喜马拉雅山，到"神山圣湖"来朝圣，到湖中洗澡，以祛病消灾，益寿延年；到神山朝拜，以得到湿婆大神的启示。

河岸附近的街头巷尾，到处都竖立着大小不一象征湿婆的石柱，湿婆神的表象为"林加"，人们对它非常崇拜，给它们洒香水，上供品，戴花环。

而另一个传说则说印度历史上某国王为了洗刷自己祖先的罪孽，以修来世，请求天上的女神下凡。但是，女神之水来势汹汹，大地难以承受，湿婆大神就站在喜马拉雅山附近的恒河上游，让水从他的头发上缓缓流下，从而减弱了水势，既可以洗刷掉国王祖先的罪孽，又能造福于人类。由此，印度教徒认为恒河是女神的化身，是"赎罪之源"。

图7-7　男性生殖器林加

恒河是印度教徒心目中的圣河，恒河之水可以涤罪禳祸，因而去恒河之中来个大洗浴是印度教徒最向往和痛快不过的事情。整个恒河，不管在上游、中游还是下游，也不管是在春夏秋冬，一天到晚总是有印度教徒在洗浴。但平素里最壮观的还要数瓦拉纳西的恒河晨浴，前往此地朝圣、观光的人在很大程度上也是奔此而来。每天早上四五点钟，晨光熹微，成群成群的男女老少已经在瓦拉纳西的大街小巷中涌动，他们中有当地居民，有千里迢迢赶来的印度教徒，也有为了一饱眼福的异乡游人，大家只有一个目的地——恒河之岸。

恒河沿岸有许多城市因恒河而变得异常神圣，而这些圣城所处的恒河流段则成为圣中之圣。阿拉哈巴德是印度一个最古老、最神圣的城市，意思是"真主的宅邸"，地处恒河、朱穆拿河和萨拉斯瓦提河三河汇流之处，古名"三河口"。多少年来，年年都有成千上万印度教徒来这里沐浴洗罪，也有来到这里站在无花果树下，投河自杀的。特别是每隔12年一次的"施礼节"，有数十万乃至成百上千万的教徒，来自四面八方，云集这里，浩浩荡荡，在特定的时辰沐浴，以求圣洁长寿。

1995年1月14日，时隔12年为期40天的施礼节，在阿拉哈巴德隆重拉开帷幕。来自四面八方的男女老幼，纷纷走下印度北部阿拉哈巴德市缓缓流淌的恒河的堤岸，乘坐租借的船只驶往阿拉哈巴德"三河口"。上千名理发师沿着河岸忙碌地为虔诚的男教徒和儿童理发，理发后便是宗教仪式和祈祷，然后就是神圣的沐浴。每天，成群的人们冒着隆冬的寒冷和浓雾，跳入水中洗浴。有些人穿着衣服浸浴，有些人赤身裸体，一丝不挂，头发凌乱，全身涂着草木灰或肥皂，在水中瑟瑟发抖。许多人手里还拿着长矛、刀剑、三叉戟等。最为理想的沐浴日是1月30日，当日有200万人聚集在恒河岸边。整个节日期间，约有4500万印度教徒在恒河里浸浴，印度北方邦新闻局副局长指着虔诚的朝拜者说："这是世界上最大的聚会。"

坐落在恒河两岸的瓦拉纳西又名贝拿勒斯，在印度有"圣城中的圣城"之称。该城古名迦尸，意思是"神光照耀之地"，传说是湿婆神于6000年前所建。这里不仅有大量印度教古老寺庙，而且释迦牟尼初转法轮的鹿野苑就在附近，耆那教两个教长也诞生在这里，历史上许多宗教领袖都把这里作为他们修行和传教的基地。因此，对印度教徒、佛教徒和耆那教徒来说，这里都是个极其神圣的地方，他们认为一生能来这里一趟，算是莫大的幸福。

瓦拉纳西是恒河之岸最大的圣城，河岸之景蔚为壮观。清清的恒河水在无声地流过，河岸边则是错落不齐、风格各异的神庙，一座紧挨一座，形成陡立的峭壁。瓦拉纳西恒河之岸长达6.7公里，共有64个码头，当地人称其为"卡德"。这些卡德据说都是虔诚的印度教徒捐建的，捐建越多，积善也就越多。最让人神往的是几十个卢比租上一叶扁舟，向恒河中央漂去。卖货的小贩更明白，这是赚钱的大好良机，他们划着小船尾随大大小小的游船，向游人兜售各种货物，有树叶做成的河灯，有念珠、香木以及各种各样的工艺品。游人们在小贩的吆喝声中，把一盏盏河灯放入河中,恒河变成了暗蓝的银河,闪现出数不清的点点繁星。

更为美妙的景色是拂晓时分。东方欲白,淡淡的晨雾慢慢地散去,一轮红日喷薄而出。岸边陡立的建筑披上了金色的衣裳,河面泛起一片金光。再看岸边的河水中,洗浴的男女老少进入了忘我之境。有的站在齐腰深的水中双手忙碌,尽情搓洗;有的双手合十,面向太阳默祷,安详的脸上流光溢彩,灵魂的净化表露无遗;有的则不停地屏息潜入水中,唯恐这圣水不能把自己的罪孽洗涤一清;身披绛黄色的印度教祭司以及光着上身的虔诚信徒在岸边的石板上闭目打坐;打着哆嗦的孩子们在父母的水罐之下接受浇头冲洗;穿着纱丽的妇女们洗浴完毕,竟然在这人海如潮中能够换上干衣,而不让自己的身体暴露丝毫。

各个卡德大都是人山人海,但有两个卡德则是青烟袅袅,火光闪闪,这是印度教徒的焚尸场。印度教徒认为,这里是全国最神圣的火葬场,因为他们相信:湿婆神常在这里巡视。凡是在这里火化的人,可以免除轮回之苦,径直升入梵界,与梵合一。印度教义认为,人在实现梵人合一之前,要经历许多磨难。今世为人,下世可能为畜,要视修行而定。只有功德圆满者才能升入梵界,不再转世。为了能直接进入梵界,家属们千里迢迢把亲人的遗体运到这里,有的病人干脆在河边等死,以求最后的解脱。据说,梵尸场平均24小时要焚化上百具尸体。死者家属先把尸体抬到河边浸浴,然后装殓好直接抬到焚尸场焚化。焚化过程中,家属不断向火中抛撒花瓣和香料,有钱人家还带来名贵的檀香木置于熊熊的柴火之中,花费多者可达十几万卢比。恒河沿岸的人死前也不忘嘱其后人把骨灰撒入恒河水中,恒河是他们至上的最后归宿。在焚尸码头的不远处上岸,来到焚尸场就会看到堆堆劈砍整齐的木柴,还有专卖香、鲜花、檀香木的商店。从这个意义上说,焚化业务完全是一种创造商机的营生了。

令人惊奇的是,尽管被穆斯林征服了500年,英国又统治了200年,但瓦拉纳西仍然具有强烈的印度教色彩。这里的庙宇多得惊人，其中绝大多数是印度教寺庙，湿婆神庙尤多。大大小小的庙宇星罗棋布，多达1500多座，可谓是印度庙宇之集锦。有的庙宇高大雄伟，金碧辉煌；有的则小巧玲珑，精美无比；有的是威严森森几百年，丝毫不变；有的则已成废墟，破败不堪。外来香客来到这里，单就去一些主要的庙宇朝拜一番，起码也得花一个星期。有的香客为表虔诚，往往还要步行绕城一周，这样至少也要走五天五夜才能完成。虔诚的印度教徒认为，人生有四乐：一为居住在瓦拉纳西；二是与圣人结交；三是能饮上恒河水；四是要敬奉湿婆神。

悠久的历史令瓦拉纳西人引以为豪，但随之产生的沉重包袱也让他们觉得些喘不过气来。走在瓦拉纳西河的核心地区，任何人都会感到这里实在太挤了。街巷纵横，零乱无序，两旁乱七八糟地排列着店铺和住宅，简直就是一个个迷魂阵。如果说老北京的胡同窄，这里的小巷也一点不宽，而且还有一种肃杀之气。尤其是异国游客，人生地不熟，走在看不到尽头、只勉强走得开一个人的深巷中，头顶上方闪现着各种庙宇或是住宅的屋檐，不禁会毛发直立、脚下生风。

瓦拉纳西最著名的庙宇当数"金庙"。它坐落在瓦拉纳西最拥挤的地带。岁月流逝，人口增长，似乎对这个至圣的金庙也不开恩，把它挤在一个狭窄的区域。这座金庙是印度教的圣殿，正殿中间供奉的是湿婆神的象征——林加，非印度教徒不得入内。大凡来此的游客只能从邻近的高处或是大门口窥视一眼院中的森严与神秘。

杜尔伽庙则是另一座闻名的庙宇，这是一座典型的北印度式印度教建筑，从第五层起，尖塔层层垒上，直到最高峰，象征地、火、风、水和空，最终融入最高境界——梵。庙中供奉的杜尔伽女神是湿婆妻子的化身，形象狰狞可怕，十手各持利器，恐怖吓人。这座庙被刷成赭红色，地处一个方场之内，高墙四围，肃穆之气逼人。这里还有许许多多的猴子，因而也有"猴庙"之称。奥朗则布大清真寺也颇为壮观，两座八角石塔巍然立于恒河岸边,该寺至今已三四百年,但仍然是原汁原味,据说连一块石头都没有松动。

图 7-8 恒河沐浴

恒河不愧为圣河,恒河水不愧为圣水。恒河水奔腾不息,河岸上人山人海,河水中摩肩接踵,焚尸场烈火熊熊,烟气腾空。水牛在水中游泳,信徒们在水中洗澡,同时还抛掷鲜花、骨灰和燃烧着的油灯等。另外,人们在河岸随地大小便,臭气冲天,令人窒息,一旦下雨或河水暴涨,这些污物被冲进河里。然而,恒河水依然圣洁干净,根据科学家研究,恒河水自我净化能力很强,能够将杂物聚结,沉入河底,有排毒除害作用。因此,印度当地人饮用恒河水,外地人也乘机带走恒河水,因为它在印度人心目中永远是圣水。

笔者曾乘坐小船在瓦拉纳西恒河中徜徉,观看善男信女们在圣水中沐浴献祭,领略圣河沐浴献祭的壮观和普加朝拜仪式的庄严神圣,同时也领教了所有旅游胜地司空见惯的讹诈。我坐在小船上边看边拍照,小船靠近一处卡德时,正好有一家人在焚烧尸体。这时,过来一艘小船,一个身着警服的人上到我的小船,说焚烧尸体的地方严禁拍照,罚款5000卢比。我说,这里没有任何提示说不能拍照,凭什么你说罚款就罚款,此外请你出示警察证,任何人都可以买一身假警服冒充警察。他当然没有出示警察证，因为他就是个冒牌货。我说，我身上只有100卢比，钱包在不远处的酒店，你可以跟我去酒店拿5000卢比。他说，100卢比就100卢比吧。我的船夫从头至尾没有和我说话，我问他话，他也没有回应，而且一直不敢正视我。估计他和那个假警察是一伙的，专门讹诈外国游客的。没曾想，在虔诚的印度教圣河也有这等丧心病狂的败类。

四、礼仪禁忌：无处不在的习俗

礼仪禁忌在印度人的一生中占有重要地位，与印度人的生活密切相关，是印度人生活方式和行为方式的具体体现。

印度教徒的礼仪名目繁多。新娘和新郎结婚后不久，举行受胎礼，祈求怀孕并避免生育体弱貌丑残疾的后代。新娘怀孕后，举行生男礼，丈夫在孕妇怀里放一个盛满水的罐子，轻轻抚摩胎位，祈求生一个勇敢出息的男孩。孕妇怀孕4个月，举行分发礼，丈夫把妻子的头发向上梳起，梳妆打扮一番，祈求消灾避邪，母子平安。婴儿出生后，举行诞生礼，父亲对婴儿念诵祝福咒语，用金棒蘸蜂蜜或黄油喂婴儿，其他人给婴儿剪断脐带，然后给母子洗澡。

孩子出生不久，举行命名礼。起名时，先祈祷祭典，然后由祭司给孩子起名。孩子出生4个月内，举行出门礼，妻子把孩子抱出家门外，由丈夫让孩子观看太阳并祈祷。孩子具备吃饭能力时，举行初吃礼，给孩子喂米饭、酥油、蜂蜜和牛奶粥等。孩子一岁或三岁时，举行剃发礼，由理发师给孩子剃胎发，剃下的胎发用榕树叶包好放在高处，或放入面团扔进河流湖泊中，或混入牛粪埋在地下，然后给孩子头上擦黄油或奶酪，洗澡，举行祈祷和宴请活动。

孩子三、四岁时，举行穿耳孔礼，请首饰匠或理发匠给孩子两耳穿耳孔，戴金耳环，祈祷敬神。孩子入学前，举行拜石板礼，先敬毗湿奴神、吉祥天女、文学女神、智慧神、火神，然后由家长、老师或祭司握着孩子的右手，在石板上写上表示吉祥的符号或神的名字以及其他字母。孩子8岁至12岁时，举行再生礼，只有属于再生族的婆罗门、刹帝利和吠舍三个种姓有资格举行这一仪式，老师对孩子象征性"怀胎"3天，给孩子脖子上戴根圣线，孩子算获得了第二次生命。此外是婚礼和葬礼，在婚葬嫁娶一章中已做了较详尽的说明。

穆斯林也有许多礼仪。妇女怀孕7个月后，举行斯德旺仪式。斯德旺的意思是第7个月，宴请亲戚朋友，妇女们为腹中婴儿的平安降生而唱歌跳舞。婴儿出生后的第7天夜里，举行起名仪式，主人杀羊施舍，阿訇前来为婴儿起名，点燃几支蜡烛，分别对应一个名字，哪根蜡烛最后燃尽，就取哪个对应的名字为婴儿的名字。婴儿出生第40天，举行吉拉仪式，赠送礼物，分发糖果，向真主祈祷，以使产妇变得圣洁。男孩子上学前，举行比斯米拉仪式，阿訇教孩子读比斯米拉的发音，在石板上写字。男孩5至7岁之间，举行割礼，理发师将男孩子生殖器包皮割掉，叫男孩宣誓，读《古兰经》，送他各种礼物，举办宴会，男孩祈祷封斋。

印度人大多迷信吉祥祸福，全国各地有各种禁忌。印度各地对数字有不同的禁忌。印度北方人认为奇数吉祥，忌讳偶数，印度教徒在有些喜庆活动中施舍钱财时，都是单数而不是偶数，穆斯林结婚登记后新郎去丈母娘家接受祝贺时，向在场宾客和观众敬礼3、5、7次等。印度南方的泰米尔人却忌讳奇数，认为1、3、5、7不吉利，避免说这些奇数数字，想方设法用其他办法代替。

印度人对方向也有禁忌。北印度人认为，星期一和星期六不能东去，星期二和星期三不能北上，星期三和星期四不能西行。如果真有急事，非去禁忌方向不可，则要把衣服或别的什么东西暂存邻居家，以此避邪，方可外出。南印度人则认为，星期四不能南行，星期五和星期日不能西行。如果违反方向禁忌，要在太阳落山以后，用酸牛奶敬神。据说由于这一原因，每星期四从马德拉斯向南开的火车上乘客很少。办公室的写字台只能放在房间的东北角或西南角，水井也都挖在东北角或西南角，晚上睡觉不能头朝北脚朝南。

印度人对时间也有禁忌。星期一的7点半到9点，星期二的3点到4点半，星期三的12点到13点半，星期四的13点半到15点，星期五的10点半到12点，星期六的9点到10点半，星期日的4点半到6点，都属于不吉利的时辰，不便出门办事。太阳落山以后，不能吃刺激性调料，不能理发剪指甲，不能提理发师和蛇的名字，不能给人针、盐和其他白色之物。妻子月经期间，丈夫不能出门，妻子怀孕之后，不能单独睡觉。日食和月食时，只能静静地躺在床上。

印度人出门也有禁忌。出门遇到花或装满水的罐子以及有夫之妇，路上遇到从右向左穿路而过的狗，或者从左向右穿路而过的母牛、鹦鹉、孔雀、公鸡、水牛、豹子、鹿，路上看到雨伞、旗帜、水果、甘蔗、酸牛奶、蜂蜜、大象、牛、马，以及听到钟声、念经声、驴叫声、鹰叫声、枪炮声等，都是吉利的象征，一切顺利。而出门遇到寡妇、行乞僧、理发师、油贩等，看见顶空水罐的打水人，听到喷嚏声或其他难听的声音，出门时碰到门框或其他东西、滑了一跤或绊了一下、遇到暴雨等，都是不吉祥的征兆，应立即回家，或休息一会再出门。

此外，还有其他禁忌。吃奶的小孩，不能照镜子，否则会变成哑巴。照看孩子的人不能刷牙。孩子掉的第一个奶牙，要包在牛粪团里，放在房上。如果头两个小孩夭折，第三个小孩生下来，要在左鼻翼上穿孔或取个难听的名字。第一、三、五胎生女孩最好，第四、七、八、十胎生女孩不好，第五胎生男孩会家破人亡，第六胎生女孩不好不坏，双胞胎都是男孩最好，都是女孩或一男一女不好，因此，娶媳妇前，往往要打听好姑娘的生辰八字，特别是问清是第几胎所生。

五、称谓待物：姓名称呼和接人待物的特点

印度人在姓名称呼和接人待物方面，有其自身的特点。

印度人的姓名各地有不同的组成规律。在西印度，一般先是本人名，然后是父亲名，最后是姓。而在南印度，往往把村名放在人名之前，从名字可以知道是哪里人。

印度女子结婚后，随丈夫姓。如印度前总理英迪拉·甘地，是印度第一任总理尼赫鲁的女儿，结婚前叫英迪拉·尼赫鲁，结婚后则随丈夫费罗兹·甘地的姓，叫英迪拉·甘地。

印度人的姓氏来源复杂。"辛格"意思是狮子，形容勇敢，多为印度西北的锡克人和拉其普特人所姓；"罗易"意思是王，是拉贾的变音；"迈哈达"意思是扫地的人；"角特里"意思是村长；"尼赫鲁"意思是运河，因为皇帝给其祖先赐宅于运河边。

印度人起名也很复杂。有的以神祇起名，如那拉扬、杜尔迦、因陀罗、罗其密、拉杰希、拉金德尔等。有的以名流起名，如阿奴、格尼施格、博尔休拉姆等。有的以圣城起名，如贝拿勒斯、迦尸、迦雅、马土腊等。有的以动物起名，如象、马、虎、狮等。有的以星辰起名，如太阳、月亮等。有的以季节起名，如夏季、春季等。有的以花卉起名，如荷花、菊花、茉莉花等。有的以飞鸟起名，如杜鹃、鹦鹉等。有的以水果起名，如橘子、梨等。有的以河流起名，如恒河、朱穆拿河等。有的以佛陀起名，如乔达摩、悉达多等。有的以高山起名，如喜马拉雅山等。有的以光亮起名，如光明、黎明、早晨、月光、星光、阳光等。有的以喜爱起名，如心爱的、亲爱的、神爱的、世界喜爱的等。

印度人称呼也很复杂。"潘迪特"是对婆罗门种姓中有学问者的称

呼，一般放在姓名之前。"吉"是对长者尊重或亲密的称呼，一般放在姓名之后。"巴布"是对德高望重者的称呼，有父亲、老爷、先生、主人的意思。"古鲁"是对老师和师祖的称呼，含有长者、师长、师尊、头人的意思。"夏斯特里"是对有学问者的称呼，有大学者的意思。"歇里"是对印度教徒学问家的称呼，是一种尊称。"古鲁戴沃"是对深受尊敬的人的称呼，有主教、神父的意思。"萨哈布"是对长者和平辈朋友的尊称，有先生的意思。"帕依"是对平辈或朋友的称呼，意思是兄弟。"夏尔马"是对婆罗门种姓者的称呼，"拉尔马"是对刹帝利种姓者的称呼，"达斯"是对首陀罗种姓者的称呼。

印度夫妻之间不能直呼对方姓名，如果在别人面前提起，只说"他"或"她"如何如何，或者说"孩子他爸"或"孩子他妈"如何如何。即使某一城市、食物、首饰、花草、神名或世界上任何东西同丈夫或妻子的名字读音相近，也不能提及这些事物的名称。在紧急时刻，只好用手势、暗示、比方，颇费周折。夫妻忌讳提对方的名字，结果孩子也不知道父母叫什么，在有些场合带来不必要的麻烦。妻子也不能提公公、婆婆、大伯子、小叔子的名字。

印度人在一切时间和场合，包括见面和分手时，用"纳莫斯德"打招呼，表示祝贺、致敬之意。也有用英语和地方语打招呼的。印度人也用形体语言打招呼，一般是双手合十，对长者双手与前额相平，对平辈介于胸口和下颌之间，对晚辈齐于胸口。好友久别重逢，往往相互拥抱。对尊长或某人表示崇敬或恳求时，行摸脚礼，即屈身用手摸长者的脚尖，然后再摸自己的头，有的跪在地上，用双手摸对方的脚，用前额去触对方的脚尖。印度人会客时间不限，很随便，从天刚亮到夜里，随时可以会客，无所禁忌。只要有客人来，主人再忙也要热情接待、陪伴聊天，奉陪到底。

印度人凡到神圣的地方都要脱鞋。印度人进厨房，不管是做饭、吃饭或取任何东西，都要将鞋留在门外，赤脚进去。因为印度人吃饭前，要先将饭菜和水洒在地上请神先吃，然后人才能开始吃，所以印度人把厨房视为神圣的地方，仅次于神龛，不脱鞋进厨房是对神的亵渎。印度人的厨房一般不允许外人进入，中国人去朋友家做客，客人到厨房观看或帮厨司空见惯，但在印度教徒家做客，最好不要进厨房，不进主人家厨房是有教养的表现。印度人进庙宇之前，也要先将鞋脱在门口或大门口，然后赤着脚进去，否则不圣洁，不礼貌。

印度人的时间观念很淡漠，不管是约见某人，还是学生上课，不管是开会，还是上班，不管是看电影，还是吃饭，一般都要迟到，必须等候。笔者在参加"WTO 与中印经济发展"国际学术会议时，曾约了一位印度朋友和几位中国朋友晚上 8 点去喝酒聊天，快 8 点的时候，一位中国朋友打电话说他在外面正朝回赶，10 分钟左右到，笔者建议去给印度朋友说一声，推迟 10 分钟出发。在印度进修过的一位朋友说，不用打招呼，迟到晚点对印度人来说是家常便饭，很正常。印度人缺乏时间观念，除了渊源于农业社会通病之外，还出于印度人以超越的立场看待时间问题的文化因素，缺乏精确的历史和缺乏精确遵守时间的意识是一致的。

在印度自由市场或私人商店买东西，要讨价还价，卖主漫天要价，一般高达原价的三、四倍。顾客如果嫌价钱太高要走，店主会把顾客叫回来，问顾客愿意出多少价钱，顾客出价后，店主会坚持说太少，让顾客再加多一点，如果顾客坚持不加，转身真的要走，店主会马上叫住顾客，并说就按顾客开的价钱亏本卖了，其实店主仍然赚了，根本不会亏本。

六、付出获得：施舍与乞讨

印度人价值观、人生观、行为方式和思维方式的一个显著特点是，付出与获得的不对等性和不平衡性。

中国人非常讲究人与人之间的付出与获得的对等,讲究互惠关系,讲究礼尚往来。如果从别人手里得到好处,受到恩惠,中国人会非常感激,甚至心里不安,老觉得欠了一笔人情,时时刻刻想着报答和偿还。因此在万不得已的情况下,中国人不愿意舍着面子求人,不愿意接受恩惠,所谓"无功不受禄""吃了别人的嘴短,拿了别人的手软"。

而印度人不讲究人与人之间的付出与获得的对等,不讲究互惠关系,不讲究礼尚往来。对印度人来说,一个人的付出与获得最终是通过无所不包的超自然的"法"达到的,人与人之间付出与获得的不平衡是理所当然的,现在付出多一点,可能是在偿还前世的债,也可能是在为来世储蓄一笔款,付出与获得的平衡不是现世的事,而是在由前世、现世和来世组成的大轮回圈子中达到的。

图 7-10 施舍与乞讨

印度人与人之间的关系是一种"来而不往"或"有来无往"的单方面的非互惠关系。付出者不一定期望得到具体的回报,获得者也不认为得到恩惠就一定要回报。正如付出和获得是神所安排的一样,回报也是通过神而自然安排的。印度种姓之间的关系，贫穷者与富有者之间的关系，从现实观点看，是不合理的关系，但从印度教种姓"法"的观点看，又是合情合理的，每一高级或低级种姓、每一富人或穷人都是在履行自己的"法"，在遵循神的旨意和安排，同等地朝着终极超越的方向前行，其间没有对等回报一说。

印度人与人之间的关系是一种地位高者庇护地位低者、地位低者依赖地位高者的关系。富有者向贫穷者施舍是出于神意和"法"，贫穷者向富有者乞食也同样出于神意和"法"的规定，两者都是合理的。印度社会中施舍和乞食并存，是印度人与人之间付出与获得不对等的非互惠关系的最典型最彻底的体现，一方是不希求任何报偿的付出，另一方是不打算做任何报偿的获得。

施舍被印度人誉为最重要的美德，视为获得解脱的一种重要手段。在印度历史上，上到王侯将相，下至平民百姓，乐善好施的事例和记载不胜枚举。在印度经典和文学作品中，充满了宣传施舍美德的说教和题材。佛教就谆谆告诫人们要多多施舍，即使没有财产也要施舍，所谓"无财七施"：心施、身施、眼施、颜施、言施、座施、舍施。在印度现实社会中，施舍作为一种美德，确实受到特别强调，施舍行为随处可见。印度人不但富人施舍，穷人也施舍；不但向人施舍，也向鸟兽施舍。印度人将施舍看成一种利他主义，上升为一种普遍的爱。

与施舍一样，乞食也是一种美德，是达到解脱的一种手段，是一种普遍的受到鼓励的社会行为。因为施舍是"法"的规定，向人索取同样也是"法"的规定，二者都是一种美德和解脱的手段。既然提倡不求索取地向别人施舍，也就允许有人无偿地向别人索取。在印度历史上，乞丐是一种正当的职业，有专由乞丐组成的村庄。不仅穷苦人和失去劳动力的人出于生计乞讨，而且富有的婆罗门出于履行种姓之"法"也要乞讨。

在印度今日现实生活中，乞丐形形色色，到处都有，成为一道独特的社会风景。据调查资料显示，印度大约有乞丐500多万，其中一半以上是有劳动力的人，印度每年为乞丐开支费用达1100万卢比以上。行乞不光出于经济上的贫困，更多的出自社会文化原因，出于求得精神上的安慰，许多乞丐以自己的行乞行为为荣。

七、精神肉体：重灵魂解脱轻肉体享受

印度人价值观、人生观、行为方式和思维方式的另一个显著特点是，重视灵魂解脱，轻视肉体享受，追求内在精神世界的平衡，忽略外在物质需求的满足，强调"彼岸"精神生活，蔑视"此岸"世俗生活，崇尚自然随意，不喜强制拘束，重视人与神的关系，漠视人与人的关系。

印度文化的重要特征是崇尚对人生终极归宿的不懈探索与思考，从而使印度文化深深打上了悲观的人生观和否定肉体、肯定精神解脱的价值观的印记。中国人有"身体发肤，受之父母，不敢损伤"的古训，而印度人则有视身体为宗教超越之障碍，极度蔑视身体的传统。印度教、佛教和耆那教等对人生的基本看法都是相当悲观的，视身体为毫无价值的"臭皮囊"，视生命为痛苦的惩罚，都以极度限制肉体需求，甚至极端自我折磨来追求和实现"解脱"的最高理想。

在印度，不乏残酷虐待和折磨自己身体的事例。有的练瑜伽者一连几年以一种姿势静坐，食用树叶和野果，蓄意使每一感官迟钝，有的日复一日地正视太阳直至失明，有的赤身裸体躺在钉板上睡觉直至死去，有的抬起一臂或一腿直至萎缩残废，有的躺在大路上等待车来轧死，有的自埋于土中过好多年，有的赤脚在烧红的火炭上行走。在印度，也可以看到四海为家的苦行僧，以自己的游荡生活来体验宗教的教义，寻求灵魂和精神的解脱。

图 7-11　练瑜伽者

在印度，许多人看轻物质享受，崇尚甘贫乐道、返璞归真的生活。印度人的生活方式极其简单。印度妇女的传统服装纱丽称得上世界最简单的服装，仅是一块布，不需要任何裁剪。印度人喜欢赤脚，省去了鞋和袜子，城市居民喜欢穿拖鞋上街、逛商场、乘车。印度人素食者很多，印度肉食的制作方法和烹调技术很不发达，印度人的食器也不发达，吃饭不用刀叉用手抓，有些人盛饭不用碗碟用树叶，喝水不用杯子用瓢子。

印度人不仅对人生持坦然态度，对死亡同样也持坦然态度。印度人是世界文明国家中对死亡探索最彻底的人，印度文化中的轮回和解脱理论就是关于死亡的学问。印度人对死亡赋予种种海市蜃楼般的美好概念，如解脱、涅槃、圆寂等。印度人正是通过对死亡的内心沉思，追求着永恒，这使印度人对死有一种更为达观、超越、深沉、平静的态度。

印度人将大部分精力用于探索人与神的关系，从而淡化了人与人的关系。印度人对朋友一般不会好到如胶似漆的程度，和印度人较难建立信赖关系，但关系也不会坏到咬牙切齿、不共戴天的程度。印度人的人生目标是超越自我、与神明合一，他们的伦理道德是人道主义、兽道主义和神道主义的结合，不仅适用于人，而且适用于动物、植物和无生物。在矿物中，神处于睡眠状态；在植物中，神处于梦境；在动物中，神苏醒了；在人中，神变成了自我展现，在神—人中，完成了自我显现。印度人将伦理道德扩展到一切生物和非生物，使人神与自然发生了密切的关系，形成了一种普遍的博爱。栖歇在神庙尖顶上的鹦鹉和停息在庭院荫凉处的牛群，都是人类的兄弟，是神的使者。

　　印度人不仅否定肉体，而且喜欢否定的表达方式。印度人常常使用否定来表达肯定，否定式的表达往往比肯定表达有更为积极的意义。印度哲学和宗教中的许多概念不是用肯定方式界定的，而是用否定方式界定的。对某一事物的定义和解释，不是用肯定句子说它是什么，而是用一连串的否定句子说它不是什么。换言之，就是通过否定一切具体而特殊的属性，来肯定一般而普遍的属性。更甚者，印度人还对否定本身进行否定，大乘佛教中的空的概念就是一例，正所谓"空亦复空空更空"。

　　对人生终极归宿的不懈探索与思考，使印度人的抽象思维很发达，善于思辨，习惯思考普遍性原则，而忽视具体的特殊感知。印度人喜欢不受约束的空想，在现实与观念、事实与想象、此岸与彼岸之间不做严格的区分。印度人喜欢言谈，也善于言谈，在任何场合都不会怯场，侃侃而谈，有时甚至夸夸其谈。印度人喜欢自由的生活，集团对个人的规范能力较弱，他们不仅喜欢自由思考，而且在行动上不喜欢受任何条条框框的约束，放任不羁，自由散漫，缺乏纪律，不喜欢秩序。

　　印度人把一切差异当作自然秩序来接受。他们趋于以一种普遍的标准和价值观对待外国人，既不特殊优待也不歧视。印度人对自己的价值观和生活方式充满了自信，在任何场合，都能做到镇定自若地坚持自己的文化特性，旁若无人地赤身裸体行走，用手抓食。

八、两极并存：集对立反差于一身

　　印度是一个无所不包、一应俱全的多元化国度，各种形形色色的现象，甚至互不协调、完全对立的现象同时并存，使印度人成为集各种矛盾和强烈两极反差于一身的民族。

前面已经谈到，印度既有壮丽的河山、富庶的物产，又有复杂的地势、多变的气候；既有光耀人寰、彪炳史册的灿烂文明，又有几经沧桑、屡遭外侮的苦难历史；既有发射卫星、开发电脑的现代高科技，又有刀耕火种、逐水草而动的传统遗迹；既有豪华气派、雄伟壮观的高楼大厦，又有低矮潮湿、破烂不堪的窝棚茅屋；既有组织严密、管理先进的工厂企业，又有松懈散漫、封闭落后的村落经济；既有一掷千金、家财万贯的亿万富翁，又有一贫如洗、家徒四壁的流浪汉；既有不希求任何报偿的付出与施舍，又有不打算做任何报偿的获得与乞讨；既有对精神解脱的无限追求，又有对肉体需求的极端限制。

除此之外，纵欲和禁欲两种对立的性观念也是同时并存。在印度文化中，性是经常论述的主题。印度人的宗教、哲学、文学、雕刻等艺术中，有许多性内容和性形象，有的神话赤裸裸地描述神做爱的过程。印度神话中有一个名叫伽摩（KAMA）的爱神，他上身赤裸，头戴飘带彩帽，手持弓箭，弓背由甘蔗制成，弓弦由蜜蜂组成，箭头是花朵，一旦被他的爱情之箭射中，就会在心中燃起熊熊爱情之火，他胯下的坐骑是一头由好多女性身体组合而成的大象。

图 7-12　伽摩爱神

第七章 人文习俗：五花八门

印度人自古就从哲学的高度把性当作人生的目的之一和完成达摩的必要手段，同时还把性看成是一种人生的艺术和能给人们带来巨大享乐的艺术。古印度人将女性分为四种类型：艺术型，细腰丰臀高乳，富有情趣；莲荷型，较为瘦弱，不失俏丽；海螺型，较为丰满，能歌善舞；象型，粗壮肥胖，举止粗俗。

四种类型的女性。上左为艺术型，上右为莲荷型，下左为象型，下右为海螺型

图 7-13 四种女性

在印度各地，可以看到男性生殖器的雕像，印度一些神庙的建筑形状也是从这种形象演变而来的，湿婆教派信徒还把男性生殖器形象像戴项链一样挂在脖子上。而坦陀罗派即性力派则崇拜女性生殖力，将女性生殖力视为世界的根源，世界只有性力的展开，依靠性力可获得救赎。该教派的目的在于寻求悟性，通过对性爱的深刻体验来亲证神明，以达到解脱。

印度不光在古代追求和展示女性美，美女如云，即使现在也是选美风潮迭起，美女盖世。据报道，2000年有4位印度女性在不同的比赛中获得国际美女头衔，从而使印度创造了一个新的世界纪录，即一个国家在一年里先后有4位女性获得国际美女头衔。图7-14中，为亚太地区小姐迪娅·米尔扎（左上）、环球小姐拉拉·杜塔（右上）、世界女士阿底提·戈维特里卡（右下）、世界小姐普里雅卡·乔普拉（左下）。

图7-14 国际美女

一方面是尽情纵欲，另一方面是极度禁欲。性也被认为是一种虚幻，一种追求与神合一的障碍。神只能进入纯洁的肉体和清净的心灵。为了接近神，人必须超越欲望，自我抑制，苦行修炼，使性欲得到转化和升华。印度文化的一个重要目的是把人的性欲提升到一个超验的阶段，从而达到升华，这个阶段就是印度宗教中强调的解脱。印度的圣人把禁欲理论和技巧发展到很高的水平，产生了种种控制人的肉体欲望的功夫，瑜伽是其中最系统的一种。实行禁欲的人在印度被视为圣人，被视为有崇高道德力量的人，受到社会的高度评价和崇拜。佛教的祖师释迦牟尼、耆那教祖师大雄和圣雄甘地等都是实行禁欲的圣人。

图7-15 苦行者

参考书目举要

1. 马加力　尚会鹏著：《一应俱全印度人》，时事出版社，1998年。
2. 王树英著：《印度文化与民俗》，四川民族出版社，1989年。
3. 王树英著：《宗教与印度社会》，中国华侨出版社，1995年。
4. 王树英著：《印度》，当代世界出版社，1998年。
5. 孙培均　华碧云主编：《印度国情与综合国力》，中国城市出版社，2001年。
6. 陈峰君主编：《印度社会述论》，中国社会科学出版社，1991年。
7. 尚会鹏著：《种姓与印度教社会》，北京大学出版社，2001年。
8. ［美］弗朗辛·弗兰克尔著：《印度独立后政治经济发展史》，中国社会科学出版社，1989年。
9. ［印度］R. C. 马宗达　H. C. 赖乔杜里　卡利金卡尔·达塔著：《高级印度史》，商务印书馆，1986年。
10. ［印度］辛哈·班纳吉尔著：《印度通史》，商务印书馆，1964年。
11. ［苏］安东诺娃　戈尔德别尔　奥西波夫主编：《印度近代史》，三联书店，1990年。
12. 刘国楠　王树英编著：《印度各邦历史文化》，中国社会科学出版社，1982年。

13. 林承节著：《印度近现代史》，北京大学出版社，1990年。

14. ［美］马文·哈里斯著：《母牛·猪·战争·妖巫》，上海文艺出版社，1995年。

15. 黎菱著：《印度妇女：历史、现实、新觉醒》，世界知识出版社，1990年。

16. 杜德著：《今日印度》，世界知识出版社，1953年。

17. ［英］迪利普·希罗著：《今日印度内幕》，天津人民出版社，1980年。

18. 孙培均主编：《中印经济发展比较研究》，北京大学出版社，1991年。

19. 孙培均主编：《南亚国家经济发展战略研究》，北京大学出版社，1990年。

20. 林良光主编：《印度政治制度研究》，北京大学出版社，1995年。

21. 文富德著：《印度经济发展经验与教训》，四川大学出版社，1994年。

22. 黄心川著：《印度近现代哲学》，商务印书馆，1989年。

23. 黄心川著：《印度哲学史》，商务印书馆，1989年。

24. 许马云·迦比尔著：《印度的遗产》，上海人民出版社，1958年。

25. 汤用彤著：《印度哲学史论》，中华书局，1988年。

26. 张光璘 李铮编：《季羡林论印度文化》，中国华侨出版社 1995年。

27. 葛维均著：《印度社会政治简史》，中国社会科学院南亚与东亚研究所，1988年。

28. 李连庆著：《印度史话》，世界知识出版社，1987年。

29. 赵伯乐：《永恒涅槃》，云南人民出版社，1999年。

30. 梁洁筠著：《尼赫鲁家族沉浮记》，时事出版社，1994年。

31. 张力著：《印度总理尼赫鲁》，四川人民出版社，1998年。

32. 王如君著：《印度》，辽宁教育出版社，1999年。

33. 尚劝余著：《尼赫鲁研究》，四川人民出版社，1999年。

34. 尚劝余著：《尼赫鲁与甘地的历史交往》，四川人民出版社，1999年。

35. 尚劝余著：《莫卧儿帝国》，三秦出版社，2001年。

后记

经过数月夜以继日、每天至少 12 小时的艰苦写作，本书终于画上了句号。在享受辛勤耕耘之后的快乐之际，也不免油然而生万千感慨。

笔者从事印度研究 30 余年，亦如愿数度踏上印度国土，结识了不少印度朋友，切身感受到印度人的万种风情。数度印度之旅的日日夜夜，像电影回放一般，浮现在脑海，恍如昨天，栩栩如生，温馨美好。

2005 年 1 月 5 日 – 10 月 5 日，笔者经过初审（2004 年 1 月）、面试（2004 年 3 月）、终审（2004 年 5 月）等层层筛选，过五关斩六将，获得福特基金亚洲学者基金会项目资助，成为亚洲学者基金会第六批会员，赴尼赫鲁大学国际关系学院东亚研究中心做访问学者，从事为期 9 个月的福特基金亚洲人研究亚洲基金项目《尼赫鲁与中国》研究。从事亚洲学者基金会课题申请和研究的全过程是我学术生涯中的一个里程碑和人生历程中刻骨铭心的一段经历，收获颇丰，要者如下。

一、结识中印学者

赴印度前，我有幸得到许多中国学者的帮助。中国驻印度前大使程瑞声先生通过印度驻中国大使馆为我联系和介绍印度中国研究所和德里大学的教授，四川大学南亚研究所张力先生为我推荐和联络尼赫鲁大学国际关系学院指导老师，中国社会科学院亚洲太平洋研究所薛克翘先生为我介绍尼赫鲁大学语言学院中文系老师,中国社会科学院亚洲太平洋研究所孙士海先生关照我的赴印度签证。各位前辈和朋友的无私帮助令我深深感动,使我切身感受到学术友情的珍贵与真挚。

在印度期间,我有幸结识了印度许多著名的中国问题专家和学者,得到了他们的热情帮助。其中包括:尼赫鲁大学马杜·帕拉女士(Madhu Bhalla)、阿尔卡·阿查瑞雅女士(Alka Acharya)、邵葆丽女士(Sabaree Mitra)、穆丽杜拉·穆克吉女士(Mridula Mukherjee)、香卡丽女士(Shankari Sundararaman)、吉达女士(Geeta Kochhar)、瓦拉·普拉萨德·多拉先生(Dolla Varaprasad Sekhar)、斯瓦兰·辛格先生(Swaran Singh)、狄伯杰先生(B. R. Deepak)、马尼克先生(Manik Bhatacharya)、阿迪提亚·穆克吉先生(Aditya Mukherjee)、夏尔马先生(Ravindra Sharma)、曼莫汉·阿格瓦尔先生(Manmohan Agarwal)、亚洲学者基金会南亚办事处负责人、宾夕法尼亚大学印度高级研究所学术主任斯里达兰先生(E. Sridharan)、中国研究所帕吉莎女士(Patricia Uberoi)、莫汉蒂先生(Manoranjan Mohanty)、桑吉夫·库马尔博士(Sanjeev Kumar)、德里大学拉文德拉·夏尔马先生(Ravindra Sharma)、莫普德先生(Priyadarsi Mukherji)、古玛·余德烁先生(Yukteshwar Kumar)、国防分析研究所谢刚先生(Srikanth Kondapalli)、印度文化部毛拉纳·阿扎德亚洲研究所宋力先生(Sharad K Soni)。各位印度朋友的热情帮助和深情厚谊,使我在异国他乡感受到如归故里般的温馨。

我也有幸重逢和结识了在印度从事研究、学习、工作和访问的许多中国朋友,与他们建立了真挚的友谊。其中包括:中国社会科学院邱永辉女士、金泽先生和晏琼英女士,新华社唐璐女士,复旦大学张贵洪先生,兰州大学毛世昌先生,武汉大学汪志远先生,中国国际广播电台毕玮女士,云南省社会科学院邓蓝女士,中国现代国际关系研究院李莉女士和马加力先生,中国驻印度大使馆孙兴权先生和徐景山先生,留学生金香花女士、孙美幸女士和彭娜女士,上海国际问题研究所杨洁勉先生、赵干城先生、夏立平先生和陈晓东先生，上海国际问题研究中心王德华先生，上海社会科学院张家哲先生，《三联生活周刊》记者马戎戎女士等。与上述各位一起度过的短暂而美好的时光，成为永生难忘的美好记忆。

二、了解印度社会

在印度期间，我尽可能参加各种活动，接触和了解印度社会。我出席印度总统阿布杜·卡拉姆讲演、观看印度国庆检阅、参加尼赫鲁大学国际食品节和尼赫鲁大学语言学院中文系举办的春节联欢会、出席中国驻印度大使馆举办的纪念抗日战争60周年电影宴会、观看印度传统音乐会等。

我除了参观新德里和老德里的历史文化古迹之外，还远赴孟买、果阿、阿格拉、阿拉哈巴德、瓦纳拉西、艾哈迈德巴德、占西、菩提伽耶、鹿野苑、卡吉拉霍、阿兰陀等历史文化与宗教艺术中心参观考察。

最值得一提的是，我参加了由印度国大党和圣雄甘地基金会联合举办的具有历史意义的纪念圣雄甘地"食盐进军"75周年"国际和平、正义与自由徒步行军"活动。该活动历时27天，行程388公里，完全按照圣雄甘地当年的行军路线和日程进行。参加者除了印度国大党主席索尼娅·甘地、印度总理曼莫汉·辛格、圣雄甘地曾孙图沙尔·甘地等近千名印度国大党成员之外，还有来自世界各国的50多位国际人士。我作为唯一一位徒步走完全程的中国人，受到了多家印度和国际媒体的采访，并在群众集会上做了演讲，《参考消息》对此做了报道。我们途经了许多印度城镇和村庄，受到当地民众的热情欢迎和接待，与当地民众一起进餐，并利用中午和晚上休息时间，顺访当地民众家庭、医院、学校、"贱民"村等，对印度社会有了深切的了解。

三、增进学术交流

在印度期间，我走访了多家印度学术机构、大学和图书馆，拜访了许多印度专家学者，与他们进行了学术交流，建立了学术联系。除了从事课题研究之外，我为印度尼赫鲁大学国际关系学院东亚研究中心师生开设了两次有关中国历史文化的讲座。

圆满完成课题研究之后，我为亚洲学者基金会撰写了期中报告和结题报告，参加了亚洲学者基金会在泰国举行的两次学术交流活动，并做了课题演示报告。此外，我分别在印度中国研究所主办的印度唯一一份有关中国问题的学术刊物《中国述评》（China Report）和中国社会科学院亚太研究所主办的《南亚研究》期刊上发表阶段性研究成果。最终研究成果《尼赫鲁时代的中印关系研究》专著由中国社会科学出版社出版。

我与在印度尼赫鲁大学从事学术交流和任教的美国、加拿大、意大利、德国、斯里兰卡等学者建立了良好的学术联系。此外，我受邀赴巴基斯坦信德大学参加国际学术会议，做学术报告，与巴基斯坦（Naureen Memon 女士等）、印度（瓦拉·普拉萨德·多拉先生等）和中国学者（张力先生、张贵洪先生）一起进行学术交流，并建立了良好的学术联系。会议之余，我参观了拉哈尔、卡拉奇、伊斯兰堡、拉瓦尔品第、印巴边境升旗仪式等，领略了印巴历史文化遗迹，感受了"巴铁"对中国人民的深厚情谊，无数的感人故事铭刻在心。

我也与亚洲学者基金会工作人员以及来自不同国家的第 6 期 30 余名会员（7 位中国会员：中国社会科学院世界宗教研究所邱永辉女士、中国社会科学院亚洲太平洋研究所贾都强先生、中国社会科学院民族学与人类学研究所张继焦先生、北京师范大学资源学院江源女士、云南省社会科学院南亚研究所孔建勋先生、华中农业大学经济学院周德翼先生）建立起了深厚的友情和长期的学术联系，经常收到他们的学术交流邀请，为进一步从事学术交流活动打下了基础。

2013 年 3 月 8 日—20 日，笔者应印度外交部"印度文化关系委员会"（ICCR）和"萨沃达亚国际托拉斯"（SIT）邀请，前往印度参加《甘地：杰出的领袖》中文版首发式和萨沃达亚国际托拉斯董事会年会，

后记

并在印度四大城市十余所高校和研究机构做系列巡回讲座。下面就此次行程及趣事做一简述。

一、签证出奇顺利。此次印度之行有印度驻广州总领事馆的鼎力协助，签证办得出奇的顺利。虽然是去印度做学术讲座，但是印度驻北京大使馆文化参赞 Arun Sahu 和印度驻广州总领事馆文化参赞 Dhiraj Mukhia 建议申请旅游签证。原因很简单，旅游签证最方面快捷，只需提供往返机票、酒店订单、单位证明、银行出具的1万元人民币（冻结3个月）证明、照片、网上申请表，5–7个工作日即可拿到签证。如果办理学术或商务签证，非常麻烦，要经过印度好几个部审批，拖拖拉拉、遥遥无期。2月21日，应印度驻广州总领事馆总领事高志远（Nagaraj Naidu）和文化参赞 Dhiraj Mukhia 之邀，一起共进午餐。午餐之后去时代广场11楼印度签证中心（现在迁址到体育西路109号高盛大厦9楼E单元）提交签证材料。由于广州—新德里的往返机票和印度的交通食宿等全由 ICCR 承担，因此当时我手头没有机票（ICCR 委托印度驻广州总领事馆订票，尚未订好），也没有酒店订单，1万元人民币只冻结了2个月，签证中心的中国女孩们不敢办理，多亏有高志远（Nagaraj Naidu）先生午餐时给的名片，又写了一个书面说明，终于有惊无险地顺利递交材料。傍晚收到 Dhiraj Mukhia 先生的短息，他已给签证中心打了电话。5—7工作日顺利拿到签证。

二、不幸中的万幸。平时从来不戴手表，手机足可当手表用。但去印度讲座需要掌握时间，便在华师西门口小礼品店买了一块价值127元的电子表。南航有广州—新德里直飞航班，3月7日下午6点半起飞，印度时间晚上10点（北京时间12点半）到达新德里。一切就绪，提上行李，3点多从宿舍出发去华师粤海酒店坐空港快线大巴，结果没有赶上3点半的大巴，等到了4点。车到中途，想起来看看手机有无短信，翻了半天包，没有见到手机的影子，一摸手腕，也是空空如也，手表也忘了戴，简直不幸之极！心中只好暗暗祈祷，最好飞机能够晚点3个小时，这样可以赶回来拿手机和手表。到了机场，工作人员第一句话便是飞机晚点，而且晚点到9点半起飞。真是神灵保佑，不幸中的万幸！再坐空港快线大巴回到华师，在书桌上的一张纸下翻到了手机和手表。时间还早，打开电脑，修改整理了一下讲座稿，去饭堂吃饭，再坐空港快线大巴到机场，时间还很充足，因为飞机继续晚点到11点10分。

三、抵达新德里。飞机于印度时间3月8日凌晨3点左右到达新德里英迪拉国际机场，新德里机场很漂亮。在机场出口，IRRC联络官 Mohd. Aamir Siddiqui 手持 Prof. Shang Quanyu 的牌子在等候，在接下来的几天里，Aamir 一直陪同。坐上 ICCR 专车，半小时左右到达印度国际中心（IIC），《甘地：杰出的领袖》作者、萨沃达亚国际托拉斯执行理事、前印度外交官 Pascal Alan Nazareth 在 IIC 大堂迎候。从2012年2月开始便与 Nazareth 先生频繁邮件联系，一年以后终于见面。少不了微笑、握手、拥抱、寒暄。Nazareth 先生很和善，具有外交家的风范。商务印书馆的杜廷广老师和郑殿华老师已经先我一个小时左右到达，本来应比我晚到4个多小时。Nazareth 先生领我到房间，说明天给我调到楼上，因为一楼人来人往不安静。他问早上8点一起吃早餐还是想睡懒觉。我打电话征求了杜老师和郑老师意见，决定睡懒觉，中午11点再一起吃午餐。IIC 建于20世纪60年代初，在新德里很有名气，环境特别优美，绿树鲜花、鸽子松鼠相伴，各种大型的重要活动都在这里举办。不过，室内住宿条件实在不敢恭维，据说一晚100美元，赶上了五星级酒店的价格，但条件差不多相当于国内三星级。上午11点与 Nazareth 先生、杜老师和郑老师一起共进午餐，接下来几天里，都在这里食宿。

四、拜会 ICCR 主席和外交部东亚司司长。下午应邀前往位于 Azad Bhavan, I. P. Estate 的 ICCR 总部拜会 ICCR 主席 Suresh K Goel，进行了简短交谈，Goel 曾在印度驻中国大使馆工作三年。之后，前往位于 South Block 的印度外交部拜会东亚司司长班浩然先生（Gautam Bambawale），他在广州总领事馆工作过三年，走遍了全广东。双方就中印关系的友好前景交换了看法，Bambawale 先生一再强调印度政府对中印关系的态度，即中印两国是友好邻邦，有悠久的友好传统，两国之间不存在竞争，只有合作和友谊。有趣的是，South Block 对面是 North Block，是内政部所在地。一南一北，一外一内，南北相对，内外相望。

五、出席首发式并讲座。下午6点半开始，在 IIC 出席《甘地：杰出的领袖》中文版首发式，并做题为"中国的甘地研究：近百年的历程"讲座。出席首发式和讲座的贵宾有印度外交部长 Salman Khurshid，印度总理顾问 Shiv Shankar Menon，印度文化关系委员会主席 Suresh K Goel，印度前外交部长 Natwar Singh，印度前大法官（萨沃达亚国际托拉斯主席）M. N. Venkatachaliah，印度前大使（萨沃达亚国际托拉斯执行理事）Pascal Alan Nazareth，中国驻印度大使馆文化参赞张志宏，商务印书馆学术出版中心副主任郑殿华编审和编辑杜廷广博士等。Salman Khurshid、Shiv Shankar Menon、Suresh K Goel、Natwar Singh、M. N. Venkatachaliah、Pascal Alan Nazareth、尚劝余等分别接受了鲜花。以上嘉宾分别发表讲话，对《甘地：杰出的领袖》中文版的翻译和出版给予高度评价。我在讲座末尾表达了中国的第一所甘地研究中心能够落户华南师范大学的愿望，并希望得到印度的支持，印度方面给予了积极回应。此外，美国一家电影公司在拍摄一部有关甘地的纪录片，摄像师也来到了首发式和讲座现场拍摄。讲座之后，Natwar Singh 赠送了他的签名著作 My China Diary, 1956 - 1988 年，此书有珍贵的资料和图片，如作者与毛泽东、刘少奇、周恩来、朱德、宋庆龄、邓小平、齐白石（96岁）的合照，此外，还有他给毛泽东、韩素音等拍的照片，下一步计划将此书翻译成中文出版（《我的中国日记：1956 - 1988》，尚劝余、毕玮、闫向莉译，2018年12月印度 Gyan Manjusha Publishers 出版）。晚上8点开始，ICCR 副主席 Anita Nayar 女士在 IIC 举行招待晚宴，In honor of Prof. Shang Quanyu of South China Normal University, Guangzhou, China. 晚宴上，结识了甘地纪念馆副馆长、圣雄甘地的孙女 Tara GandhiBhattacharjee，前印度驻中国大使 Vinod C. Khanna（中文名康维诺）、Nazareth 先生的女儿 Premila 等，交谈并留影。

六、出席萨沃达亚国际托拉斯董事会年会。3月9日11点，前往甘地纪念馆（Gandhi Smriti），该馆位于甘地遇刺的 Old Birla House。甘地最后144天（1947年9月9日—1948年1月30日）是在这里度过的。Old Birla House 1971年由印度政府接管，1973年改为国父全国纪念馆，向公众开放。印度总理为该馆馆长，圣雄甘地的孙女 Tara GandhiBhattacharjee 为副馆长。萨沃达亚国际托拉斯董事会年会在甘地纪念馆的会议室召开，由主席 Venkatachaliah 和执行理事 Nazareth 主持，正式接受尚劝余和来自印度尼西亚巴厘岛的 Agus Indra Udayana 为新的董事会理事，分别代表东亚和东南亚。董事会年会审议了2012年的财政支出和活动情况，各分会汇报了各自工作情况（萨沃达亚国际托拉斯在印度目前有十一个分会），布置了今年的任务。下午，赴印度报业托拉斯（PTI）接受媒体采访，晚上接受了 Indo-AsianNews Servie 助理编辑 Madhusree Chatterjee 女士采访。

七、参观泰姬陵。3月10日，早上6点出发去阿格拉参观泰姬陵（Taj Mahal），由 Aamir 陪同，车程3—4个小时。我2005年去过泰姬陵，本不想去，因为要陪杜老师和郑老师，所以再次参观了泰姬陵。门票每人750卢比，途中在一个旅游餐馆吃早餐，ICCR 款待，午餐在一个比较贵的餐馆用餐，加上司机导游一行6人，吃了4000多卢比，相当于500人民币，郑老师抢着付了钱。泰姬陵的美轮美奂和它所象征的凄美的爱情故事，人人皆知，在此不必再费口舌。在这里说说印度人对中国的向往。导游也叫 Aamir，大胡子，留得很长，他的英语说得很好，基本没有印度口音。他说他曾在一所大学当老师，因为大学老师晋升职称很难，要拿钱贿赂，所有他辞职当起了导游。他问我，能否在中国给他找份工作。有趣的是，ICCR 的 Aamir 也问能否给他在中国找份工作。印度人对中国很向往，对中文很感兴趣，学会中文可以在印度的中资公司工作，工资比较高。我2005年在印度的时候，就已经感受到了这一点。曾收了一个弟子 Aftab（中文名太阳），辅导他中文，一周一次。

八、尼赫鲁大学讲座。3月11日，上午11点去尼赫鲁大学国际关系学院东亚研究中心讲座。2005年在尼赫鲁大学从事福特基金课题研究长达9个月，此次回访有故地重游和回家的感觉，不免心跳加快。讲座开始前，我讲到了我的感受，讲座后，东亚研究中心主任 Srikanth Kondapalli（中文名谢刚，他2005年的时候尚在国防分析研究所工作）打趣地说，你在尼赫鲁大学有几个女朋友啊，竟然心跳加快。不光见到了老朋友谢刚，还见到了老朋友 Dolla Varaprasad, B. R. Deepak（中文名狄伯杰），Swaran Singh, Geeta Kochhar（中文名康婧），Sanjeev Kuamar（他现在在 Indian Council of World Affairs 工作）等。

九、万幸中的不幸。新德里行程总体来说挺好挺幸运，有 Nazareth 先生和 Aamir 陪同。然而，万幸中也有不幸。不幸之一，有些印度人见钱眼开，坑蒙拐骗。10号晚上打的去逛印度门（India Gate），与出租车司机说好，来回加上等待，共300卢比。回来后，我没有零钱，最小的是五百卢比的钞票。于是，给了他一张五百，等他找钱。他迟迟不找钱，说至少要再加一百，只找一百。更有甚者，12号凌晨在 IIC 退房的时候，被前台伙计硬生生坑走1140卢比，具体情况与第二个不幸有关联。不幸之二，Aamir 四天内一直表现很好，按时接送陪同。可惜没有站好最后一班岗，晚节不保。他说好12日早上5点半来接我去机场。Nazareth 先生本来要送我，我说不用了，有 Aamir 就行。结果不成想，我等到6点也没有见到 Aamir 的影子，打他电话不接。我只好给 Nazareth 先生打电话求助，他给 ICCR 文化主任 Sunil Mehdiretta 打电话，马上派车过来，因为飞机8点起飞，7点之前赶不到机场，就赶不上了，需重新买下一班机票。ICCR 只包交通食宿费，不包长途话费，我用座机给老婆打过几分钟电话，checkout 的时候，前台伙计要收费。我问多少，他说410卢比。我身上依旧没有零钱，全是1000卢比的。于是，递给他一张1000卢比，他放进了抽屉。我等他找钱，他不找，说我还差550卢比。我说你刚才不是说410卢比吗，让我看看账单，他递给我一张一长串数字的账单，我看了半天，也没有看到电话费字样，他指着一个1550卢比的说，就是这个。于是，我又给他一张1000卢比，他找我450卢比。不久，Nazareth先生下来，我告诉他我交了1550卢比的电话费。前台伙计矢口否认，说只收了我410卢比。我掏出他找给我的450卢比零钱，说如果是410卢比，你应该找我590卢比，而不是450卢比。但他就是不承认。Nazareth先生说，这是一个big shame，他想不到IIC这样的地方也这样。这里郑重告诫去印度的同胞，有些印度人见钱眼开，对付的办法，一是准备好足够的零钱，要多少就给多少，不要多给；二是先让他找好零钱，然后再给他整钱。（2005年第一次赴印度，在机场换钱的时候，我明明给了800美元，工作人员说我只给了700美元，硬生生讹掉我100美元，回国前夕将银行账户上的卢比换成美元，结果又被以各种各样的理由讹掉了几百美元，而且折腾了一整天。）

十、直奔孟买大学讲座。好在ICCR的司机一路驰骋，12日凌晨7点之前赶到了机场，Nazareth先生一个劲让他开慢点，别出事。多亏一位机场人员的帮助，没有排长队，到另外一个窗口办理了登机手续。来到门口给Nazareth先生挥手告别，他一直在门口等着。10点多到达孟买机场，孟买是马哈拉施特拉邦的首府。前来迎接的是ICCR孟买项目助理官员Renu Prithiani女士，手持鲜花，笑容可掬。她干练活跃，快刀斩乱麻，办事效率奇高。在孟买待了两天，做了四场讲座，是整个行程中讲座最多的城市，此外还忙里偷闲购物，买了两个手提包。整个行程Renu一直陪伴，每场讲座她都在场。从机场直奔孟买大学历史系，先见了历史系主任T. R. Ghoble（中文名高伯乐），他介绍了历史系的情况和部分骨干老师情况，赠送了几本书。之后，去讲座大厅给师生讲座，然后合影留念。孟买大学的学生不像尼赫鲁大学那么政治化。讲座后，下榻五星级宾馆Astoria，并用午餐。Astoria位于海滨，环境很美，出行方便。

十一、尼赫鲁中心讲座。下午5点去尼赫鲁中心，先见了CEO Satish

Sahney 先生，Renu 事先介绍过，Sahney 是一位非常博学、儒雅、谦虚的人。见面果不其然，聊了一会甘地与尼赫鲁。进来一位女士，手持鲜花和礼盒。原来她是 Wisdom Foundation 主席 Zeenat Shaukat Ali 博士。我来印度之前的前三天，收到了她的邮件，她在编辑一本书 Healing Memories：Civilizations in Dialogue，撰稿人来自不同国家，包括约旦王子、美国总领事、德国总领事、新加坡总领事、马来西亚总领事、科威特总领事、伊朗总领事、土耳其跨文化对话论坛秘书长等，邀请我撰稿，我给了一篇有关甘地宗教思想及其对世界和平影响的稿子，附了简历和照片。回国前，我收到了装帧和印刷极其精美的精装书，她给了我四本，可惜太重，我只拿了一本。她邀请我4月9日再赴孟买参加 Healing Memories：Civilizations in Dialogue 一书的首发式，恐怕难以从命，抽不出时间。Zeenat 是穆斯林，非常活跃，人脉很广。之后，在尼赫鲁中心"和谐大厅"讲座。除了 Zeenat，曼尼巴万甘地博物馆馆长 UshaThakkar、中国驻孟买总领事刘友发、领事湛玉会等许多人也前来听讲座。Sahney 先生赠送了好多本书。

十二、观察家研究基金会讲座。13日，11点来到观察家研究基金会，这是一个智库。本来 ICCR 安排的是去参观 Elephanta Caves，因为我 2005年曾来过孟买两次，陪同朋友和家人两次光顾 Elephanta Caves，于是取消了参观，改为来观察家研究基金会讲座。观察家研究基金会主席 Sudheendra Kulkarni 是前印度总理秘书，2012年11月他来中国访问，我受湛玉会领事之托见过他。本来，他想来华南师范大学做一个讲座，因为外文学院安排不过来，我将他介绍给了深圳大学印度研究中心的郁龙余主任，在深圳大学做了讲座，并与深圳大学印度研究中心签署了一些列合作协议。我专程去深圳与他共进晚餐，并呈上了我的《甘地与尼赫鲁的历史交往》《尼赫鲁研究》，以及2005年在印度写的一篇有关"印度人民党政治风波"的文章的复印件（《当代亚太》2005年10期），文章七次提到了 Kulkarni，我统统标上了红色。这次来印度，他还给我看了他保留的文章。Kulkarni 以及观察家研究基金会全体成员，湛玉会领事，Renu 等参与了讲座。之后，与 Kulkarni 及相关人士共进午餐。Kulkarni 之后在《印度快报》上发表了一篇很有见地的文章。Kulkarni 先生赠送了甘地手纺车和书籍等礼物。

十三、印度全球关系委员会讲座。下午先参观了曼尼巴万甘地博物馆，受到了 Usha Thakkar 的热情接待，她送给我两本书和一篇文章，一位祖籍广东的人士在南非支持过甘地的非暴力运动，她让我回国做一些相关研究，查阅一下一些相关历史资料。碰到十几位来自北京、广州等地的游客，他们也来参观。甘地曾在这里居住过好多年，马丁·路德·金20世纪60年代曾来这里，待过一个晚上。之后，去印度全球关系委员会（Gateway House：ICGR）讲座，这也是一个重要的智库。执行主席 Manjeet Kripalani 女士和研究协调官 Alisha Pinto 女士风度翩翩，优雅迷人。她们送给我印有 Gateway House 标识的杯子等礼物。这次讲座形式比较独特，其他讲座都是我讲，之后提问，问答问题。这次，是我和 Rajni Bakshi 女士对话，之后，其他人提问，问题很刁钻，范围很广。刘友发总领事和湛玉会领事问答了一些棘手的问题。孟买大学非洲研究系的 Renu Modi 女士，曾任系主任，她对中国很感兴趣，想去中国教书或做研究，我后来把她介绍到了浙江师范大学非洲研究院。之后，由萨沃达亚国际托拉斯孟买分会在 Wellingdon Club 招待晚餐，孟买分会主席是 Zeenat，她送给我一束1.5米高的干花，我转送给了 Renu。IRRC 孟买地区主席 Manjistha Mukherje Bhatt 女士等出席了晚宴，她很年轻，很有魅力，笑容可掬。这个餐馆号称中餐馆，但一点没有中餐的感觉。吃完晚餐已经是11点多了，回到宾馆，收拾行李打包，上床睡觉估计凌晨1点了。

十四、金奈中国研究中心讲座。14日凌晨4点起床，4点半前往机场。飞机7点起飞，9点多到达金奈（马德拉斯），金奈是泰米尔邦首府。前来迎接的是 ICCR 金奈分部联络官 K. Lalitharani 女士，手捧鲜花。由于交通拥挤，抵达五星级酒店 Savera 时已经快 11 点。吃饭后，回酒店冲凉，收拾讲座的东西，12 点出发去 ICCR 金奈分部办公室，见了地区官员 K. Ayyanar，在他电脑上查看了邮件。之后，前往金奈中国研究中心，先拜会了中心主任 D. S. Rajan 教授，他能说一些中文。接着，在亚洲研究中心讲座。讲座后接受了 New Generation Media Corporation Private Limited 电视台采访。Rajan 教授赠送了好多本书。之后，去萨沃达亚国际托拉斯金奈分会主席 Naina Shah 女士家用晚餐，这是印度之行多天来吃得最舒心的一次饭，看来还是 home-made 的东西可口。Naina Shah 邀请了许多客人，其中 K. Krupa 女士主要从事在儿童中传播甘地思想，她制作了很有趣的 PPT 和图画册等，并演示了手纺车。我拷贝了她的 PPT。

十五、参观全国农业基金会和亚洲研究中心。15 日，在 Naina Shah 的安排下，拜访了全国农业基金会执行理事 S. S. Rajsekar。他父亲是 Chidambaram Subramaniam，曾任粮农部部长等职，是印度现代农业发展政策的建筑师，最突出的成就是实施了"绿色革命"，被称为"绿色革命之父"。全国农业基金会在农村经济方面做出了突出成就，Rajsekar 展示了 PPT，并赠送了许多书。Naina Sha 特地赶过来陪同。之后，前往亚洲研究所，该所位于一个非常僻静的地方。所长 G. John Samuel 博士介绍了该所情况，并陪同参观了图书馆，赠送了披肩和许多书。有一个日本人在此写博士论文，他能说标准的中文。还有一个新加坡的女士，也在这里从事课题研究，也能说一些中文。该中心藏有泰米尔文医学善本，刻在棕榈树叶上，很珍贵，被 UNESCO 授予 "Memory of the World Register"。Samuel 博士希望更多的中国学者来此做研究，进行学术交流活动。下午参观 Handicrafts 博物馆，展示了印度南部四个邦的传统生活。在 Naina Sha 的关照下，工作人员当向导，并午餐招待。观看了手工织布、陶杯制作和玻璃工业品制作现场表演。金奈大街小巷到处都是首席部长 J. Jayalalitha 的巨幅照片，她曾经是一名演员，演员从政在印度很普遍，她属于 ADMK 党，在位二十余年，被称为 Amma（妈妈）。

十六、班加罗尔大学旧校区讲座。16日，5点多起床，前往机场。8点45分抵达班加罗尔机场。班加罗尔是卡纳塔克邦的首府。刚走到行李领取处拿好行李，一个人走了过来，问"你是Prof. Shang Quanyu？"原来他是ICCR助理K. Surie Rao，我以为他在出口外面等，没想到他进来了。他说，他举着牌子，看到了我，但是我没有注意到他。下榻五星级宾馆Lalit Ashok，对面是高尔夫球场，附近是首席部长公寓和邦长公寓，这是唯一一个下榻过的有拖鞋的宾馆。下午5点多前往位于市区的班加罗尔大学旧校区讲座，Nazareth和夫人Isobel等人已经在讲座大厅了。前台就座的嘉宾有ICCR班加罗尔地区主席（女士），萨沃达亚国际托拉斯班加罗尔分部主席（女士），前印度驻华大使C. V. Ranganathan（中文名任嘉德），Nazareth先生，班加罗尔大学甘地研究中心主任D. Jeevan Kumar博士。讲座期间，闪光灯频频闪烁。讲座后，Nazareth开玩笑说，人们以为前来讲座的中国教授是一个白发苍苍的小老头，没想到这么年轻，个头挺高，而且good-looking，女士们忘了听讲座，只顾拍照了。这是所到之处最隆重的一次接待，讲座结束由Ranganathan大使给我佩戴花环、披肩和国王帽，还有一个装有5000卢比的信封。之后，是电视台采访。

十七、参观迈索尔。17日，早上7点多退房，将行李放到车上，出发去迈索尔参观，因为参观完后直接去Nazareth先生家下榻。迈索尔是卡纳塔克邦的旧首府，比班加罗尔历史悠久而厚重。迈索尔王宫建于14世纪，宫内金碧辉煌。进迈索尔王宫参观，不能穿鞋，不能拍照。途经许多富于特色的小城，如"玩具之乡""甘蔗之乡""椰子之乡""丝绸之乡"等。沿途观看了铁普苏丹宫，去Rao家做短暂停留，与他家人寒暄了一会，照了合影，参观了Shri Chamundeshwari Temple等，善男信女们提前几个小时前便在庙外排队了，参观了独立前修建的水库大坝，里面非常漂亮，像一个大公园。晚上9点半，回到了Nazareth先生家。

十八、做客Nazareth先生家。Nazareth先生在欧洲、亚洲、非洲、北美洲、中美洲、南美洲十几个国家做过外交官和大使，做过ICCR主席，退休后创办萨沃达亚国际托拉斯，致力于宣传甘地的思想，因此于 2007 年获联合国吴丹和平奖，2010 年赴联合国做"国际非暴力日"主旨发言。Nazareth 先生家很大，两层，房间挂满了他们夫妇与世界要人的合影，以及各种荣誉匾牌。我一个人住楼上一层，自由自在。Nazareth 先生生有一儿二女，都出生在美国。大女儿二十多岁时病故了。二女儿 Premila 在新德里工作，我在 IIC 与她合过影。儿子 Andy 患了骨癌，一条腿截肢了。从此，不再见人。有一次，我从楼上下来，正碰到他可能要从房间出来，看到我，连忙说："Sorry, I have not shaved, I'll see you tomorrow"，又关上了门。但直到我走，也没有见他一面。我走的那一天，3 月 20 日，是他的 45 岁生日。

十九、参观 Bannerghatta Biological Park。18 日，Isobel 陪我参观 Bannerghatta Biological Park，这是一个野生动物公园，当然动物都是圈起来的，我们坐在窗子用铁丝网封起来的大巴上参观。我们见到了鹿、熊、大象、狮子、老虎，有一只白虎。之后，参观了动物园，有各种各样的鸟、蛇、猴子等。野生动物公园有一个牌子，令人印象深刻，上写："The survival of man is dependent on the survival of animal and plant life"。

二十、班加罗尔大学新校区讲座。19 日，Nazareth 先生陪我去位于郊区的班加罗尔大学新校区讲座，这是新加的一场讲座。先拜访了班加罗尔大学校长（Vice Chancellor），与他进行了交谈。印度的大学校长都叫 Vice Chancellor，Chancellor 则由邦长或总统兼任。校长个头不高，人很好，很随和。他邀请我们讲座完后，一起与学校董事会成员吃午餐。讲座前去政治系教授 Meena Deshpande 博士办公室，她是《圣雄甘地全集》100 卷英文——卡纳达文翻译项目主编，已经翻译完了 10 卷，总共有 80 多人参与。她参加了我在旧校区的讲座，我曾提到，我下一个研究目标是将《圣雄甘地全集》100 卷中所有论述中国的部分整理出来，进行系统研究。她将《圣雄甘地全集》100 卷中所有论述中国的部分的页码整理出来，并将南非时期的资料复印好，约有 200 多页，交给了我，她说如果以后需要帮忙随时联系，着实令我感动不已。接下来是讲座，讲座由甘地研究中心主任 D. Jeevan Kumar 博士主持，政治系主任总结。出席讲座的是政治系的全体师生，也是历次讲座人数最多的一次，女生占了一多半。虽然是政治系的学生，但学生提问很学术，不像尼赫鲁大学那样政治味特浓。这可能就是首都与地方的区别所在。讲座后，参观了甘地研究中心，Kumar 博士赠送了书籍和两盆植物。之后，回到市内旧校区，与班加罗尔大学校董事会成员一起吃午餐。

二十一、最后的晚餐。晚上，Nazareth 先生邀请了 Kumar 博士夫妇、Ranganathan 夫妇等前来晚宴，为我践行。Ranganathan 夫妇聊了许多他们在中国和俄罗斯等国的经历。Ranganathan 的中文很好，他说平时想不起来中文，见到中国朋友，中文就回来了。他甚至可以看中文，我将《甘地：杰出的领袖》一书中他对 2012 年中文版的贺信的译文指给他，他竟然可以念出来，说翻译得很好。Kumar 博士的夫人是一位作家和书评家，出版社经常将新出的书寄给她，让她写书评。

二十二、回到广州。20 日，凌晨 3 点 30，Nazareth 先生打电话给我，说 Rao 已经打来电话，4 点多来接。我前天晚上已经收拾好行李，拿到楼下。Nazareth 先生已经给我沏好了牛奶，正靠在椅子上等我。过了一会，Isobel 也从房间出来，与我告别。4 点多 Rao 准时达到，送我到机场。飞机 7 点起飞，10 点左右多到达德里。在国际航班中转处看到了 ICCR 联络官 Soji Benjamin，我在新德里见过他。看到他，很吃惊。他说，是 Nazareth 先生打电话给他，让他来送我。我说"no need"，你应该睡懒觉，我直接中转就可以了。事实证明，Soji 的出现，"非常 need"。因为印度驻广州总领事馆将电子机票发到了我邮箱，我打印出来了，但是，不知道放到什么地方了。没有机票，进不了候机厅。多亏 Soji 联系，一位工作人员出来接我进去。飞机下午 1 点起飞，5 点半多（北京时间 8 点多）到达广州。取行李，坐空港快线，回到华师差不多快 10 点了。早都饿得晕头转向了，在小卖部买了三根现烤的香肠，一口气吃完。又买了三袋方便面，回到宿舍，一起煮了，一口气吃完。感觉还不是很饱。也只好这样了。冲凉，上床睡觉。

二十三、小结。此次印度巡回讲座感受良多，择其要者小结如下：（1）从头至尾，一个字：累！生平第一次，在这么短的时间里，做了这么多场讲座，参加了这么多场活动，见了这么多人（包括许多VVIP），坐了这么多次飞机和其他交通工具；生平第一次，在这么短的时间里，去了这么多地方，如此起早贪黑，平均每天睡觉不超过五个小时；生平第一次，接受了这么多电视台、报社的采访，每到一个城市，必有几场采访。（2）印度普通人（至少部分）对中国很向往，想去中国看看，或者工作。部分印度精英对中国有偏见，视中国为竞争对手乃至敌人，这些人受西方影响太深。需要中国学人多去印度，多与之交流沟通。（3）中国的研究成果大多是中文，不为外界所知，需要中国学人多多向外国包括印度介绍我们的研究成果，向他们发出我们的声音。（4）迄今为止，中国尚未有人系统梳理近百年的中国甘地研究，这个话题，对印度人更是陌生。如今，印度人终于看到甘地研究在中国起始如此之早，几起几落，方兴未艾。（6）中国学者不应只局限于新德里，应该多去印度南部走走，南印度对中国学者更加欢迎，更加期待。（6）华南师范大学外国语言文化学院现在印度广为人知，主要媒体和相关大学、智库、研究机构网站的相关报道中都有提到。更有学者对华南师范大学名字好奇，提问为何叫Normal大学，费了我不少口舌，追根溯源予以解释。（7）部分印度人见钱眼开，告诫去印度的同胞，多带零钱，或者让他们先找零，再给整钱。（8）印度很印度，值得一去。

2018年5月1日—5日，笔者受印度政府总理莫迪邀请，赴新德里出席纪念甘地诞辰150周年全国委员会第一次会议。这是笔者第三次赴印度，也是规格最高的一次。小记如下。

一、2018年1月11日，笔者收到印度驻中国大使班浩然先生的邀请信，信中说："亲爱的尚劝余教授：1. 我非常高兴地转告您，印度政府已经确定您为圣雄甘地诞辰150周年纪念委员会委员。该委员会由印度总理担任主席,委员由印度和国外100多位著名学者组成。2.该委员会的职责是:(1)确定圣雄甘地诞辰150周年纪念政策、计划、项目,并监督指导。(2)确定纪念活动详细方案的大致日期。详情请联系:文化部秘书尼尔马拉·戈雅尔,电子邮箱goyalnirmala@yahoo.com,电话+91-11-23022401 祝好 班浩然。"

二、2018年3月27日,笔者收到印度总理莫迪先生的邀请信,信中说:"亲爱的尚劝余教授:首先感谢你作为纪念圣雄甘地诞辰150周年全国委员会委员所付出的时间与精力。该委员会旨在为纪念活动确定政策和指南,并为相关纪念活动确定时间框架。2019年是国父150周年诞辰庆祝年。我们将在前一年(即今年)和来年以实际行动重新践行圣雄教导并恪守他的理想。我们的目标是向没有经历过圣雄时代的后人弘扬圣雄的学说和理想。你的指导将有助于我们开展一场意义重大的纪念活动,因为你的指导基于你终生致力于践行圣雄甘地所倡导的价值观。第一次全体委员会议定于2018年5月2日下午5点在新德里召开,我们将就纪念方案和传播圣雄理想的方式问题交流看法。期待你的光临,也欢迎你提前给我分享你的想法,以便我们能够开始运筹帷幄,落实这些想法。文化部资深官员会与你联系,了解你参与方案的细节。印度政府和我本人期待与你一道在全球传播甘地的哲学、理想、服务精神和学说。祝好!纳伦德拉·莫迪。"

三、撰写纪念方案,发给印度文化部和印度驻中国大使馆。本计划4月28日出发,29日抵达新德里,5月2日开会,5日回到里加。然而,由于拉脱维亚没有印度大使馆,必须去瑞典斯德哥尔摩签证,于是不得不推迟出发日期。在印度驻北京大使馆巴沙先生(Mohd Sharique Badr)的协调帮助下,在印度驻斯德哥尔摩使馆官网上填写签证申请,并与印度驻斯德哥尔摩使馆政务参赞Vijay Kumar先生、签证官Kamal Parvez先生等联系,确认签证事宜。印度驻斯德哥尔摩使馆Rajesh Duggal先生受印度文化部联合秘书 Pranav Khullar 委托为我购买了从里加到斯德哥尔摩、经法兰克福到新德里，再从新德里经法兰克福到里加的往返头等舱机票。

四、5月1日早上8点从里加飞往斯德哥尔摩，当地时间8点20分抵达，从机场打的到印度大使馆，在 Kamal Parvez 先生等人的协助下，当场递交护照办理签证，差不多一个小时拿到签证，乘坐 ARLANDA EXPRESS 轻轨回到机场，然后，飞法兰克福，再飞新德里。多亏申请了轮椅，一路有机场人员推送，否则双膝非得废了不行。这是今生第一次乘坐商务舱，尽享优待与舒适。LUFTHANSAN 公司的小飞机，商务舱和经济舱没有多大区别，只不过在第一排，位置宽敞了一点点。波音777大飞机则不同，商务舱非常宽敞，可以伸开腿脚，升降座椅，当床躺下来睡觉。由于每到一个机场，都会去 BUSINESS LOUNGE，免费饮食，所以到了飞机上，反倒没有胃口点餐了。

五、5月2日上午8点多抵达新德里英迪拉·甘地国际机场，文化部派专车来接机，以后的几天时间里，都是专车专职司机随时接送。9点多到达五星级官方酒店 ASHOK 酒店，领了房卡和开会袋，里面有胸牌、笔纸、会议日程、一个手纺车、一本甘地自传等。午饭碰到美国甘地 BERNAD "BERNNI" MEYER。下午2点与美国甘地一起坐车去 GANDHI SMIRITI & DARSHAN SAMITI，文化部长 MAHESH SHARMA 博士招待大家喝茶，给每人赠送一个甘地式的白色围巾。3点半左右，坐车前往总统府（Rashtrapati Bhavan），我的司机在外边等我，他说去了宾馆，我不在，估计我在这里，我坐在美国甘地的车里，我的司机说，他跟着我们。原来，文化部给我和美国甘地每人配了专人专车，这几天随叫随到。安检很严格，不能带包、相机和手机等进入会场。后来，印度驻中国大使馆问我有没有与总理等人的合照发给他们，我说现场不能带相机和手机，所有很遗憾没有照片。

六、会场座位已经安排好，是一个巨大的长方形，文化部官员带领我到对面座位的中间，我正对的是美国甘地，他在对面座位的中间。纪念甘地诞辰150周年全国委员会由印度总理任主席，由印度政要以及著名甘地学者、社会思想家和活动家125人组成，其中116人来自印度（包括中央政府和邦政府政要、资深议员、各党领袖等），9人来自国外［包括联合国前秘书长安南（Kofi Annan）和潘基文（Ban Ki-moon），诺贝尔奖获得者南非大主教图图（Demopnd Tutu），美国前副总统戈尔（Al Gore）、葡萄牙总理科斯塔（Antonio Costa）、日本前首相森喜朗（YoshiroMori）、美国国会议员加伯德（Tulsi Gabbard）、梅叶尔（Bernard Meyer）、尚劝余］。出席此次全国委员会第一次会议的委员82名，包括印度总统卡文德（Ram Nath Kovind）、副总统奈杜（Venkaiah Naidu）、总理莫迪（Narendra Modi）、前总理辛格（Manmohan Singh）、前副总理阿德瓦尼（L K Advani）、反对党领袖阿扎德（Rajya Sahha Gulam Nabi Azad）、中央政府部门的部长、21个邦的首席部长等，以及两名国外委员——中国甘地学者尚劝余和有"美国甘地"之称的梅叶尔（Bernard Meyer）。

七、本次会议由印度总统担任主席，并做主旨致辞，内务部长辛格（Rajnath Singh）致欢迎辞，各参会委员每人发言1—3分钟，就纪念活动各抒己见，最后由总理总结回应。会议确定从2018年10月2日至2020年10月2日在印度和全球组织各种形式的纪念活动。全国委员会将组建由总理牵头的执行委员会，在各委员建议的基础上，确定和落实纪念活动。记者和与会委员受到总统卡文德、副总统奈杜、总理莫迪的逐一握手接见，记者在握手接见时说我是来自中国的甘地学者，莫迪总理回应说，他几天前刚从中国访问回来。笔者在发言中建议印度政府在2019年3月12日—4月6日组织"国际和平、正义与自由"之类的"丹迪进军"活动，10月2日在印度组织"甘地非暴力思想与当今世界"国际学术研讨议、同时在中国和美国等其他国家协调组织类似的研讨会。此外，记者也谈了在中国出版《甘地选集》《中国学者论甘地》《甘地研究》《甘地与中国》等著作，并由印度政府组织协调人力翻译和出版相关著作英文版本，组织举办汉语、英语、印地语三种语言的《甘地与蒋介石》话剧巡回演出等，希望印度政府能够给予支持。会议主持人内务部长辛格对笔者的建议给予了积极而肯定的回应。

八、5月3日，本来和美国甘地约好早上7：30一起吃早餐，不曾想一觉醒来快9点了。给美国甘地打电话道歉，约好11：30一起吃午饭。吃饭时，给他用手机看了印度媒体对昨天会议的报道。下午2点，BBC驻新德里记者Vineet Khare和摄像师来到ASHOK宾馆采访笔者，原计划在房间采访，后来改到大厅采访，找了一个角落。因为这几天ASHOK宾馆有好多活动，其中一个是全国电影节颁奖，许多宝莱坞明星和导演住在这里，我在电梯里遇到一个来自加尔各答的女士，她说这是她第一次获奖。采访中，笔者畅谈了近百年来中国甘地研究的历史和现状，向印度和世界展示了中国的甘地研究成就，将中国的甘地研究学术成果推向世界。在笔者的协调下，BBC记者后来也前往中国采访了吴蓓女士和梁昊文先生，在BBC节目中做了报道。晚饭和美国甘地以及一位印度先生一起吃饭，聊了好多。

九、5月4日上午10：30，司机接笔者去尼赫鲁大学重温当年的记忆，稀里糊涂找到了国际关系学院新大楼，一楼的指示牌上写着104室是VARA PRASAD DOLLA的办公室，上去后，他果然在，正在给一个女学生说论文。看到我，他吃了一惊。聊了一会儿，又来了两个女博士生，一个研究中国进城务工人员，一个研究非洲印度人和华人。多拉告诉两个学生，半个小时候再来办公室找他。我们一起去J N INSTIUTTE OF ADVANCED STUDIES，2005年我在这里的5号房住了9个月（我的隔壁曾住过张贵洪和邱永辉）。先见了主任，他也是国际关系学院的教授，研究非洲问题。管理员给我们端茶，我端详了一会儿，果真是我当时住的时候的那个管理员，他也记得我，说起了我参加"食盐进军"的往事。去5号房转了一下，照了相，条件和原来没有太大区别，但有了因特网。当年房租每月6000卢比，现在3万卢比。然后，来到大门口拍了合影。

告别主任和管理员，去尼赫鲁塑像前拍照，我当年离开的时候，刚搭起了一个铁架子，正准备建塑像。之后，去了多拉家，他搬了新家，三房。见了多拉的夫人BONNIE，但是两个孩子上学去了。一起拍了合影，多拉给笔者送了他的书，博士学位论文。告别多拉，去手工市场转了转，买了一条羊绒围巾，3000卢比，买了6个木刻镂空大象，每个500卢比。

十、5月5日上午11点，司机送我去机场。他说，他家就住在离尼赫鲁大学不远的地方，他儿子今年高中毕业，现在工作很难找，希望我给多拉教授说说，看看能不能给他儿子在尼赫鲁大学找个侍应生之类的工作。从新德里飞法兰克福，再飞里加，当天夜里12点多到达。由于舟车劳顿没有休息好，加上印度天气室外热室内空调冷，饭菜咖喱多口味重，下嘴唇起了一连串包，肺热咳嗽痰多，病了一个星期。

以上是笔者三次印度之行的点点滴滴，谨与读者分享。言归正传，本书的问世绝非本人一己之力。我国南亚学界诸多专家学者在印度学习考察多年，写出了丰硕卓著的可供学人学习借鉴的成果。本书的问世即仰赖于参考书目举要中所列举的诸位南亚学界前辈同人研究成果的哺育和营养。特别要提到的是马加力先生、尚会鹏先生、王树英先生的著作使笔者受益良多。在此，谨对上述南亚学界的前辈同人表示最崇高的敬意和最衷心的感谢。

尚劝余
2018年1月
于波罗的海之滨的拉脱维亚大学